BEITRÄGE
ZUR NEUEREN
LITERATURGESCHICHTE

Band 191

DORIS PLÖSCHBERGER

SilbmKünste & BuchstabmSchurkereien!

Zur Ästhetik der Maskierung und Verwandlung in Arno Schmidts *Zettel's Traum*

Universitätsverlag
C. WINTER
Heidelberg

Die Deutsche Bibliothek – CIP-Einheitsaufnahme

Ein Titeldatensatz für diese Publikation
ist bei der Deutschen Bibliothek erhältlich.

UMSCHLAGBILD
Herbert Achternbusch »Daphne von Andechs«.
Mit freundlicher Genehmigung von Herbert Achternbusch
und dem Verlag *publication PN*°1 Bibliothek der Provinz

Gedruckt mit Unterstützung
der Karl-Franzens-Universität Graz

ISBN 3-8253-1418-9

Imprimé en Allemagne · Printed in Germany
Druck: Strauss Offsetdruck GmbH, 69509 Mörlenbach

Gedruckt auf umweltfreundlichem, chlorfrei gebleichtem
und alterungsbeständigem Papier

Den Verlag erreichen Sie im Internet unter:
www.winter-verlag-hd.de

Meinen Eltern

Dank an

Jörg Drews und Hans H. Hiebel

sowie an die

Arno Schmidt Stiftung, Bargfeld

und an die

Gemeinde Bomlitz

Inhaltsverzeichnis

1. Einleitung: *Zettel's Traum* zwischen Poesie und Prosa

Zettel's Traum gilt für den Leser gemeinhin als ‚Zumutung', doch ist nicht klar, worin diese eigentlich besteht. Der erste Verdacht ist freilich nahe liegend: Von Beginn an war es der Umfang des Buches, verdeutlicht in seinen Abmessungen und seinem Gewicht, der frappiert hat, und man mag es als symptomatisch für die Rezeptionsgeschichte des Buches nehmen, dass nicht einmal über derart – so könnte man meinen – empirisch Augenscheinliches Einigkeit zu erzielen war.[1] Masse und Umfang schrecken ab, wäre zunächst also anzunehmen, und stehen einer systematischen Auseinandersetzung im Weg, doch gibt es bekanntlich auch andere umfangreiche Bücher – wenn auch in handlicherem Format, dies sei eingestanden, – Musils *Mann ohne Eigenschaften* etwa oder Prousts *A la Recherche du temps perdu*, und deren Dickleibigkeit ist kaum je ernsthaft als Argument *gegen* eine umfassende Auseinandersetzung mit diesen Texten ins Treffen geführt worden oder hätte Anlass zu Spekulationen über Fragen der ‚Zumutbarkeit' gegeben.

Der erste Einwand gegen *Zettel's Traum* ist natürlich nicht zu halten, doch ist ihm ein zweiter verwandt, der ebenfalls zunächst einmal ein äußeres Phänomen in den Blick rückt: Die Anordnung des Textes in Spalten unterschiedlicher Zahl und Breite, einmal über längere Strecken fortlaufend, dann wieder durchbrochen und in Textpartikel unterteilt, steht einer flüssigen, in konventioneller Weise sukzessive voranschreitenden Rezeption entgegen. Tatsächlich ist ein, in der Logik des Mediums Schrift liegender linearer Lektüreprozess verhindert oder zumindest doch stark eingeschränkt, weil er quasi nur innerhalb der einzelnen Textkolumnen möglich ist, die Anordnung des Textes den Blick des Lesers jedoch zu Sprüngen über die Seite nötigt, die einem gleichmäßigen und ökonomischen Lesefluss nicht unbedingt zuträglich sind. Schon im Mai 1970, unmittelbar nach Erscheinen von *Zettel's Traum* also, denkt Helmut

[1] Die ersten Rezensenten des Buches, die Schmidts eigene Anweisung missachten, aufgrund des Umfangs des Buches zunächst einmal nichts zu sagen, (vgl. Gunar Ortlepp: *Apropos: Ah; pro=Poe*, in: *Über Arno Schmidt [I]. Rezensionen von „Leviathan" bis „Julia"*, hg. von Hans-Michael Bock, Zürich 1984, S. 189-193, zit. S. 189), stellen samt und sonders auf das in jeder Hinsicht ungewöhnliche Ausmaß des Buches ab und können sich ausgerechnet darüber nicht einigen: die Angaben variieren zwischen 17 Pfund, 9,1kg, 9,5kg und 12kg. Vgl. etwa Wolfram Schütte: *Stehpulte für Zettels Traum*; Jörg Drews: *Schmidt-Post-Tage: Zettel's Traum* ausgeliefert; Gunar Ortlepp: *Apropos: Ah!; pro=Poe*; Dieter E. Zimmer: *Zettels Kasten*, in: *Über Arno Schmidt [I]*, S. 187-192 u. S. 199-200.

Heißenbüttel laut darüber nach, ob die aufwendige typographische Aufteilung der übergroßen Seite nicht „häufig etwas nur Dekoratives“[2] habe, auf das Schmidt genauso gut hätte verzichten können:

> Schmidt benutzt nicht mehrere Kolumnen, [...]. Er schreibt auf einer Mittelachse mit sehr breitem Rand, in den der Text von Gelegenheit zu Gelegenheit mehr oder weniger weit ausschweift. [...] Partienweise handelt es sich dann auch um einen Mitteltext mit rechts oder links (rechts und links) beigegebenen Kommentaren, Nebenstimmen, Parallelen. Im Ganzen habe ich keine Stelle entdecken können, die nicht auch mit einem konventionellen Buchdruckverfahren zu bewältigen gewesen wäre, ja mir scheint das strukturelle Ineinander des Textes im Kaff einleuchtender als hier.[3]

Es ist hier nicht der Ort zu entscheiden, ob Heißenbüttel mit seiner Einschätzung Recht hat, aber es erscheint mir symptomatisch, dass er gewissermaßen im Experiment die separat geführten Textteile in einen durchlaufenden Text zusammengeführt sehen und damit jene räumliche Ordnung wiederhergestellt haben möchte, die einen kontinuierlichen Lesevorgang von links oben nach rechts unten gewährleistet. Was in diesen Überlegungen allerdings zum Ausdruck kommt, ist eben jenes Unbehagen an einer in jedem Fall erschwerten Lektüre, verstärkt im Übrigen auch durch die Typoskriptform des Werkes, das sich Heißenbüttel schon damals in jener von simplen Tippfehlern, Durchstreichungen und Übermalung befreiten Form gewünscht hätte,[4] wie wir sie mittlerweile in absehbarer Zeit von dem gesetzten Text erwarten dürfen.

Trotz allem sind dies keine hinreichenden Gründe für die Unzumutbarkeit von *Zettel's Traum*, zumal es letztlich Äußerlichkeiten sind, die auch in den anderen, späten, ursprünglich in Typoskriptform veröffentlichten Romanen Schmidts in zumindest ähnlicher Form auftreten. Auch in der *Schule der Atheisten*, in *Abend mit Goldrand* und in *Julia, oder die Gemälde* verhindert die typographische Einrichtung der Seiten mit den als Textblöcke eingeschobenen, teilweise sehr langen Zitaten eine konsequent lineare Lektüre, auch hier ist die Seite oftmals in mehrere Spalten geteilt, und wenngleich dies auf einer Länge von 1330 DIN A3 Seiten von strapaziöserer Wirkung sein mag, so sind doch zumindest auch die *Schule der Atheisten* und *Abend mit Goldrand* keine ausgesprochen schmalen Bände.

Kurz gesagt: Derartige äußere Dinge, die im Verlauf der Rezeptionsgeschichte als Kennzeichen quasi vor das Buch geschoben worden sind, vermochten und vermögen wohl bis heute zu irritieren, können letztlich aber nicht ausschlaggebend sein für den Ruf der ‚Monstrosität‘, der *Zettel's*

[2] Helmut Heißenbüttel: *Zettels Traum-Deuter*, in: *Über Arno Schmidt [I]*, S. 200-202, zit. S. 202.

[3] Ebd.

[4] Vgl. ebd., S. 201.

Traum vorauseilt, genauso wenig wie die im Übrigen auch von Schmidt selbst in den Vordergrund gespielte angebliche Komplexität des Werkes, das ohne einschlägige Kenntnisse der Freudschen Psychoanalyse sowie ohne die intime Bekanntschaft mit zumindest einem Gutteil von Schmidts eigenem Lektürekanon nicht adäquat rezipierbar, geschweige denn zu verstehen wäre.[5] Ich halte diese Einschätzung schlichtweg für den Mythos von *Zettel's Traum*, der den eigentlichen Blick auf das Buch verstellt und in der Folge das verdeckt, was als die tatsächliche Verstehensschwierigkeit, die Herausforderung und vielleicht auch als die Zumutung des Buches gelten kann, nämlich sein – wie in der Folge zu zeigen sein wird – merkwürdig changierender und nur schwer festlegbarer Status zwischen Informationsprosa und poetischer Fiktion, zwischen Deskription und Narration, zwischen der psychologischen Vergegenständlichung eines Falles von sexueller Perversion, ihren Verdrängungsmechanismen sowie ihren Manifestationen in der Literatur und der mimetischen Vergegenwärtigung von Funktionsweisen des menschlichen Bewusstseins und des Unbewussten.[6]

1.1. Teilnehmende Perspektive und distanzierter Blick

Die eigentliche Irritation von *Zettel's Traum* beruht, so meine These, auf einer generischen Unentschiedenheit, die selbst wiederum zum Nährboden für zahlreiche Missverständnisse rund um eine philologische und ästhetische Klassifikation des Werkes wird. *Zettel's Traum* – so heißt es in der

[5] In einem Interview mit dem Spiegel-Redakteur Gunar Ortlepp antwortet Schmidt auf dessen Frage, wie denn der Leser „gerüstet" sein müsse, „wenn er *Zettels Traum* einigermaßen verstehen [wolle]": „Englisch müßte er schon können. Ohne das wird's nicht gehen. […] Der Leser – er müßte die Kenntnis meiner früheren Bücher mitbringen, damit er in die Methode langsam hineinwächst. Er müßte außerdem meine Nachtprogramme über JOYCE kennen. Denn da wird ja auch schon einiges gesagt." Und Gunar Ortlepp ergänzt in der schriftlichen Fassung des Interviews atemlos beflissen: „Und dann, so ist hinzuzufügen, müßte der Leser von *Zettel's Traum* ja wohl auch noch die gesammelten Werke von EDGAR ALLAN POE im Original möglichst gründlich studiert haben sowie etliche Kenntnis besitzen über: COOPER, PLINIUS, DICKENS, das *Buch Mormon*, KARL MAY, FOUQUÉ, BRONTE, die *Insel Felsenburg*, HERDER, den Conte Fosco, E.T.A. HOFFMANN, die *Enzcyclopaedia Britannica*, ARIOST, JEAN PAUL, IFFLAND, HOMER, die *Bibel*, *Lucia von Lammermoor*, NESTROY, HERODOT, SCOTT, *Sylvie and Bruno*, PETRARCA, SPENCER, CERVANTES, den *Koran*, STIFTER, BEN JONSON, Natty Bumppo und tutti tutti tutti quanti." (Ortlepp: *Apropos*, S. 190f.)

[6] Zur Unterscheidung von „psychologischer Vergegenständlichung" und „mimetischer Vergegenwärtigung" vgl. grundlegend Gisbert Ter-Nedden: *Die Unlust zu fabulieren und der Geist der Schrift. Medienhistorische Fußnoten zur Krise des Erzählens im 18. Jahrhundert*, in: *Jahrbuch der Jean-Paul-Gesellschaft* (1997/98), S. 191-220, bes. S. 203f.

Einleitung einer jüngeren Studie über Schmidts Text und James Joyces *Finnegans Wake* – sei ein irritierendes Buch des ungewöhnlichen Erscheinungsbildes und der unorthodoxen Orthographie wegen, und es sei überhaupt ein Buch, „dessen Form jeder Beschreibung, auch einer literaturwissenschaftlichen, spottet“[7] –, und dies nicht zuletzt aufgrund der fehlenden Gattungsbezeichnung, „die den Leser wie bei manch anderem Buch auf die Art des Textes hinweist“.[8] Sieht man einmal davon ab, dass nicht unbedingt nachvollziehbar ist, warum eine ungewöhnliche Form selbst dann, wenn ihr die Gattungsbezeichnung versagt bleibt, ein Hinderungsgrund für eine adäquate Beschreibung, „auch eine literaturwissenschaftliche“, sein soll, ist das Fehlen einer derartigen Klassifikation doch tatsächlich symptomatisch für das Buch, zumal Schmidt in seinen Untertiteln gelegentlich mit Gattungsbezeichnungen sogar ausgesprochen akribisch sein kann, wenngleich sie auch nicht immer todernst zu nehmen sind: Als „historischen Roman“ etwa klassifiziert er *Das steinerne Herz*, als „Kurzroman aus den Roßbreiten“ *Die Gelehrtenrepublik*, als „Novellen=Comödie in 6 Aufzügen“ *Die Schule der Atheisten*, als „Märchen-Posse“ *Abend mit Goldrand* und als „Scenen aus dem Novecento“ sein letztes, unvollendet gebliebenes Werk *Julia, oder die Gemälde*. All diese Klassifikationen betonen im Übrigen den poetischen Charakter der Texte, und auch im Fall derjenigen Werke, die ohne eine solche spezifizierende Klassifikation auskommen, ist die Zuschreibung zu einer der beiden Kategorien, zu Poesie oder Prosa, kaum strittig. Dies lässt sich von *Zettel's Traum* freilich nicht behaupten, und die Tatsache, dass Schmidt letztlich auf einen Untertitel samt Gattungsspezifikation verzichtet hat, ist, so meine ich, kein Zufall. Schmidt wollte mehr, als einen Roman schreiben; er wollte auch mehr, als einen Essay schreiben, und jenes Kompositum *Essayroman*, das gemeinhin verwendet wird, um beim Versuch einer generischen Beschreibung von *Zettel's Traum* aus der gattungstypologischen Klemme zu kommen, ist zu unspezifisch, um die Mehrdimensionalität seiner Gestalt zu kennzeichnen. Es markiert allerdings genauso wie Schmidts mäandernde Titelsuche die Janusköpfigkeit dieses Buches, und Schmidt selbst muss in den Jahren der Niederschrift von *Zettel's Traum*, in denen zunächst der Titel, dann aber insbesondere der Untertitel mehrfach gewechselt hat, bis er schließlich ganz weggeblieben ist, dieses irritierende Spezifikum im Blick gehabt haben. Das Ringen und der beständige Wechsel der diskursiven Form machen sich gerade in Schmidts Suche nach dem passenden Titel

[7] Wilfried Armonies: *Lesen und Schreiben. Bedingungen und Wirkungen der Textproduktion von James Joyce' Finnegans Wake und Arno Schmidts Zettel's Traum*, Frankfurt/M. 1995, S. 11.

[8] Ebd.

bemerkbar, und die zahlreichen Varianten[9] bei den ins Auge gefassten Titeln belegen das Hin und Her zwischen einer essayistisch dargelegten Literaturtheorie einerseits und ihrer poetischen Fassung andererseits. Ein erster Entwurf vom 12. Mai 1964 nennt als Arbeitstitel schlicht einen Ortsnamen, „Arnheim", der bestenfalls Kennern von Edgar Allan Poes Werk einen entscheidenden Hinweis auf das zu Erwartende hätte sein können.[10] Aussagekräftiger ist da schon der Titel im dritten Entwurf vom 14. Mai 1964. „ARNHEIM oder die Zeugung der Culisse", den Schmidt dann aber wieder verwirft und den Entwurf dafür mit einem neuen Titel versieht: „Rotman". Das Begleitheft reproduziert dann unmittelbar neben jenem „3. Entwurf" einen der berühmten Zettel Schmidts, auf dem zu lesen ist: „(Titel)? Rotmann oder die Zeugung d. Culisse"[11]. Jener Zusatz zum einzelnen Titelwort ist es, der nähere Informationen zum Erzählgegenstand gibt, und dies wird deutlicher noch in einem Titelentwurf vom 23.3.1965, der bereits *Zettel's Traum* als eigentlichen Titel nennt mit dem Zusatz „oder über die Zeugung der Culisse". In der Folge baut Schmidt gerade diese Untertitel zu üppiger Fülle aus, die in ihrer längsten Variante auch einem barocken Roman alle Ehre gemacht hätte: „Eine Studie über die Zeugung der Culisse in den Büchern der DP's" wird 1968 ersetzt durch „ZETTEL'S TRAUM / oder / die unendliche Kimme / ein Versuch / über die Zeugung der Culisse / in den Werken der Dichter / zugleich / ausführliches Gemählde eines Ackerbürgerhaushaltes / um's Jahr der Hedschra 1386 / samt den darin vorgefallenen Gedankenspielereien, / auch viel Ophthalmo=, Cheiro= & sonstiger Mantie". Selbst noch ein Titelblatt, das einen „Arbeitsplan" verzeichnet, in dem als Arbeitsende der 31.12.1968, 6 Uhr morgens und als das Ende einer weiteren Bearbeitung der 20.2.1969, mittags angegeben ist, führt eine umfangreiche Titelvariante an, die jedenfalls eher eine literaturwissenschaftlich-essayistische Abhandlung als Poesie erwarten lässt: „ZETTEL'S TRAUM / oder / die unendliche Kimme / ein Versuch über die Zeugung der / Culisse in den Werken der DP's." Dass sich Schmidt letztlich für den im Vergleich zu den verworfenen Varianten schlicht anmutenden Titel „Zettel's Traum" entschieden hat, ist angesichts dieses ganz späten Entwurfs überraschend, und es ist sprechend. Schmidt vollzieht damit im Titel eine Wende zum Poetisch-Fiktionalen, nimmt die überdeutliche Betonung des theoretisch-reflexiven Charakters des Buches zurück, den der barocke Titel unterstrichen hätte: Er stellt Information *über*

[9] Zu diesen Titelvarianten sowie zum Folgenden überhaupt vgl. *Von Arnheim zu Zettel's Traum*. Begleitheft der dritten Ausstellung der Arno Schmidt Stiftung in Bargfeld, 1990/91.

[10] Vgl. Edgar Allan Poe: *The Domain of Arnheim, or The Landscape Garden*, in: E.A.P.: *The Complete Tales and Poems of Edgar Allan Poe*, New York 1975, S. 604-616.

[11] *Von Arnheim zu Zettel's Traum*, Nr. 5.

den Erzählgegenstand bereit, während der eigentliche und letztlich einzige Titel *etwas erfindet*, was bestenfalls als Anspielung auf ein anderes Stück Poesie verstanden werden kann, das als Gegenstand aber zunächst konturlos bleibt und erst im Verlauf der Lektüre Gestalt annimmt.

Die Titelentwürfe mit Untertitel dokumentieren gleichsam die Spannung zwischen poetischem und prosaischem Gestus, unter der *Zettel's Traum* steht, auch wenn der auf die bloße Identifikation des Werkes reduzierte, endgültige Titel zunächst nur die poetische Dimension fokussiert, unter der ja auch der furiose Auftakt des Buches in den Blick gerät. Unvermittelter als das ebenso emphatische wie rätselhafte „ - :king!"-[12] kann ein Erzähleinstieg nicht sein, der auf keinerlei mitgeteilte Informationen aufbaut, stattdessen jedoch eine teilnehmende Perspektive eröffnet, die der Leser zu übernehmen gezwungen wird:

> Nebel schelmenzünftich. 1 erster DianenSchlag; (LerchenPrikkel). Gestier von JungStieren. Und Dizzyköpfigstes schüttelt den Morgen aus. / : „Sie diesen Galathau, Wilma. Und wie Herr Teat'on mit Auroren dahlt : jetzt ist die Zeit, voll itzt zu seyn !". / (Aber Sie, noch vom vor=4 benomm'm,shudderDe mit den (echtn !) Bakk'n): „Dän - Ich bin doch wirklich a woman, for whom the outside world exists. Aber verwichne Nacht…"; (brach ab; und musterDe Mich, / Den ihr gefälligst den Draht aus'nanderHaltndän :-? -/ : „Singularly wild place -"; (hatte P indessn gemurmlt. Er ragte, obm wie untn, aus seiner WanderHose;Er, lang=dünn & haarich). [ZT 4mm]

Schmidt gestaltet den inzwischen berühmten Beginn von *Zettel's Traum* kompromisslos und radikal aus der Perspektive eines am Geschehen beteiligten, personalen Bewusstseins, das die Ereignisse als etwas unmittelbar Gegenwärtiges präsentiert und auf jeden distanzierenden, gar zusammenfassenden Bericht verzichtet. Es ist dies ein Modus nicht der *Mitteilung* eines Geschehens, sondern seiner *Gestaltung*, der auf den szenisch-dialogischen Bestandteilen[13] der Szene ebenso beruht wie auf den darstellenden Passagen, die Einblicke in die Umstände und Befindlichkeiten der Figuren geben, ohne jedoch in einen berichtenden Gestus zu wechseln.

Zettel's Traum beginnt also so, wie wir es auch von den früheren Romanen und Erzählungen Schmidts kennen: in einem szenisch-perspektivieren-

[12] Arno Schmidt: *Zettel's Traum*, Karlsruhe 1970, S. 4. In der Folge zitiert als ZT mit Seitenzahl im fortlaufenden Text. Alle übrigen Texte Arno Schmidts, mit Ausnahme von *Vorläufiges zu Zettels Traum,* zitiere ich nach der Bargfelder Ausgabe (BA) mit Erwähnung der Werkgruppe in lateinischen und der Bandzahl in arabischen Ziffern.

[13] Schmidt selbst hat ja bekanntlich gerade den „'dialogisierte[n] Roman'" als „äußerst intressant[e] ! Form" bezeichnet, weil sie eine „Dehydrierung & verGegenwart'igung" zulasse. Vgl. Arno Schmidt: *…denn ‚Wallflower' heißt ‚Goldlack'*, in: BA II/3, Zürich 1991, S. 317 – 346, zit. S. 335f.

den Gestaltungsmodus, ganz auf die Handlungs- und Erlebnisebene einer Figur ausgerichtet. Es ist dieser Gestus, nicht *von außen* auf das Geschehen zu blicken, sondern *mit* einer personalisierten Perspektive zu *schauen*, die zu jenen „Verständnisschwierigkeiten“[14] führt, die Hans-Georg Potts Auffassung nach James Joyce, Laurence Sterne, Jean Paul und Arno Schmidt verbinden: „Zuweilen erreicht die Privatheit ihrer Mitteilungen kaum aufschlüsselbaren Eigensinn. Aber was sollen sie denn mitteilen? Es geht ja nicht um Informationen.“[15] Pott weist damit in eine Richtung, die auch schon Helmut Heißenbüttel zwanzig Jahre früher eingeschlagen hat. Er sieht in *Zettel's Traum* einen „Impetus“ am Werk,

> der in der Ausbreitung eines nichtkommunikativen Sprachmodells Sprache aus den formalisierenden Verformungen des technischen Zeitalters heraushält, der ein Sprachmodell anbietet, das eben nicht nach den Privilegien der Verstehkraft gestuft, sondern in sich egal ist.[16]

Sieben Jahre später freilich hat sich Heißenbüttels Einschätzung radikal geändert. Zwar weist er darauf hin, dass „der Erzählraum“[17] in *Zettel's Traum* „bis an die äußerste Grenze transponiert [wird], an der Erzählraum in etwas wie autonomen Sprachraum umschlagen würde, autonomen Sprachraum, in dem die Frage, was Erzählen, was Prosa, ja was Literatur überhaupt ist, erst neu gestellt werden kann“,[18] doch wird dieser „Erzählraum nicht verlassen.“[19] Und, bedeutsamer noch vor dem Hintergrund eines ehemals postulierten „nichtkommunikativen Sprachmodells“: Heißenbüttel betont das erzählerische Moment in *Zettel's Traum*. Schmidt

> erzählt eine Geschichte […]: die Geschichte eines alternden Mannes, der sich in einen Backfisch verliebt, auf dem Höhepunkt der Begegnung (hier markiert durch einen Anfall von Herzschwäche bei der Andeutung körperlichen Kontakts) die Unmöglichkeit irgendeiner Erfüllung einsieht und am Schluß resignierend beseitetritt – vielleicht eine der schönsten Geschichten, die Schmidt je geschrieben hat, weil ihm auch nie vorher das schwebende Gleichgewicht zwischen tödlichem Ernst, autobiographischer Einfärbung und Parodie der Trivialerzählung so vollkommen gelungen ist.[20]

[14] Hans-Georg Pott: *Neue Theorie des Romans. Sterne – Jean Paul – Joyce – Schmidt*, München 1990, S. 233.
[15] Ebd.
[16] Heißenbüttel: *Zettels Traum-Deuter*, S. 202.
[17] Helmut Heißenbüttel: *Zettel's Traum als dickes Buch*, in: *Text + Kritik* 20/20a, 3. Aufl. (1977), S. 48-54, zit. S. 52.
[18] Ebd., S. 52f.
[19] Ebd., S. 52.
[20] Ebd.

Diese Einschätzung nimmt das Postulat eines „nichtkommunikativen Sprachmodells" auf ganzer Linie zurück und zwingt zu einem zweiten Blick auf Potts Befund von der in *Zettel's Traum* angeblich verweigerten Information. Natürlich wird dem Leser die Liebesgeschichte zwischen einem alternden Mann und einem Backfisch nicht als Information im gegenständlichen Sinn dargeboten, sondern als Imagination einer solchen Beziehung anschaulich und unserer Empathie zugänglich gemacht. In der Tat ließe sich darüber streiten, inwiefern dies als „Mitteilung" zu verstehen wäre, doch ist es nun jenseits dessen gerade für *Zettel's Traum* charakteristisch – und der Umstand hebt den Text letztlich auch aus dem Kanon der anderen poetischen wie auch aller übrigen Texte Schmidts heraus –, dass es sehr wohl um Informationen auch im ganz strengen Sinn des Wortes geht. Genauer: es geht *auch* um Informationen – um die thesenmäßige und diskursiv durchargumentierte Darlegung der sogenannten Etym-Theorie eben und des etym-analytischen Interpretationsverfahrens sowie um dessen Exemplifizierung an den Texten Poes, und dort, wo dies alles im strengen Wortsinn expliziert und demonstriert wird, insbesondere aber in den Passagen der etym-analytischen Behandlung von Poes Werk, ist der Text auch alles andere als hermetisch, vielmehr das genaue Gegenteil: er ist redundant und überdeutlich bis zur totalen Langeweile, weil er ganz offensichtlich dem Argument mit der Fülle des Materials Nachdruck zu verleihen versucht. Andererseits trifft Potts Befund hinsichtlich der „Privatheit der Mitteilungen" und der dadurch verursachten Verständnisschwierigkeiten auf *Zettel's Traum* durchaus auch zu, und zwar dort, wo es nicht um die Darlegung der Theorie und die Demonstration ihrer Anwendbarkeit auf die Literatur geht. Gerade die erste Seite, der berühmte „Zettel 4", illustriert dies in eindrucksvoller Weise, und die Ausführlichkeit von Jörg Drews' Kommentar[21] allein zu dieser einzelnen Seite unterstreicht dies in aller Deutlichkeit.

Trotz allem gilt aber gerade für jene erste Seite in *Zettel's Traum* genau das, was Pott für den Beginn von *Aus dem Leben eines Fauns* feststellt: Auch sie kann ganz ohne Kommentar gelesen werden, ohne dass ihre Bedeutung für uns vollständig im Dunkel einer nicht mehr nachvollziehbaren „Privatheit" versickern würde. So wie uns der Beginn des *Fauns* „einen intensiven stimmungsgeladenen Eindruck einer Winterlandschaft"[22] vermittelt, so präsentiert uns der Beginn von *Zettel's Traum* eben einen nicht weniger stimmungsgeladenen Eindruck eines frühen Sommermorgens in der Ostheide; ein Eindruck, der sich übrigens verstärkt, gerade wenn wir den Text laut vorgelesen bekommen, die Bedingungen zur Reflexion des

[21] Vgl. Jörg Drews: *Arno Schmidt: „Zettels Traum", Seite 1 (ZT 4). Ein Kommentar*, in: *Bargfelder Bote* Lfg. 9 (1974), o. P. [S. 3–16].

[22] Pott: *Neue Theorie*, S. 237.

Gelesenen bzw. Gehörten, zur Rekonstruktion und Aufschlüsselung der Anspielungen und Verrätselungen also besonders ungünstig bzw. überhaupt nicht gegeben sind. Tatsächlich geht es in diesen Passagen eben nicht um die Konstruktion einer Theorie, die vom Leser verstehend und aus reflexiver Distanz nachvollzogen werden müsste, sondern es geht um das emphatische Nachleben einer Stimmung, das der Entschlüsselung aller in dieser Szene enthaltenen Anspielungen gar nicht bedarf: *Zettel's Traum* ist hier ein poetischer Text und als solcher in „emphatischer Weise“[23] präsent.

Es ist diese erste Seite, die hier stellvertretend für andere Passagen in den Blick gerückt wird,[24] die anschaulich macht, wie die Poesie ihren Gegenstand nicht reflexiv darlegt, sondern in Form einer „imaginativen Darbietung“[25] preisgibt, und wie die ästhetische Wahrnehmung zuvorderst eine „sinnengeleitete Wahrnehmung“ ist, „der es um die Objekte und Vollzüge dieser Wahrnehmung geht.“[26] Nicht im Bericht, sondern in der imaginativen Darbietung dreier schlaftrunkener Spaziergänger und ihres hellwachen Führers hat sich die „Verwandlung der semiotischen Materie in Sinn und Anschauung“[27] vollzogen, und wir werden als Leser von „ZT 4“ zu Augen- und Ohrenzeugen eines solchen Spaziergangs, in dessen Verlauf gewissermaßen mit der sich vollends auflösenden Dämmerung auch die handelnden und redenden Figuren an Kontur gewinnen. Schmidt verbietet sich in dieser Eingangspassage eben zu sagen, was Sache ist, doch gibt er der Sache ein Erscheinen und verfährt damit im eigentlichen Sinn poetisch:[28]

> Der stille Morgen in blaugrauen Sandalen. Lerchentriller über Landkreisen. Himmel überall feinweißbehaart; (das=ist=nicht=gut). / Und der scharf=gesenste Pfad begann doch so schmal, & plötzlich,:!! -:? / : „Dieses schpannt meine Neugierde“ (sagte die Thauschnarre neben=Mir auch sofort so=boshaft)..... [ZT 6mm]

Die Begegnung mit dem Text wird hier tatsächlich „zur Begegnung mit einer Art, der Welt zu begegnen“[29], und es ist dies eine sinnenhafte und in radikaler Weise auf eine personale Perspektive fokussierte Begegnung.

[23] Eckard Lobsien: *Darstellung und Wiederholung: Zur Phänomenologie poetischer Präsentation. (Paradise Lost)*, in: *Was heißt „Darstellen“?*, hg. von Christiaan L. Hart Nibbrig (es 1696, N.F. 696), Frankfurt/M. 1994, S. 119-138, zit. S. 119.

[24] Zu Strategien und Verfahren der Poetisierung in *Zettel's Traum,* jeweils exemplifiziert an ausgewählten Passagen, vgl. auch die Kapitel 4-6 in dieser Arbeit.

[25] Martin Seel: *Zur ästhetischen Praxis der Kunst.* In: M. S.: *Ethisch-ästhetische Studien* (stw 1249), Frankfurt/M. 1996. S. 126-144, zit. S. 136.

[26] Ebd., S. 127.

[27] Lobsien: *Darstellung und Wiederholung*, S. 119.

[28] Vgl. Martin Seel: *Über die Arbeit des Schriftstellers (und die Sprache der Philosophie)*, in: Seel: *Ethisch-ästhetische Studien*, S. 145-187, zit. S. 182.

[29] Ebd.

Hätte Schmidt dieses poetische Schreiben als Gestus das Buch hindurch beibehalten, dann, so meine ich, gäbe es auch die Legende von der Schwierigkeit von *Zettel's Traum* nicht, und Schmidts Buch wäre ein dickes Buch unter anderen dicken Büchern, vielleicht, nein sicher sogar *das* Buch unter allen anderen. Nun ist Schmidt in *Zettel's Traum* aber eben nicht bei der Poesie geblieben. Die Tätigkeit des Schriftstellers, die ja vor allem anderen im *wie* seines Schreibens besteht, ist ihm in *Zettel's Traum* nicht mehr Herausforderung genug; es geht ihm bald schon und in erster Linie um das *was* seines Schreibens, um ein Schreiben, das *über* etwas informiert, eine These formuliert, Belege für deren Richtigkeit ausbreitet und überhaupt vor allem anderen den Zweck der Mitteilung zu erfüllen hat. Schmidt expliziert in *Zettel's Traum* über weite Strecken eine als Theorie begriffene Methode der Textauslegung, die – und dies gilt ja auch schon für die ebenfalls (quasi)psychoanalytisch orientierte Studie *Sitara und der Weg dorthin* (1963) – darauf ausgerichtet ist, die Imagination personalen Welterlebens aufzulösen in die Begrifflichkeit eines Analyseverfahrens:

> „Nu schön. – Aber dann muß ich erst noch 1 Hülfsbegriff erfinden. Wie wolln wir sie nennen ? – Die ETYMS ?" / : „Also ‚Die Echten' ?"; (P hoffnungsvoll)/: „Und das wären - ?", (W). / : „Was ‚Worte' sind, wißt Ihr - ?"; (sie nickten so schnell :!)/(Glückliches Völkchen ; mir war's nich ganz klar.)). : „Also das bw spricht Hoch=Worte. Nun wißt Ihr aber, aus FREUD's ‚Traumdeutung', wie das ubw ein eigenes Schalks=Esperanto lallt; indem es einerseits Bildersymbolik, andrerseits Wort=Verwandtheiten ausnützt, um mehrere – (immer aber im Gehirn des Wirtstieres engbeieinanderlagernde !) – Bedeutungen gleichzeitig wiederzugeben. Ich möchte nun diese neuen, wortähnlichen Gebilde – die sowohlerzogen der scheinbaren Präzision der Normalsprache dienen; als auch den fehllustig=doppelzüngelnden Amfibolien der ‚Hinter'=Gedanken – ‚ETYMS' heißen : [...]." [ZT 24luf.]

Damit verlässt Schmidt die Gefilde der Poesie und begibt sich auf das Feld der Prosa, und dies zeigt sich vor allem anderen im vollständig veränderten Gestus des Textes: *Zettel's Traum* ist ab jetzt über weite Strecken, wenngleich auch nicht durchgängig und gegen Ende sogar wieder weniger,[30] durch die Haltung der Distanz geprägt, die gleichsam eine Position des kritischen und allwissenden Beobachters etabliert und zur Voraussetzung für jenen analytisch-entlarvenden Gestus wird, der *Zettel's Traum* um die unmittelbare Anschaulichkeit der Poesie bringt. Diese geht zusammen mit jener zu Beginn noch nach innen, auf die Ebene der Akteure gelegten Perspektive verloren. Die Perspektive, die Schmidt nun etabliert, ist nur mehr zum Schein eine Figurenperspektive. Tatsächlich blicken wir jetzt nicht mehr *mit* einem Bewusstsein in einen imaginierten Tagesanbruch, sondern

[30] Zur Wiedergewinnung der Poesie in *Zettel's Traum* vgl. Kapitel 6 in dieser Arbeit.

wir blicken *auf* einen Text: auf das Werk Edgar Allan Poes und in der Folge auf den hinter diesem Werk stehenden Menschen:

> „Über seine hyst(e)rionische Fixierung an die Bühne wäre viel zu sagen -"/ (da sie lauschender die rechtn Ohren neigtn) / -: „etwa; wie=begreiflich es imgrunde ist, daß er lebenslänglich mit der Realität verfeindet bleiben mußte : seine Gestalten, seine Interieurs, seine Landschaftn, habm ja sämtlich was Theatralisches Treibhausmäßiges Künstliches." [ZT 36lu]

Mit dem veränderten Gestaltungsmodus wechselt auch unsere Lektüre von einer „rhetorisch-ästhetischen" zu einer „veridikal-argumentativen"[31], die nun nicht mehr angeleitet ist, der Imagination des Textes zu folgen, sondern den begrifflichen Abstraktionen eines Analyseverfahrens, und die sich unwillkürlich die Plausibilitäts- und Wahrheitsfrage hinsichtlich der präsentierten Befunde und Interpretationen von Poes Werk stellt, weil der prosaische Diskurs eben darauf gerichtet ist, einen Sachverhalt gegenständlich zu machen. Selbst wenn wir uns beständig vor Augen halten, dass es Pagenstecher als eine von Schmidt erschriebene und erfundene Figur ist, die hier ihre Erkenntnisse über Poe und sein Werk sowie eine Theorie über die Manifestationen des Unbewussten im Text preisgibt, ist es unsinnig, so zu tun, als erhebe Schmidt mit dem Pagenstecher in den Mund gelegten Interpretations- und Analyseverfahren keinen weiterreichenden als einen werkimmanenten Anspruch. Seine Etym-Theorie ist mehr als nur Teil einer Fiktion vom Besuch eines Übersetzerehepaares samt sechzehnjähriger Tochter bei einem Schriftsteller-Freund in der Heide und lässt sich nicht gleichsetzen mit anderen werkimmanenten „Längeren Gedankenspielen" Schmidts, etwa der Mondkrater-Fiktion aus *Kaff auch Mare Crisium*. Schmidts Etym-Theorie ist nichts Erfundenes wie die Vorstellung vom beschwerlichen Leben in der lebensfeindlichen Umgebung des Erdtrabanten nach der atomaren Verseuchung unseres Planeten, und es ist deshalb keine Fiktion, weil hier ein analytisches Verfahren unserem Verstand offengelegt wird. Wollen wir es begreifen, müssen wir seine spezifische Terminologie und seine kausalen Zusammenhänge verstehen. Unserer Anschauung dargeboten, in unserer Imagination miterlebbar und emphatisch mitfühlbar, wie eben die Liebesgeschichte zwischen Daniel und Franziska oder Pagenstechers sukzessive Einsicht in die Abgründe der eigenen Existenz, des eigenen nicht gelebten Lebens, wird Schmidts Etym-Theorie selbstredend nicht, weil dieses Verfahren nicht personalisierbar ist und es auch gar nicht sein soll, sondern nur begrifflich zu explizieren und zu exemplifizieren ist. Poesie jedoch ist *Mimesis*, Nachahmung, nicht der Natur, sondern – wie

[31] Seel: *Über die Arbeit des Schriftstellers*, S. 185.

wir seit Aristoteles wissen – von menschlichen Handlungen (praxis) und menschlichem Leben (bios)[32]:

> Poesie ist Mimesis des menschlichen, und zwar des einzelmenschlichen Tuns und Lebens, denn nur das Einzelich [...] hat einen bios, ein zwischen Geburt und Tod sich erstreckendes Leben. [...] Die poetische Mimesis vergegenwärtigt immer nur das einzelichhafte personale Erleben und Erleiden. Nur das Prinzip des Personalisierens macht auch jene [...] affektive Beteiligung des Hörers an Gehörtem möglich und begreiflich, jenes Mithoffen und Mitbangen, Mit-Leiden und Mit-Lachen, um derentwillen wir Romane lesen oder ins Theater oder Kino gehen.[33]

Gerade dies aber, die narrative Vergegenwärtigung des personalen Erlebens und Erleidens, erzeugt den Zwang zur Fiktion, die der Poesie also sekundär, quasi Mittel zum Zweck ist: die Innenseite des gelebten Lebens, mimetisch veranschaulicht im Modus der Narration, lässt sich nur imaginieren; zu wissen gibt es hier nichts. Dem Wissen bleibt quasi das Äußere und Geäußerte vorbehalten, selbst dann, wenn wir etwas oder – wie im Falle Edgar Allan Poes – alles über das Innerste erfahren, denn es ist der Modus und nicht der Inhalt, der den entscheidenden Unterschied ausmacht: Pagenstecher legt zum Fall Edgar Allan Poe eine Datensammlung an, indem er die längste Zeit unzählige Details zu Poes psychischer Befindlichkeit anhäuft, diese wiederum als die Bedingungen und Voraussetzungen von Poes literarischer Produktion begreift bzw. letztere als die Folge und den Ausdruck seiner psychischen Dispositionen versteht. Poe wird uns dergestalt als analytisches Fallbeispiel gegenständlich, als Person wird er davon jedoch nicht prägnant, weil Schmidt die längste Zeit die Rückübersetzung der mehr oder weniger überzeugenden Befunde in eine Form aktuellen personalen Erlebens und Erleidens unterlässt: er verzichtet auf die Dichtung und stellt stattdessen Thesen auf.

1.2. Integration und Assimilation: Ein Text kommentiert sich selbst

Mit der Darlegung der Etym-Theorie und ihrer Anwendung auf die Literatur erhebt *Zettel's Traum* einen Anspruch „auf etwas außerhalb seiner selbst"[34], und wir folgen diesem Anspruch willig und ohne uns dessen ge-

[32] Aristoteles: *Poetik. Griechisch/Deutsch*, übers. und hg. von Manfred Fuhrmann (RUB 7828), Stuttgart 1982, S. 7.

[33] Gisbert Ter-Nedden: *Buchdruck und Aufklärung. Zur Mediengeschichte von Literatur und Poetik*, Lehrbrief der FernUniversität – Gesamthochschule Hagen, Hagen 1999, S. 22.

[34] Aleida Assmann: *Fiktion als Differenz*, in: *Poetica* 21 (1989), S. 239-260, zit. S. 250.

wärtig zu sein. Der „fiktionale Vertrag“[35], der die Wahrheitsfrage suspendiert und damit die autonome Wahrheit des Werkes sicherstellt, kommt hier erst gar nicht zum Tragen und erweist sich überhaupt als irrelevant: Es sind nicht die Inhalte, die die Differenz zwischen poetischem und prosaischem Schreiben festlegen. Allerdings ist diese Differenz aber genauso wenig eine Frage des „Redestatus“, der festlegt, dass einmal, im Falle der „Wirklichkeitsaussage“, etwas als wahr und wirklich seiend ausgesagt wird, und ein andermal, im Falle der „fiktionalen Seinsaussagen“ eben, nur als seiend.[36] Vielmehr ist es die *Art* des Erzählens, die notwendigerweise die Fiktion mit sich bringt oder eben nicht.

Stefan Voigt ist schon zuzustimmen, wenn er *Zettel's Traum* als einen Roman beschreibt, „dessen Hauptfigur über andere Literatur spricht (d.h. ein Kritiker ist) und damit extrafiktionale Wirkung beansprucht. Da diese Wirkung jedoch dem (durch Konvention festgelegten) Status des Textes widerspricht, entwirft Pagenstecher ein Weltmodell, das Fiktion und Realität in einer (seiner) Welt zusammenbringt. Der entscheidende Schritt ist dabei die Erklärung der Realität zur Fiktion.“[37] Nun ist es allerdings nicht das Reden über Literatur, das diese „extrafiktionale“ Wirkung erzeugt, wie überhaupt der Gegensatz von Fiktion und Extra-Fiktion bzw. Nicht-Fiktion in der Beschreibung von *Zettel's Traum* in die Sackgasse führt. Voigt deutet diese Aporie selbst an, wenn er zur Auffassung kommt, dass in Schmidts Werk „fiktionale und nicht-fiktionale Texte [...] weitgehend identische Literaturauffassungen [vertreten]“[38], und sie macht deutlich, dass es ein anderer Gegensatz ist, der in *Zettel's Traum* wie im Werk Schmidts im Generellen kenntlich wird: jener zwischen poetischem und prosaischem Modus. Es ist nicht das Sprechen über *Literatur*, sondern die *Art und Weise* dieses Sprechens – forciert deskriptiv und insofern poesiefern –, das in *Zettel's Traum* „das Gespinst der Muse“[39] zerreißen lässt und dahinter den Gestus nüchterner Informationsprosa hervor kehrt. Mit einem Widerspruch gegen einen durch Konventionen festgelegten Status hat dieser Wandel freilich nichts zu tun.

Allerdings hängt auch der von Voigt in überzeugender Weise beschriebene epistemologische Paradigmenwechsel in Schmidts Erkenntnismodellen von Authentizität und Exaktheit hin zu Illusion und Täuschung[40]

[35] Ebd., S. 255.

[36] Vgl. Jürgen H. Petersen: *Fiktionalität und Ästhetik. Eine Philosophie der Dichtung*, Berlin 1996, bes. S. 15-49, zit. S. 36f.

[37] Stefan Voigt: *In der Auflösung begriffen. Erkenntnismodelle in Arno Schmidts Spätwerk*, Bielefeld 1999, S. 105.

[38] Ebd., S. 33.

[39] Herman Meyer: *Zum Problem der epischen Integration*, in: *Trivium* 8 (1950), S. 299-318, zit. S. 304.

[40] Vgl. Voigt: *In der Auflösung begriffen*, S. 121ff.

jedenfalls in *Zettel's Traum* eng mit dem Changieren der Diskurse zwischen Poesie und Prosa zusammen. Dort, wo die Poesie gleichsam nach langem Ringen gegen Ende des umfangreichen Werkes wieder die Oberhand gewinnt über die prosaische Deskription, hat sich auch jener Wechsel in der Weltwahrnehmung vollzogen, ja vollziehen müssen. Poesie, verstanden im obigen Sinn als ästhetische Mimesis, „hat nicht den Zweck, den Betrachter zur Wirklichkeit hin, sondern von ihr wegzuführen"[41], und es ist allen voran Daniel Pagenstecher, der am Ende der Geschichte in einer ganz anderen Art und Weise zum Führer wird, als er dies zu Beginn in seiner Rolle als analytisch zergliedernder Detektiv, der die Autorpsyche aus einem Werk zu deduzieren vermag, noch war. Er wird letztlich selbst zu jener unter der Regentschaft des Unbewussten stehenden Projektionsmaschine, als die er Edgar Allan Poe den ganzen Tag hindurch identifiziert hat, ist gleichsam gefangen in den eigenen Projektionen, im eigenen nach außen projizierten Raum. Auch so ist Pagenstecher noch ein Führer durch das Unbewusste, aber nicht mehr wissentlich und willentlich und nur in dem Sinn, dass wir jetzt seinem eigenen Unbewussten unmittelbar folgen.

Gegen eine derartige Umkehrung der Souveränitätsverhältnisse, wie sie gegen Ende von *Zettel's Traum* offenbar werden, hat sich Pagenstecher freilich lange genug und mit aller Vehemenz gewehrt, und Schmidt hat ihn mit einer ausgesprochen wirksamen Waffe ausgestattet: mit jenem Gestus deskriptiver Prosa nämlich, der gar nichts anderes zulässt als eine analytisch-distanzierte Perspektive auf die Welt, die eben von jeder unmittelbar die Subjektivität der Personen veranschaulichenden Darstellung und einer damit verbundenen Personalisierung der Handlungen und Ereignisse dezidiert absieht. In derartigen Passagen der psychologischen Vergegenständlichung eines Falles – Edgar Allan Poe – von sexueller Perversion und der deskriptiven Darlegung eines Analyseverfahrens wird im Übrigen die Unterscheidung zwischen Arno Schmidt und Daniel Pagenstecher gewissermaßen hinfällig. Pagenstecher wird als Person bis kurz vor Schluss des Buches schlichtweg nicht prägnant, so dass ihm quasi auch keine eigene Stimme, keine individuelle Perspektive, keine spezifische Artikulation einer sinnenhaften Wahrnehmung zugeschrieben werden kann. Schmidt muss im Darstellungsmodus prosaischen Schreibens auf das Miterzählen eines „Erzählers als gedichtete Person"[42] verzichten, und ein solcher Erzähler, eine solche vermittelnde Instanz gerät, selbst wenn Schmidt sie zu Beginn mit Daniel Pagenstecher natürlich etabliert hat, unwillkürlich aus dem Blick – Pagenstecher löst sich auf im apersonalen und atemporalen Argu-

41 Heinz Schlaffer: *Poesie und Wissen. Die Entstehung des ästhetischen Bewußtseins und der philologischen Erkenntnis*, Frankfurt/M. 1990, S. 149.

42 Dorrit Cohn: *Narratologische Kennzeichen der Fiktionalität*, in: *Sprachkunst* 26 (1995), S. 105-112, zit. S. 111.

mentationszusammenhang der Etym-Theorie. Seinen Platz füllt die Stimme des Autors, denn im Modus deskriptiver Prosa gibt es keinen „unüberbrückbaren Abgrund“[43] zwischen Imagination und Wirklichkeit, eben weil diese Imagination eines Bewusstseinslebens unterbleibt.

Natürlich erwächst aus dem über weite Strecken prosaischen, nicht narrativen Darstellungsmodus von *Zettel's Traum* und der damit verbundenen Lektürehaltung nicht die Notwendigkeit einer „umfassenden Rekonstruktion der Etym-Theorie auf wissenschaftlicher Grundlage“[44], noch gut zehn Jahre nach Erscheinen von *Zettel's Traum* als dringendes Forschungsdesiderat angesehen, aber mittlerweile doch ruhigen Gewissens aufzugeben. Fragestellungen dieser Art wären stets auf Reformulierungen des Schmidtschen metaphernreichen Verfahrens in der nüchternen Wissenschaftssprache zurückgeworfen, die dann einerseits die Widersprüche, Ungenauigkeiten und Inkohärenzen dieser Theorie dokumentieren würden, und andererseits die Abweichungen von und Übereinstimmungen mit anderen psychoanalytisch motivierten Verfahren der Textauslegung und an der Kognitionsforschung ausgerichteten Theorien illustrieren würde. Ein differenzierteres und enttrivialisiertes Verständnis für *Zettel's Traum* wäre von derartigen Unternehmungen aber nicht zu erwarten.

Etwas anderes ist es da schon zu fragen, ob bzw. wie die Etym-Theorie, so wie sie eben ist, zur strukturbestimmenden Kraft von *Zettel's Traum* wird: „Gehalt bringt die Form mit / Form ist nie ohne Gehalt“[45] schrieb Goethe in seinen *Paralipomena zu Faust I*, und insoweit hat dann eben auch die Etym-Theorie zu interessieren: Als „Gehalt“ eines Textes bestimmt sie dessen Form in prägnanter Weise mit, so dass von *Zettel's Traum* doch als von einem Ganzen die Rede sein kann, in dem die unterschiedlichen Diskurstypen bzw. Redemodi letztlich eine Einheit bilden und nicht disparat bleiben. Nur wenn sich eine solche Form der narrativen „Integration“[46] nachweisen lässt, die gewissermaßen voranschreitet von „desintegraler Vielheit zu integraler Einheit“[47] und im Zuge dessen auch jenes Etym-Verfahren, das ja keinen im obigen Sinn mimetischen, sondern eben einen argumentativen Sinn hat, in die „zeiträumliche epische Struktur“[48] verwickelt, ließe sich von *Zettel's Traum* als einem Werk mit einheitlicher, ästhetisch prägnanter Gestalt

[43] Ebd.

[44] Wolfgang Marx: *Psycholinguistische Brocken zu einer Rekonstruktion der Etym-Theorie*, in: *Bargfelder Bote* Lfg. 67-68 (1983), S. 26-28, zit. S. 26.

[45] Johann Wolfgang Goethe: *Paralipomena zu Faust I*, in: J.W.G.: *Sämtliche Werke nach Epochen seines Schaffens*. Bd. 6.1: Weimarer Klassik 1789-1806. München und Wien 1986, S. 1050-1074, zit. S. 1052.

[46] Meyer: *Epische Integration*, S. 301.

[47] Ebd.

[48] Ebd., S. 303.

sprechen, die sich gerade jenem im eigentlichen Sinn außerzeitlichen begrifflichen Moment verdankt, das in letzter Konsequenz dann eben doch keinen isolierten Diskurs darstellt, sondern in die Narration einer Geschichte – jener von Daniel Pagenstecher, Franziska und dem Übersetzerehepaar Jacobi – assimiliert ist.

Die Integration jener außerzeitlichen, nicht-narrativen Gehalte, wie sie Schmidts Verfahren in den endlosen Etym-Zerlegungen von Poes Texten gleichsam anhäuft, gelingt, indem die Wirkung dieses Verfahrens und seiner Voraussetzungen auf das handelnde Personal *als Wirkung* gestaltet wird. Sie geht im Verlauf der Narration nach und nach quasi als Ferment ein in die Existenz der Figuren, bestimmt immer deutlicher deren Aktionen, bis schließlich Pagenstecher nicht mehr etym-analytisch verfahrend über Leben und Werk Poes doziert, sondern ganz nach den Prämissen seiner Denk- und Interpretationsschule dieses Leben und Werk lebt.[49] Gegen Ende von *Zettel's Traum* bleiben die Etym-Theorie und ihr Anwendungsfall Edgar Allan Poe nicht länger nur Gesprächsstoff zwischen den Figuren,[50] sondern werden als ideeller Inhalt gleichsam in die mimetische Veranschaulichung gelebten Lebens aufgelöst.

Es ist dies jenes Phänomen, das Stefan Voigt als „erste Rekursion“[51] bezeichnet hat: „Schmidts Texte sind oft selbstähnlich angelegt, indem sie nicht nur sich selbst erklären, also Theoriearbeit leisten, sondern darüber hinaus auch noch praktische Demonstrationen ihrer Theorien sind.“[52] Gerade dieser Umstand hat weitreichende Konsequenzen für eine Beurteilung der Stellung von *Zettel's Traum* zwischen Informationsprosa und poetischer Fiktion und geht somit über die methodische Problemstellung eines hermeneutischen „Rückkoppelungsprozesses“ von Theorie und ihrer Anverwandlung im Text hinaus. Je länger jener endlose Sommertag des Jahres

[49] Zur Demonstration dieses integrativen Prozesses vgl. die Kapitel 5 und 6 in dieser Arbeit.

[50] An dieser Entwicklung zeigt sich auch, dass der Dialog, anders als Schmidt dies in den frühen *Dichtergesprächen im Elysium* von 1940/41 und auch noch in dem späten Funkessay *...denn ,wallflower' heißt ,Goldlack'* von 1971 einschätzt, keineswegs notwendigerweise eine „unmittelbare Gegenwart“ (Arno Schmidt: *Dichtergespräche im Elysium*, in: BA I/4, Zürich 1988, S. 239-301, zit. S. 282) bzw. jene bereits erwähnte „Dehydrierung & verGegenwart'igung“ (Schmidt: *... denn ,wallflower' heißt ,Goldlack'*, S. 336) erzeugt. Von einem ästhetischen Standpunkt aus gesehen vermag auch der Dialog keine Verlebendigung und Vergegenwärtigung von Personen und Zeiten leisten, wenn der Diskurs auf die Vergegenständlichung einer These ausgerichtet ist. Deren Darlegung in Dialog-Form ist nicht ausreichend, um den deskriptiven Gestus in die veranschaulichende Narration zu überführen. - Zum Verhältnis von „Dialogizität“ und Dialog im Werk Schmidts unter freilich anderen als den hier thematisierten Gesichtspunkten vgl. auch Gregor Strick: *Gespräche im Schatten. Zu Arno Schmidts Dialogizität*, in: *Zettelkasten* 17 (1998), S. 31-64.

[51] Voigt: *In der Auflösung begriffen*, S. 22.

[52] Ebd.

1968 in dem kleinen Heidekaff voranschreitet, desto deutlicher wird *Zettel's Traum* zu einem Werk, das seine eigene Struktur kommentiert und so „die theoretische Reflexion in den epischen Aggregatzustand“[53] umzusetzen vermag: *Zettel's Traum* erzählt, wie einer eine Theorie der Text- und Autoranalyse entwickelt, deren grundlegende Prämisse auf die Mächtigkeit des Unbewussten zählt, und es erzählt die ‚Verifikation‘ dieser Theorie gleich mit, indem sie den Protagonisten dieser Theorie nach den von ihr formulierten Gesetzen handeln lässt, ohne dass ihm dies bewusst wäre. Der funktionale Wert der Etym-Analysen von Poes Werk besteht also nicht in dessen Interpretation, weshalb *Zettel's Traum* auch dezidiert keine mehr oder weniger fundierte psychoanalytische oder auch literaturpsychologische Abhandlung ist, wenngleich es prätendiert, eine solche zu sein. Vielmehr zeigt sich dieser Wert daran, wie die Etym-Theorie in vielfacher und komplexer Weise zur Mitspielerin, ja in gewisser Weise zur Hauptdarstellerin in der Geschichte um Daniel Pagenstecher und die Jacobis wird: Das etymistische Verfahren, diskursiv ausgebreitet und demonstriert am Anwendungsfall Edgar Allan Poe, findet seinen Niederschlag – dies meine These – nun auch in der gestalteten Figurenaktion, regiert insbesondere das Handeln Pagenstechers und diktiert gewissermaßen die Wahrnehmungen besonders von Paul und Dän. Der ausufernde Pansexualismus in *Zettel's Traum* demonstriert die psychoanalytischen Voraussetzungen der Theorie immer weniger und nur noch scheinbar im Zuge einer Anwendung auf das Werk Poes und seine Person, sondern immer deutlicher an den Wahrnehmungen, Handlungen und Reden besonders der beiden Männer Daniel Pagenstecher und Paul Jacobi, so dass die ursprünglich geschiedenen diskursiven Ebenen immer weniger geschieden sind und das Pagenstechersche Etym-Verfahren dergestalt immer weniger dem Verstand offen gelegt und immer deutlicher der Anschauung dargeboten wird.

Es ist dieses Phänomen, das für die eigentliche Schwierigkeit des Buches verantwortlich zeichnet: Schmidt rückt der Poesie des eigenen und zugleich des fremden Textes, d.i. der Texte Poes, mit einer Sprache der philologischen Erkenntnis zuleibe, die den „poetischen Sinn von der außerpoetischen Bedeutung“[54] trennen soll und dies im Fall von Poe und seinem Werk auch tut. Gleichzeitig unterläuft er allerdings diese Trennung, wenn er im selben Text die außerpoetische Bedeutung des anderen Werkes in den poetischen Sinn des eigenen zurückverwandelt und so in einem Akt außerordentlichen quasi-wissenschaftlichen *und* dichterischen Ehrgeizes alles zugleich und in einem erschreiben will: Theorie und ihre Anwendung, Poesie und ihre Interpretation.

[53] Meyer: *Epische Integration*, S. 307.
[54] Schlaffer: *Poesie und Wissen*, S. 190.

2. *Zettel's Traum* – und der Weg dorthin: Bekannte Routen, neue Ziele

Die einander wechselseitig ergänzenden und verdoppelten Diskurse in *Zettel's Traum* – Informationsprosa und poetische Fiktion, psychologische Vergegenständlichung und mimetische Vergegenwärtigung, Deskription und Narration –, die zu einem so entscheidenden Teil für die Irritationen des Buches verantwortlich zeichnen, sind jeweils für sich genommen in Arno Schmidts Schreibprogramm nichts Neues. Sieht man einmal davon ab, dass auch in Schmidts älteren poetischen Texten die Narration gelegentlich durch deskriptiv essayistische Passagen durchbrochen ist,[1] so war es für Schmidt bekanntlich von allem Anfang an unumgänglich, seine poetische Produktion nicht zuletzt aus Gründen einer finanziell massiv bedrohten Schriftstellerexistenz mit den mehr oder weniger verhassten, aber unvermeidlichen „Brotarbeiten"[2] zu ergänzen, und dies waren neben zahlreichen Übersetzungen eben auch essayistische Arbeiten[3] unterschiedlicher Form für die Feuilleton-Programme und -Abteilungen von Rundfunk und Zeitung.

1 Vgl. dazu etwa die Passage in Schmidts Kurzroman *Aus dem Lebens eines Fauns*, in dem Heinrich Düring über Wieland und Goethe räsoniert und dabei einen Ton vorweg nimmt, der uns später in den Funkdialogen als apodiktische Meinung, aber vor allem auch als hymnisches Lob und vernichtender Tadel ständig begegnen wird. (Arno Schmidt: *Aus dem Leben eines Fauns*, in: BA I/1, Zürich 1987, S. 350ff.)

2 Auf die Bedeutung dieser „Brotarbeiten" in Schmidts literarischem Schaffen muss hier nicht gesondert eingegangen werden, da sie ohnehin bestens dokumentiert ist. Vgl. dazu etwa in Auswahl Arno Schmidts eigene Äußerungen in: *Nebenberuf: Dichter?*, in: BA III/3, Zürich 1995, S. 194-195; *Die Brotarbeit*, BA III/3, S. 214-216; oder *„'Wahrheit'-?", seggt Pilatus, un grifflacht....*, in: BA III/4, Zürich 1995, S. 234-240, bes. S. 237. Vgl. dazu auch Arno Schmidt: *Der Briefwechsel mit Alfred Andersch. Mit einigen Briefen von und an Gisela Andersch, Hans Magnus Enzensberger, Helmut Heißenbüttel und Alice Schmidt*, hg. von Bernd Rauschenbach, Zürich 1985. Ab dem 20.6.1955, als Schmidt an Andersch schreibt, er würde „fürs Nachtprogramm einen „Cooper" herzurichten versuch[en]" (S. 55), ist Schmidts Produktion für den Süddeutschen Rundfunk Stuttgart immer wieder Thema der Korrespondenz. - Vgl. des Weiteren Wolfgang Albrecht: *Arno Schmidt* (Sammlung Metzler 312), Stuttgart und Weimar 1998, S. 52ff.; sowie Wolfgang Martynkewicz: *Arno Schmidt*, 2. Aufl. (rowohlts monographien 484), Reinbek bei Hamburg 1992. S. 77ff.

3 Vgl. Arno Schmidt: *Dialoge 1-3*, BA II/1-3, Zürich 1990f.; sowie Arno Schmidt: *Essays und Aufsätze 1-2*, BA III/3-4, Zürich 1995.

In *Zettel's Traum*, dem von Schmidt selbst euphorisch als „'Über-SITARA'"[4] angekündigten „Essayche"[5], sollen nun alle – so hat es jedenfalls den Anschein – bis zum Beginn der Niederschrift 1965[6] erprobten literarischen Verfahren ihre Anwendung finden, freilich nicht in einem geordneten Nebeneinander oder Nacheinander, sondern in einem produktiven Ineinander ganz nach der von Schmidt bereits 1955 geäußerten Ansicht, dass sich der Dichter langsam in seinem Werk auflöse,[7] weil er zum Zeitpunkt der jeweiligen Niederschrift „schamvoll=aufreibend […] aus seinen Adern mitstenografieren"[8] müsse. Bleiben also die Schmidtschen Verfahrensweisen – die erzählerische, exemplifiziert in Erzählungen und Romanen, die essayistische, exemplifiziert in *Sitara* und in seinen Arbeiten für Zeitung und Radio – für sich genommen auch kenntlich, so entsteht aus ihnen in *Zettel's Traum* doch etwas Neues und Fremdes, gerade *weil* diese Verfahren nun innerhalb *eines* Werkes zum Einsatz kommen und dort wenn schon nicht gleichzeitig verwendet, so doch aufeinander bezogen werden und dergestalt eine, wie ich in den folgenden Kapiteln noch zu zeigen hoffe, unauflösbare Einheit bilden.

2.1. Route I: Von der Ländlichkeit in die Lendlichkeit

Der größte Teil der Schreibweisen in *Zettel's Traum* ist also bekannt und bewährt, und dennoch ist alles von ganz spezieller Natur – ein Phänomen, das sich gerade auch in dem in vielerlei Hinsicht bestehenden Naheverhältnis etwa zwischen einigen der *Ländlichen Erzählungen* und *Zettel's Traum*

4 [Arno Schmidt:] *„I forced them into it". Aus Briefen an den Verleger*. [Brief an Ernst Krawehl vom 5.5.1964], in: *„Des Dichter's Aug' in feinem Wahnwitz rollend..." Dokumente und Studien zu „Zettel's Traum"*, hg. von Jörg Drews und Doris Plöschberger (Bargfelder Bote Sonderlieferung), München 2001, S. 13-23, zit. S. 13.

5 Arno Schmidt an Ernst Krawehl vom 29.1.1964. Ebd. Die Betonung gilt hier offenbar dem tendenziell Wissenschaftlich-Essayistischem und nicht *Zettel's Traum* als poetischem Projekt.

6 Am 7.5.1965 schreibt Arno Schmidt an seinen Lektor beim Stahlberg Verlag Ernst Krawehl:
Lieber Herr Krawehl !
[…]
Zettel's Traum hat jetzt 4 gepreßt volle Kästen. Ende Juni will ich mit der POE=Übersetzung, bis auf Winzigkeiten, fertig sein – dann fang' ich an ! […]
Gruß ! : Arno Schmidt
Etwas mehr als ein Jahr später, am 22.6.1966 meldet Schmidt an Krawehl, dass *Zettel's Traum* bereits bis „Großblatt 285 (x 3,5 = 1.000 Seiten)" gediehen sei. Ebd., S. 14.

7 Arno Schmidt: *Flucht vor dem Werk*, in: BA III/3, S. 267-268, zit. S. 268.

8 Ebd.

zeigt. 1994 weist Ernst-Dieter Steinwender in seinem zweiten Aufsatz[9] zu Schmidts Erzählung *Die Abenteuer der Sylvesternacht*, der seine Überlegungen aus dem Jahr 1981 aufgreift, weiterführt und ergänzt,[10] auf den zumindest engen *zeitlichen* Zusammenhang der Erzählungen *Die Wasserstraße*, *Die Abenteuer der Sylvesternacht* und *Caliban über Setebos* hin, die allesamt in der ersten Hälfte des Jahres 1963 entstanden sind und zusammen mit der früheren, im Mai 1962 entstandenen Erzählung *Kundisches Geschirr* erstmals in dem Sammelband *Kühe in Halbtrauer* 1964 veröffentlicht wurden: „Die restlichen sechs [=Erzählungen, D.P.] erschienen nämlich zwischen 1960 und 1962 alle als ‚Vorabdrucke' in der Zeitschrift ‚konkret'".[11] Dass sich Schmidt im Zuge der Materialsammlung und später dann während der Niederschrift von *Zettel's Traum* entgegen anders lautender Beteuerungen sehr wohl noch an die bereits abgeschlossenen eigenen Texte erinnern konnte und wollte und sie keineswegs vollständig aus seinem Gedächtnis verbannt hatte,[12] machen schon an der Textoberfläche die in *Zettel's Traum* zahlreich auftauchenden Übereinstimmungen, Ähnlichkeiten und Zitate mit und von Passagen aus den Erzählungen deutlich, denen hier jedoch im Einzelnen nicht nachgegangen werden soll. Als symptomatisch für die zumindest zeitlich und inhaltlich enge Bezüglichkeit der *Abenteuer der Sylvesternacht* und *Zettel's Traum* kann aber die Arbeit angesehen werden, der die beiden Protagonisten in der *Sylvesternacht* sowohl zu Beginn der Erzählung als auch an ihrem Ende nachgehen und die

9 Vgl. Ernst-Dieter Steinwender: *„- Und anschließnd wieder druff=uffde Galeere." Zu Arno Schmidts Erzählung „Die Abenteuer der Sylvesternacht"*, in: *Bargfelder Bote* Lfg. 185-186 (1994), S. 6-19.

10 Vgl. Ernst-Dieter Steinwender: *Odysseus in der ‚Midlife-Crisis' oder Der Gang zu den Müttern. Zu „Die Abenteuer der Sylvesternacht"*, in: *Bargfelder Bote* Lfg. 54 (1981), S. 3-13.

11 Steinwender: *Galeere*, S. 6.

12 In jenem bereits erwähnten Interview mit dem Spiegel-Redakteur Gunar Ortlepp, geführt im April 1970, antwortet Schmidt auf Ortlepps Frage, ob er denn jetzt nach Erscheinen von *Zettel's Traum* noch an das Buch denke:
„Das kann kein Mensch von mir verlangen. Das ist ja auch ein Fehler, den leider die liebenswürdigsten Leser begehen. Die sehen jetzt ZT erscheinen und kommen freudestrahlend vors Haus und wollen sich mit mir unterhalten. Und wundern sich dann immer furchtbar, daß ich nichts mehr davon weiß und wissen will. In die meisten Bücher hab ich nicht mehr hinein gesehen, nachdem sie fertig waren. Eine solch zehrende Niederschrift ist derart scharf und giftig, daß man verrückt wird, wenn man sich nachher noch damit beschäftigt." (Ortlepp: *Apropos*, S. 193.)
Vgl. dazu außerdem Schmidt: *Flucht vor dem Werk*, S. 267f., bes. 268: „Hier ist man einer Erklärung des bestürzenden Phänomens schon ganz nahe: so tief ist das Erlebnis gewesen, so giftig=klar hat man sich Alles machen müssen – um es in bewußt niedergeschriebenen Worten fixieren zu können: man durfte nicht einfach unbekümmert »fühlen«, wie die glücklich Anderen! – so schamvoll=aufreibend hat der Dichter aus seinen Adern mitstenografieren müssen, daß er später instinktiv aus Selbsterhaltungstrieb jede Erinnerung an das Erlebnis flieht!"

fraglos auch den Autor Arno Schmidt insbesondere während der Zeit der Materialsammlung für *Zettel's Traum* beschäftigt haben muss[13]: „(Zettelschneiden=zettelschneiden=zettelschneiden :[…]“[14] heißt es am Anfang, und der letzte Abschnitt beginnt mit: „Er schnitt.“[15] Kommt hinzu, dass in den *Abenteuern* der nicht publizierende Ich-Erzähler Gerd ähnlich wie der nicht mehr veröffentlichende Daniel Pagenstecher in *Zettel's Traum* bekanntlich Besuch bekommt von einem Übersetzer-Freund, der die Hilfe des allein in der Heide lebenden Freundes in Anspruch nimmt: in den *Abenteuern* freilich nicht für eine Übersetzung, sondern für ein fertigzustellendes Register zu einem zwölfbändigen Heiligen-Lexikon. Ähnlich wie in *Zettel's Traum* unternehmen die beiden Freunde einen Dorfausflug – in *Zettel's Traum* in der Abenddämmerung zu einem im Nachbarort stattfindenden Jahrmarkt, in den *Abenteuern* kurz vor Mitternacht in der letzten Nacht des Jahres zur Sylvesterparty im Dorfgasthaus –, und insbesondere die Szenen rund um die von den beiden Freunden beobachteten Geschehnisse in und vor der Dorfwirtschaft verdeutlichen ein eben nicht nur in inhaltlicher Hinsicht gegebenes Naheverhältnis zu *Zettel's Traum*, sondern auch eines hinsichtlich der „Darstellungstechnik“[16], wie Jan Philipp Reemtsma in seinen Ausführungen zu den *Abenteuern der Sylvesternacht* andeutet. Das Besondere dieser „Darstellungstechnik – wenn es denn eine ist – “[17] stellt sich für Reemtsma wie folgt dar:

> Wir haben da eine sonderbare Art von Texten, so vokabelreich und polyphon, wie – was das Was angeht, das Objekt der Beschreibung – monoton. Diese Sorte hochverbalisierter Sexualdarstellungen hat einen benennbaren Anfang – in den *Abenteuern der Sylvesternacht*, geschrieben im März 1963 [...], die bildet die Schwelle zu *Zettel's Traum.*[18]

Vokabelreichtum, Polyphonie und Monotonie in der Darstellung von Sexualität, die eine Dimension von *Zettel's Traum* - und nicht die am wenigsten problematische - schon vorweg nehmen, präsentieren sich in den *Abenteuern* wie folgt:

[13] „40.000 Zettel“ hätte er bereits „zu regieren“, schreibt Schmidt an Krawehl am 4.2.1965, und am 7.4.1965 meldet Schmidt: *Zettel's Traum* hat jetzt 4 gepreßt volle Kästen.“ ([Arno Schmidt:] *„I forced them into it“*, in: *„Des Dichters Aug'...“*, S. 14.)

[14] Arno Schmidt: *Abenteuer der Sylvesternacht*, in: BA I/3. Zürich 1987, S. 455-474, zit. S. 457.

[15] Ebd., S. 473.

[16] Jan Philipp Reemtsma: *Der Platz der Sexualität in der Weltordnung. Anmerkungen zu den Abenteuern in der Sylvesternacht*, in: *„Timbuktu. Bloemfontein.“ Sieben Vorträge zur Sexualität im Werk Arno Schmidts* (Hefte zur Forschung 4), Bargfeld 1998, S. 34-51, zit. S. 37.

[17] Ebd.

[18] Ebd.

> Dennoch erschienen, trotz der grimmijen Kälte, schier ohne Pause die Pärchen: Jünglinge, pollen=foll, und wonnefeuchte Mägdlein bibbernd auf Perlon=Röhren; sie sein Ersdgeschoß, er ihr Firstphal; enero S=Cape: »Waginula blandula; ‹über das Kuß= & Kratzrecht im ehemaligen Wendland›«. (Und von drinnen schlug die Pauke, burenkrieg'risch, den Takt dazu; und der Brummbaß furzte bei jedem drittn Po=Stüber.)[19]

Oder so:

> er sturmtroppte die barärschige Berserkerin, die Fratzen kußmetisch verschränkt, (und die Doppeldeckerminuten von Selbst=Lauten); breit bleckten ihre Oberbeine; er schoß sie behänd zwischen Wind & Wasser – und versuchte sich leistenwelk=niederlendisch zu erheben, während das unbehoste Mensch nur ein 12=pfündisch Gelöchter ließ. (Es leilachte in den Wölkchen; und der Mond wartete diskret in seinem eigenen Marble Arch, entrance to Hide Park. Worte für ihre Gefühle hatten sie nicht, und brauchten auch keine; kehrten vielmehr unverzüglich zurück zu Lo= & Pokal, Lo= & Pokuß.)[20]

Diese Art der Darstellung von Sexualität nimmt vorweg, was später in *Zettel's Traum* zur Selbstverständlichkeit und zum alles beherrschenden Ton werden wird; die Passage erinnert frappierend an die voyeuristischen Beobachtungen Daniel Pagenstechers und seines Freundes und Begleiters Paul Jacobi während des langen Morgenspazierganges oder des ausgedehnten Streifzuges durch den Scortlebener Jahrmarkt:

> da seine Hohsn sanken./: Der mächtig Besackte; stiewn Diddelus, (,eine lange platte rotweiße Stange; (,Kôten=Tafl' phil Mir ein – Er tanzte Sich die waterproof=Schuhe herunter:..): - ((: „Verwünschter Rammler, the buck of bucks !" knirschte P; / aber Sie, vor lauter Schnalzlautn, (trotz dem ärgstn Bosjeman), vernahmen nur noch Süch)/: „'And now behold him, kneeling there':..."; / denn Sie hattn sich zu bärteln begonnen): ,knee=worship': auf den eigenen Knien fremde Kniee küssn." [ZT 176mm-mu]

Sowohl die Passagen aus der *Sylvesternacht* als auch die aus *Zettel's Traum* zitierte stehen ganz im Zeichen der „Präsentation der dörflichen Sozialbiologie"[21], und allen dreien ist gemein, dass bei allem Bemühen um eine möglichst überzeugende Vergegenwärtigung des als recht haltlos zur Anschauung gebrachten Treibens die nackten Tatsachen – aus jeweils unterschiedlichen Gründen freilich – großteils im wuchernden Wortgestrüpp verborgen bleiben. Schmidts Formulierungen, so Reemtsma, „erschließen sich [...] kaum je dem Bemühen, das nach optischen Ähnlichkeiten sucht. [...] Mehr noch: sie erschließen sich oft erst nach längerem Nachdenken,

[19] Schmidt: *Abenteuer der Sylvesternacht*, S. 466.
[20] Ebd., S. 466f.
[21] Reemtsma: *Der Platz der Sexualität*, S. 42.

viele nach Hinzuziehung eines Wörterbuches oder Lexikons, und manche nicht einmal dann. Das heißt, daß sich diese Passagen dem Verständnis des Details *bewußt* entziehen."[22] Die Mittel, die das Erspähte und Belauschte „gleichermaßen deutlich und überdeutlich und unkenntlich"[23] machen, sind alt bewährt: „Gerade bei den Schilderungen derbster Rammelei wird höchster artistischer Aufwand getrieben, [...]: optisch monotones Gebummse wird zu semantischen Klangkaskaden."[24] Reemtsma betont das „Zwanghafte" einer derartigen Darstellungstechnik, „etwas sagen zu wollen und nicht sagen zu wollen, etwas überdeutlich zu machen und stilistisch doch wieder zu entrücken – eine immer wiederholte Kompromißbildung von Anziehung und Abstoßung."[25] Was nun *Zettel's Traum* betrifft, so entspricht diese gleichsam nur entstellte und verstellte Artikulation den Vorgaben der Etym-Theorie, deren grundlegende Prämissen eben genau darin bestehen, dass sich gerade die Sexualität, sieht man einmal von einigen begnadeten Ausnahmeerscheinungen ab, die die vollständige Kontrolle über ihr Unbewusstes sowie über ihre Triebe und damit die Fähigkeit zum spielerischen Umgang mit ihnen erlangt haben, nur umwunden und quasi auf Umwegen zum Ausdruck verhilft.[26] Im Gegensatz zu *Zettel's Traum* freilich, in dem dieser Mechanismus sowohl in expliziter als auch impliziter Weise demonstriert wird und sich nur über Umwegen auch zu ästhetischer Autonomie verhelfen kann, verzichtet Schmidt in den *Ländlichen Erzählungen* im Allgemeinen und in der *Sylvesternacht* im Besonderen auf jede Art der Explikation seiner „[k]rudesten, oft widrige[n] Optik"[27] auf Sexuelles im weitesten Sinn, sondern verhilft der ambivalenten Haltung zur Sexualität mit größtmöglicher Virtuosität in der Darstellung zur unmittelbaren mimetischen Anschauung.

Die besondere Perspektive, unter der die Sexualität gerade auch in der *Sylvesternacht* erscheint, verdankt sich im Übrigen – auch darauf weist Reemtsma hin[28] – der Position des heimlichen Lauschers und Voyeurs, die Schmidts zentrale Figuren ab der *Sylvesternacht* bevorzugt allem Sexuellen gegenüber einnehmen – eine Position, die im Übrigen das Zwanghafte ebenso wie das Hermetische und Verborgene, niemals offen Ausgedrückte in sich vereint. An der Textoberfläche wird dieser Perspektive gleichsam durch den Familienstand der Ich-Erzähler in den Erzählungen *Die Wasserstraße*, *Abenteuer der Sylvesternacht* und *Caliban über Setebos* und Daniel

[22] Ebd., S. 44.
[23] Ebd.
[24] Ebd.
[25] Ebd., S. 45.
[26] Zur Etym-Theorie, ihren Verfahrensweisen und den Folgen der etym-analytischen Textinterpretation vgl. Kapitel 3 in dieser Arbeit.
[27] Reemtsma: *Der Platz der Sexualität*, S. 50.
[28] Vgl. ebd.

Pagenstechers in *Zettel's Traum* Vorschub geleistet. Alle vier sind Junggesellen, sind die Frauen also schon losgeworden, und nur mehr die zwischen Ekel und Faszination changierende Attraktion des Körpers ist geblieben.[29] Zum letzten Mal nimmt bekanntlich Georg Düsterhenn in *Caliban über Setebos* einen ernsthaften Anlauf, eine frühe Liebe zurückzugewinnen, aber auch dieser Versuch endet im Voyeurismus, der schon in den beiden in der Niederschrift vorangegangenen Erzählungen als Veranlagung nicht mehr zu unterdrücken war und in *Zettel's Traum* schließlich sowohl als Befund zur psychischen Befindlichkeit Edgar Allan Poes als auch als narratives Element überhaupt eine zentrale Bedeutung bekommen wird.

Gewiss, Düsterhenn hat sich einen „letzten Funken von Illusion über die Liebe erhalten – und will diesen zugleich geschickt an Sentimentalität und Bankkonto verschachern“[30]; aber nicht zuletzt dies ist dann auch der Grund, warum sein halbherziger Versuch, „der Jugendlieb‘ [zu] begegnen“[31] zum Scheitern verurteilt ist. Fast hat es den Anschein, als wäre damit in Schmidts Werk für seine Ich-Figuren die letzte Chance vertan, die Frauen als vollwertige Partnerinnen zurückzugewinnen. Die Konsequenz dieser spektakulär verlaufenden Verabschiedung in *Caliban* stellt sich dann schon in *Zettel's Traum* ein: Daniel Pagenstecher bleibt nur mehr die schwärmerische Verehrung der dörflichen Damenwelt, die er – nicht zuletzt seiner körperlichen Gebrechlichkeit wegen – mit großer und entsagungsvoll-großzügiger Geste zurückweisen muss, und die – wenn auch erwiderte, so doch grundsätzlich hoffnungslose – Liebe zu der sechzehnjährigen Franziska, die Pagenstecher eben bestenfalls Kindsbraut, aber niemals Braut sein kann.

Axel Dunker hat im Detail gezeigt,[32] wie in *Caliban über Setebos* der Körper Düsterhenns geopfert wird, der Kopf aber – wenngleich vielleicht nur vorläufig – gerettet wird, so dass die „(erotisch-sexuelle) Empfindung des Körpers […] völlig an die Sprache, die „Orpheus“ Düsterhenn in ihrer

[29] Später in *Zettel's Traum* wird Daniel Pagenstecher ausführlich darlegen, dass es überhaupt nur die Attraktion bestimmter Körper*teile* ist, die den Voyeur zu stimulieren vermag und die ihn zwingt, den störenden Rest auszublenden. Vgl. dazu ZT 471lm.

[30] Jörg Drews: *Caliban Casts out Ariel. Zum Verhältnis von Mythos und Psychoanalyse in Arno Schmidts „Caliban über Setebos“*, in: *Gebirgslandschaft mit Arno Schmidt. Grazer Symposion 1980*, hg. von Jörg Drews (Bargfelder Bote Sonderlieferung), München 1982, S. 46-65, zit. S. 59.

[31] Schmidt: *Caliban über Setebos*, S. 527.

[32] Vgl. Axel Dunker: *Die Arche Noah der Männer. Einige Bemerkungen über Kunst, Sexualität und Tod in Arno Schmidts Ländlichen Erzählungen*, in: *Vergangene Gegenwart – Gegenwärtige Vergangenheit. Studien, Polemiken und Laudationes zur deutschsprachigen Literatur 1960 – 1994*, hg. von Jörg Drews (Bielefelder Schriften zu Linguistik und Literaturwissenschaft 4), Bielefeld 1994, S. 59-72, zit. S. 68.

Totalität „als irgendwie sexuell superfoetirt“[33] entdeckt, überschrieben [wird].“[34] In *Zettel's Traum* findet diese Tendenz nicht nur ihre Fortsetzung, sondern wird gewissermaßen auf ihren Höhepunkt getrieben, weil Düsterhenns Beobachtung zu einer Theorie ausgearbeitet wird, die gleich auch ihre Anwendung und zwar nicht nur auf Edgar Allan Poe und seine Texte, sondern auch auf das handelnde Personal selbst findet: Es versteht sich, dass Pagenstecher unter diesen Bedingungen – ganz Kopfwesen und letztlich aufgelöst in der eigenen Theorie – für die Liebe, die von ihrer körperlich-sexuellen Dimension nicht absehen will, verloren ist, und dies umso mehr, je deutlicher die Etyms zum Sprechen gebracht werden und je expliziter die Sprache ist, die sie sprechen. Dunker weist mit Nachdruck darauf hin, dass paradoxerweise gerade das Etym qua „‘sexuelle[s]‘ Zeichen“ jenes Mittel ist, „Sexualität völlig abzuwehren, indem sie eben in Zeichen, letztlich in Sprache, verwandelt wird.“[35] Ergänzend könnte man hinzufügen, dass die Etyms die Sexualität nicht einfach nur abwehren, sondern gewissermaßen bannen, denn verbunden mit der von Pagenstecher so hoch gehandelten Fähigkeit zur ‚Einsicht in die Etyms‘ [vgl. ZT 73mo] ist eben die Impotenz. Düsterhenn ist auch in diesem Sinn dann der Vorläufer Pagenstechers: Die „neu=angemessene Lesebrille“[36], die Düsterhenn zuhause vorzufinden hofft, wird tatsächlich ein „außerordentliches Auflösungsvermögen“[37] haben und den Etym-Blick ermöglichen, jenen in *Zettel's Traum* zunächst ganz unbestechlichen und doch so verhängnisvollen Blick,[38] der jener in *Caliban* noch als Ahnung oder als Vermutung vorgebrachten Hypothese, dass die ganze Sprache „ja irgendwie sexuell superfoetirt“[39] sei, scharfe Konturen verleiht und zu einer Theorie ausbaut, so dass es anders als in *Caliban* nicht mehr beim ahnungsvollen Erleben bleibt, sondern über weite Strecken das selbstgewisse Verstehen überwiegt. Nur am Schluss kommt Pagenstecher, und dies wird noch zu zeigen sein, die Selbstherrlichkeit abhanden, und da gewinnt *Zettel's Traum* vieles zurück, was wir aus *Caliban* kennen und schon verloren geglaubt haben, weil es sich Pagenstecher schon allzu bequem eingerichtet hatte in seiner Kopfwelt: da muss dann schon eine wie Franziska kommen, um den kläglichen Rest an Körperlichkeit wiederzubeleben, der allzu lange nur dazu gedient hat, den Kopf in gebührendem Abstand zum Boden zu halten,[40] und als in diesen kläglichen Rest die Lebensgeister – wenn auch zögerlich und halbherzig –

[33] Schmidt: *Caliban über Setebos*, S. 535.
[34] Dunker: *Arche Noah*, S. 68.
[35] Ebd., S. 67.
[36] Schmidt: *Caliban über Setebos*, S. 494.
[37] Drews: *Caliban Casts Out Ariel*, S. 60.
[38] Vgl. zur spezifischen Perspektive dieses Blickes das Kapitel 5 in dieser Arbeit.
[39] Schmidt: *Caliban über Setebos*, S. 534.
[40] Vgl. Schmidt: *Abenteuer der Sylvesternacht*, S. 460f.

zurückzukehren beginnen, beginnen auch die Irrungen und Nöte Daniel Pagenstechers. Am Ende ist dann der Körperrest freilich wieder in die Schranken gewiesen; der Versuch der Wiederbelebung war nicht machtvoll genug, konnte sich nicht mehr durchsetzen, gegen den Metamorphosenzauber der Etyms, der gelebte Sexualität verwandelt in sprachliche Zeichen: *Zettel's Traum* jedenfalls löst ein, was Düsterhenn am Ende von *Caliban über Setebos* als Diktum festlegt: „bei einem anständigen Menschen lebt am Ende nur mehr der Kopf!).-“[41]

2.2. Route II: Vom Körper in den Kopf

In den Erzählungen vor *Caliban über Setebos* sowie späterhin in *Zettel's Traum* lebt jedoch zumindest bei den Freunden der Ich-Erzähler noch mehr als der Kopf. Jule in der *Sylvesternacht* etwa, Felix in der *Wasserstraße* und dann natürlich Paul Jacobi in *Zettel's Traum* sind noch allesamt beweibt und nicht zuletzt deshalb meistens übellaunig, weil sie permanent mit ihrem matrimonialen Schicksal und den damit verbundenen Pflichten hadern. In der *Wasserstraße* stattet sogar jene Kleinfamilie dem Ich-Erzähler einen Besuch ab, wie wir ihr auch ganz ähnlich dann in *Zettel's Traum* begegnen: Das befreundete Ehepaar samt sechzehnjähriger Tochter, dem Patenkind des Ich-Erzählers, mit dem es gerade noch keine erotischen Verwicklungen à la Franziska und Dän gibt, obwohl – so könnte man sagen – der Grund schon bereitet ist für jene Saat, die in *Zettel's Traum* dann so unglücklich aufgehen wird:

> ä –: »Helene=Franziska? –: KönntesDu mir mal den Salzstreuer rüberreichn?«; (und fäustig langen, nach der fäustig dargebotenen langen Büxe, im Penis=Format, mit porträtähnlich feuerrotem Dickkopf, SUPERCHIC: die war'n ja raffiniert, diese Fabrikantn; »Danke Dir.«: »Nichts zu dankn. Frans=Friedrich.« versetzte sie langsam, und sehr unpatenkindlich.)[42]

Allerdings, schon auf der ersten Seite stellt der Ich-Erzähler für sich fest: „einerseits muß man ja froh sein, daß man Junggeselle ist !)“[43], und ein „andererseits“ wird nicht mehr folgen, denn die verheirateten Freunde der Ich-Erzähler verhelfen den jeweiligen junggeselligen Ich-Erzählern in der *Wasserstraße*, in der *Sylvesternacht* und in *Caliban über Setebos* zu einer Bestätigung dieser Einschätzung: Sie saufen und sind hauptsächlich depressiv verstimmt, und dies nicht zuletzt wegen der nervenden Ehefrauen, die ihnen gerade das Saufen zu verleiden trachten. In der *Wasserstraße*

[41] Schmidt: *Caliban über Setebos*, S. 538.
[42] Arno Schmidt: *Die Wasserstraße*, in: BA I/3, S. 439.
[43] Ebd., S. 425.

führt dieser Konflikt gar bis zu einer peinlichen und demütigenden Leibesvisitation. Bevor die vier endgültig zur Wanderung im Bach und entlang desselben aufbrechen, werden die Herren von den Damen auf geheime Alkoholvorräte hin abgeklopft:

> »Moment! – Noch nich.« –
> Ruth. Leckte sich die Lefzen. (Zeigte sogar das Gebiß.) Und kommandierte auf einmal derart kommißmäßig, daß wir, ‹alte Kriegsteilnehmer›, sofort mechanisch gehorchten
> : »HANDS UP!!« –
> Da standen wir, wie nur je in jener Ehrenkleid=Epoche. Ich hätte meine ja sofort wieder runter genommen; aber Felix, der Poltron, ragte weiter, ein ehekrüpplichtes ‹Victoire›=Signalement, (und da tat ich gewissermaßen zur Gesellschaft noch mit). Ruth trat, grimmig lächelnd, auf ihn zu. Was mich anbelangt, ließ sie lediglich ihren Daumen schulterüber tikken –: »Hel – –«.
> Und tasteten uns doch tatsächlich ab, die TAMPAX=Typen! Ja, ‹klopften›, mit sinistrer Dexterität. / – / –: ! Schon zog Frau Ruth ihm das Fläschchen. Hob rüstig das Lid der Gesäßtasche – / Und Hel befingerte indessen mich, mit nornischem Freimut. Ging tiefer. (Aber das hatt'ich mir, aufgrund von Felix' neuesten Andeutungen, längst gedacht: woll'n doch ma sehn, was hier siegt; Mannesmuth gegen Weibestükke!). Aber sie entdeckte bereits *meinen* Labetrunk. Und knaupelte derart fürder!, daß ich leise mahnte: »Hel –« – und griente zwar; ging aber etwas sachlicher bis dahin, wo mir die Socken in die hohen Schuhe mündeten. (Zum schwachen Ersatz wenigstens Frau Ruth in den Ausschnitt des einteiligen Badeanzugs linsen: links 1 Gäspe; rechts 1 Gäspe. Arme Hel.)[44]

Natürlich nimmt diese Szene vorweg, was später in *Zettel's Traum* zu einer permanenten, immer nur sporadisch unterbrochenen Debatte zwischen Paul und Dän einerseits und Wilma andererseits ausufern wird, die einen grotesken Höhepunkt erlebt, als Pagenstecher seinem Freund Paul empfiehlt, sich eine neue Brillenfassung zu kaufen, und zwar eine mit hellem, am besten transparenten Nasenbügel, weil dies im Gegensatz zu Pauls schwarzem Brillengestell die verräterische dunkelrot-violette Färbung von Pauls Nase weniger betonen würde. [Vgl. ZT 88lu] Doch all diese Motive, die später dann eben in *Zettel's Traum* ausgebaut werden, bis hin zum Voyeurismus, dem der Ich-Erzähler Franz aus der *Wasserstraße* ganz wie Daniel Pagenstecher nicht entsagen kann, etablieren nur eine gemeinsame Basis auf der Textoberfläche. Unter ästhetischen Gesichtspunkten verdeutlichen gerade die Voyeursszenen in den spätesten der *Ländlichen Erzählungen* die Differenzen zu *Zettel's Traum*, und dies gilt besonders für die *Wasserstraße*. Dort verläuft die Verbalisierung der heimlichen Beobachtungen trotz aller unerfreulichen Deutlichkeit noch schamhaft verschwiegen. Anders gesagt: Dem Ich-Erzähler ist die eigene Indiskretion noch unangenehm, aber aus-

[44] Schmidt: *Wasserstraße*, S. 429f.

gerechnet dieses Unbehagen macht sie dem notgedrungen zum Mitlauscher und Mitspäher gemachten Leser gerade noch erträglich:

> Aber hübsche=gesunde Bäumchen alles, beide Sorten, (die mit gelbgrünem, und solche mit dem blaugrünen Nadel=Laub – ich hatte doch unwillkürlich ein paar Schritte vor mich hin getan. Und erstarrte folglich vor dem langen, schneeweiß=bretternen Rükken, der dort aus Moos & Rasen ragte! Inmitten bärenmützziger Leibwachen von Wach=Holdern: eine kurze Kupferstange schob sich langsam aus Hel heraus. Legte sich untn=um; (riß dafür obm=app). Dann entstand noch ein schmächtiger aber sehr langer Thon – wie wenn Einer nachdenklich durch die Zähne feift – und ich ent=fernte mich hastigst wieder. Auch unentdeckt: entschuldicht, belauschte Lärchn: verzeih mir, überraschelte Hel! – Das Wort ‹BITUMEN› hatte ich, schon vom ersten Hören & Sehen an, nie leidn können: bloß zurükk!).[45]

Keine Zerknirschtheit dieser Art erlöst die Leser von der Peinlichkeit der fortwährenden voyeuristischen Indiskretionen in *Zettel's Traum*. Dort muss Pagenstecher sich und damit den Lesern die Beobachtungen von hauptsächlich Genitalem und Analem bis zum bitteren Ende zumuten, hat er doch ein Programm zu erfüllen, mit dem er sich von den verachteten „D(ichter)=P(riester)n" [ZT 16mo] absetzen will, die Pagenstechers These nach schließlich „vor allem an der Sperrung [laboriren], einen realen Tatbestand nicht beschreiben zu können: sie müssen ihn verfälschn – […]." [ZT 159mm] Im Bemühen, diese Haltung mit einem entsprechenden Korrektiv zu kontern, ist eine größtmögliche Explizitheit in der Darstellung „eines realen Tatbestandes" natürlich oberstes Gebot.

Dass der Weg jedoch in die Etym-Analyse führen wird, ist allerdings auch in der *Wasserstraße* schon vorgezeichnet: „Ich schlug mich nur rasch ins Mittel): »Nach Norden und Osten zu, dann die herrlich=einsamen« – (wieso nickten Beide, Ruth wie Hel, denn schon wieder so finster=verträumt? ‹samen?›: ‹herrlich Herr & ein=samen›?)"[46] Schmidt tut hier einen entscheidenden Schritt in die entsprechende Richtung, die er auch in *Caliban über Setebos* eingeschlagen behält, wenngleich auch hier die letzte und radikale Wendung noch fehlt. Natürlich, auch dort ist der heimliche Blick auf Sexuelles gerichtet und Anales „häufig und deftig […] anwesend"[47], wie Jörg Drews feststellt, aber deren Darstellung, eingebettet in das für *Caliban* so spezifischen „‚debunking-Programm' einer Transformation des Mythos"[48], läuft noch mit gänzlich anderer Intention als dann in *Zettel's Traum*: Ähnlich wie in den Dorfszenen in der *Sylvesternacht* und wie in der Voyeurismusszene in der *Wasserstraße* hängt sich an die Beo-

45 Ebd., S. 443.
46 Ebd., S. 428.
47 Drews: *Caliban Casts out Ariel*, S. 56.
48 Ebd.

bachtung des Analen und der lesbischen Begegnungen keine explizierende Theorie, die das in den „Klangkaskaden“[49] versteckt Offensichtliche an das Licht des rationalen Verstehens zerren würde. Und dies legt dann eben doch noch einmal die Schwelle fest, die von den *Ländlichen Erzählungen* zu *Zettel's Traum* hinüberführt: In *Caliban* schreibt Georg Düsterhenn eine „‘Ode to Defecation‘“[50], in *Zettel's Traum* belässt es Pagenstecher nicht mehr bei den sinnlich veranschaulichenden Gesängen auf das Kreatürliche und Abgründige der menschlichen Existenz, sondern muss uns diese Seiten über die sinnliche Veranschaulichung hinaus auch noch unserem begrifflichen Verstehen zugänglich machen; dies zerstört die ‚Ode‘, den ‚poetischen Gesang‘ ebenso wie die endlose Repetition und die nur mehr in Nuancen variierende Deklination des Themas. Seine beständige Explikation und die damit verbundene Explizitheit lässt keine ästhetischen Spielräume mehr offen, sondern reduziert die Vorgänge auf die nackte Kreatürlichkeit und zwanghafte Perversion. Diese ganz grundsätzliche Veränderung des Schmidtschen Schreibprogramms modifiziert auch die Leserhaltung zum beobachteten und belauschten Geschehen. Die sinnliche Veranschaulichung macht uns auf andere Weise zum Beobachter, als es dies die analytisch sezierende Vergegenständlichung tut: Letztere zwingt uns den mitleidlosen und enttabuisierten Blick Daniel Pagenstechers auf, der uns kein Detail einer pervertierten Lust zu ersparen bereit ist, weil er es eben nicht bei der Beobachtung belässt, wie dies Georg Düsterhenn, Franz oder Gerd noch tun, sondern dieser Beobachtung in den nicht enden wollenden und jeden assoziativen Spielraum ausreizenden Etym-Zerlegungen gleichsam noch die Interpretation und Bewertung als letztgültig hinzufügt. Die Spröde und Verschlossenheit der Wort- und Klangkaskaden, die Reemtsma noch in der *Sylvesternacht* wahrnimmt, ist damit dahin und gleichzeitig aber auch jener Rest an Diskretion und Distanz, den gerade die verschlüsselten und nicht immer unmittelbar zugänglichen Formulierungen bergen.

2.3. Route III: Von der Grimasse zum versteinerten Gesicht

Wenn die *Ländlichen Erzählungen* und davon insbesondere die hier genauer betrachteten in poetischer Hinsicht als die Texte diesseits der Schwelle zu *Zettel's Traum* gelten können, dann trifft dies im Rahmen von Schmidts essayistischer Produktion natürlich auf die 1963 entstandene Karl May-Studie *Sitara und der Weg dorthin* sowie auf zahlreiche Zeitungses-

[49] Reemtsma: *Der Platz der Sexualität*, S. 44.
[50] Schmidt: *Caliban über Setebos*, S. 479.

says[51] und einige Funkdialoge[52] zu, die hauptsächlich Karl May und Adalbert Stifter zum Thema haben, sind dies doch vorrangig jene beiden Autoren, die neben Edgar Allan Poe dem Schmidtschen Etym-Blick, wie er sich in *Sitara* schon andeutet, in Sachen verdrängter und tabuierter Vorstellungen nicht standhalten konnten.[53]

Besonders dem Leben und Werk Karl Mays wird in Arno Schmidts literarischem Schaffen eine außergewöhnliche Aufmerksamkeit zuteil, die dann nur mehr von *Zettel's Traum* und der dort stattfindenden Auseinandersetzung mit Edgar Allan Poe in den Schatten gestellt wird. Schon in *Sitara* übt sich Schmidt allerdings darin, die „Schilderungen eines Schriftstellers“[54] wohlgemerkt in ihrem poetischen Werk als „Mitteilungen“[55] der besonderen Art aufzufassen: als Manifestationen von in die Literatur abgedrängten sexuellen Wünschen, Begierden und grundsätzlichen triebhaften Ausrichtungen, im Fall Karl Mays eben als Zeugnisse einer „okkasionellen Invertiertheit“[56]. Auch das nicht erst in *Zettel's Traum*, sondern bereits auf Karl May zur Anwendung gebrachte Verfahren, Worte als „fonetische Karikaturen“[57] oder als „verräterische Buchstabeneinschleichlinge“[58] zu betrachten, sowie die Methode, als Basis für die Textanalyse

[51] Schmidt widmet Adalbert Stifter mit *Die Handlungsreisenden* von 1955 nur einen einzigen Essay, der sich ausschließlich mit dessen Person und Werk befasst, erwähnt ihn allerdings in unterschiedlichen Kontexten gemeinsam mit anderen bewunderten und verachteten Autoren in zahlreichen seiner Essays zur Literatur, besonders ausführlich etwa in seinem *Nachwort zu Coopers „Conanchet“* (1961) oder auch in dem Essay *Die aussterbende Erzählung* (1955). Anders verhält es sich im Fall Karl Mays. In insgesamt acht Essays beschäftigt sich Schmidt ausschließlich mit dessen Person und Werk. Es sind dies: *Vom neuen Großmystiker* (1957), *‚Winnetous Erben'* (1959), *Profil von links* (1959), *‚Gesammelte Werke in 70 Bänden'* (1961), *Sächsischer Janus* (1962), *Reiten, reiten, reiten* (1963), *Ein Toast für Nummer 104!* (1965). Ausführlich wird May außerdem in dem Essay *Jenseits von Forschung und Textkritik* (1961) erwähnt, und natürlich fällt sein Name ähnlich wie im Fall Stifter auch in zahlreichen anderen Aufsätzen. Vgl. dazu Arno Schmidt: *Essays und Aufsätze 1 u. 2*, in: BA III/3-4.

[52] Zu Karl May entstanden 1957 *Abu Kital. Vom neuen Großmystiker* sowie 1961 *Old Shatterhand und die Seinen. Eine Darstellung von Leben und Werk KARL MAY'S.* Zu Adalbert Stifter schrieb Arno Schmidt 1958 *Der sanfte Unmensch. (Einhundert Jahre ‚Nachsommer')* sowie 1963 *.... und dann die Herren Leutnants! (Betrachtungen zu ‚Witiko' & Adalbert Stifter).*

[53] Vgl. Hugo J. Mueller: *Arno Schmidts Etymtheorie*, in: *Wirkendes Wort* 25 (1975), S. 37-44, zit. S. 41f.

[54] Arno Schmidt: *SITARA und der Weg dorthin. Eine Studie über Wesen, Werk & Wirkung KARL MAY's*, in: BA III/2, Zürich 1993, S. 43.

[55] Ebd.

[56] Ebd., S. 29.

[57] Ebd., S. 27.

[58] Ebd.

beständig auf Biografisches zu rekurrieren,[59] verdeutlichen, dass die Unterschiede in der Textauslegung zwischen *Zettel's Traum* und *Sitara* nur mehr gradueller und nicht prinzipieller Natur sind, wenngleich die ausgebreitete Etym-Theorie in *Zettel's Traum* mit viel massiverem Anspruch auftritt, als dies Schmidts Spekulationen in *Sitara* vermögen würden. Schmidts Methode der Textanalyse, die gleichzeitig eine Methode der Autordemaskierung ist, hat in *Zettel's Traum* ihre quasi-wissenschaftliche Verbrämung und in ihm das Kind seinen Namen erhalten. Dem Duktus von *Zettel's Traum* gibt das einen im Vergleich zu *Sitara* veränderten Anstrich. Dort, wo Schmidt in der Karl-May-Studie trotz aller Ernsthaftigkeit noch zu einem halb spöttischen, halb belustigten Tonfall findet, weil es doch nur um einen „gewaltige[n] Pfuscher wie Karl May"[60] geht, „bei dessen Werk es sich (akademisch) einwandfrei um ein unerschöpfliches Chaos von Kitsch & Absurditäten handelt,"[61] tritt nun in *Zettel's Traum* eine Ernsthaftigkeit und Verbissenheit, die mehr will als die Provokation der Leserschaft eines Autors, in dessen Büchern die lagerfeuerromantischen und blutsbrüderlich abgesicherten Männerfreundschaften niemals von unkeuschen Gedanken an das andere, geschweige denn an das eigene Geschlecht angekränkelt werden. Mit Edgar Allan Poe wird in *Zettel's Traum* hingegen einer vom Thron gestoßen, den Arno Schmidt über Jahrzehnte zu den Genies und seinen großen Vorbildern gezählt und dessen Werk er lange genug in den Himmel gelobt hat,[62] und dies allein mag Grund genug sein für eine übergebührliche Seriosität bei gleichzeitig angestrebter Verwissenschaftlichung des Tonfalls.

Die Bedeutsamkeit des ‚zu erledigenden Falles' Edgar Allan Poe mag schließlich auch beigetragen haben zur Ausarbeitung eines umfassenden Verfahrens, dessen spezifische Manifestation in *Zettel's Traum* nun einen Anspruch erfüllt, dem Schmidt in *Sitara* nach eigenen Aussagen bei weitem nicht gerecht werden konnte: nur 5% seiner Arbeitskraft hätte er auf Karl May verwenden können, so Schmidt dort selbst,[63] und das Monumentalwerk *Zettel's Traum* wäre dann das Resultat einer 100%igen Fokussierung dieser Arbeitskraft, wie sie Alice Schmidt und Arno Schmidt selbst

[59] Vgl. ebd., S. 46.
[60] Ebd., S. 11.
[61] Ebd.
[62] Vgl. dazu etwa Arno Schmidt, *Der Fall Ascher*, in: BA III/4, S. 351-360, bes. S. 359f. sowie zahlreiche weitere hymnische Äußerungen Schmidts über Poe etwa in dem Essay *Die Brotarbeit* von 1955, wo Schmidt Poe als Genie selbst noch unter Genies bezeichnet (vgl. Arno Schmidt: *Die Brotarbeit*, in: BA III/3, S. 214-216, zit. S. 215) oder noch 1965 im Funkdialog *Das Buch Jedermann*, wo er Poe als den größten amerikanischen Dichter lobt. (Vgl. Arno Schmidt: *Das Buch Jedermann*, in: BA II/3, S. 231-256, zit. S. 253f.)
[63] Vgl. ebd., S. 48.

geschildert haben, und die auch in ihren Konsequenzen in ähnlicher Weise radikalisiert erscheint wie die Methode und ihre Ergebnisse.[64]

Trotz dieser nicht zu übersehenden Differenzen, vor allem in den Ansprüchen, fällt es schwer, der Poe-Analyse einen anderen Stellenwert einzuräumen als der Analyse Mays. Natürlich fehlt in *Sitara* die Explizitheit der Etym-Analyse ebenso, wie Schmidt in dieser Studie auf die für die Ästhetik von *Zettel's Traum* so bestimmenden narrativen Passagen verzichtet, doch präsentieren sich bei intensiver Lektüre die beiden Arbeiten in ihren (quasi)analytischen Passagen nur noch graduell verschieden hinsichtlich der Ausführlichkeit bzw. der Redundanz der Darlegungen. *Sitara* mutiert ebenso zur Geduldsprobe wie *Zettel's Traum* dort, wo Arno Schmidt aus den Romanen Mays und Daniel Pagenstecher aus den Texten Poes die immer gleiche, stets nur in Nuancen variierte Wahrheit über ihre Schöpfer herauslesen: Impotenz, Koprophilie und Voyeurismus hier; Hinternlandschaften, erigierte Penisse und Darmwinde dort.[65] Die Gegenstände sind verschieden, doch die Diktionen sind identisch, und immer geht es um den Autor und dessen Befindlichkeit, aber niemals um den Text als Aestheticum und seine Intentionalität:

> Ein nackter Felsenkessel als Modellhintern. Der Harnblasen=Weiher. Säulen=Kakteen als Phallen, auf jeglichem sein bleich=züngelndes Sankt=Elms=Feuer. Die Hemisfärenmusik sublimierter Blähungen. Und zum

[64] Vgl. dazu die Briefe Alice Schmidts an Ernst Krawehl vom 16.3.1967, 6.4.1967, 25.1.1968, 18.2.1968 und 28.3.1969. In: *„Des Dichters Aug...“*, S. 17ff. sowie Arno Schmidts eigene Schilderungen in einem Interview mit Gunar Ortlepp: *Apropos*, S. 189. - Vgl. dazu auch Hans Wollschlägers Erinnerungen an einen Besuch bei Schmidt im Februar 1968, also kurz nach der Fertigstellung von *Zettel's Traum*: „Sicher ist nur, daß er [=Arno Schmidt, D.P.] mit *Zettels Traum* in einen Albtraum für ihn selbst eingetaucht ist, in ein Schattenland, aus dem er selber nicht herauskam und in dem zu bleiben für ihn nur möglich war, wenn er seine ganzen Außenkontakte beendete. Ich war dann '68 noch einmal bei ihm, im Februar, und da habe ich ihn im Endzustand von *Zettels Traum* gesehen. Da hat er mir *Zettels Traum* gezeigt, und das war ein ganz trüber, mir unendlich bedrückend in Erinnerung gebliebener Tag, wo wirklich, was in der Heide ja leicht möglich ist, der graue Himmel bis auf die Dachfirste herunterhing, und wir saßen da am Nachmittag in seinem Arbeitsraum oben, und er wirkte unendlich müde, abgenutzt, erloschen, so daß ich zum ersten Mal den Begriff davon bekam, wie alt er war.“ (Guido Graf: *Selbstgespräche mit Schüler: Arno Schmidt und Hans Wollschläger*, in: *Merkur* 53 (1999), H. 602, S. 521-529, zit. S. 529.

[65] Eine Kurzfassung bzw. kurzweilige Zusammenfassung von *Sitara und der Weg dorthin* liefert Schmidt selbst in dem 1963 entstandenen Essay *Reiten, Reiten, Reiten*, in: BA III/4, S. 290-304. Die Lektüre dieses vergleichsweise kurzen Textes macht mit sämtlichen Thesen bekannt, die Schmidt in dem 300-Seiten-Buch *Sitara* in aller Ausführlichkeit darlegt.

Abschluß ‹kommt es› noch wie ein SITARA=mäßiger Gestirn=Hintern I. Ordnung aus dem Himmelreich herangefegt.[66]

Der ‚fitful lustre' fehlt ebmsowenich,als ‚that ebony to which has been likened the style of Tertullian'. Der Beobachter –(:aso der V,der den V be=v=t !) – gesteht denn auch von sich,daß er 'in a peculiar mental state' sei; und schon wird seine ‚whole attention' von dem bewußtn Altn gefesslt,den MB einen ‚alten Steiger' nennt : womit Durchlaucht ja textgreiflich Unrecht haben ! Denn, vom Titl an…(?)-: nu ‚crod~croud~crowth', (unterschätze nicht Mein Englisch, Du!),iss nich nur ‚MenschnGewühle'; sondern ooch ‚Geige + fiedln' und ‚unterirdisches Gewölbe, Krypta', ergo in der Po=Sprache 'n KLO ! Pausnlos trommetet das Motto hinternher : ‚Ce grand malheur de ne pouvoir être seul' = ‚das große Übl des Nich=Könnens'; + ‚nich allein sein zu können' (des x'ers). [ZT 1094lm]

Ganz anders, nämlich noch viel dezidierter an den ästhetischen Qualitäten des Textes orientiert, präsentiert sich da schon das Pasquill gegen Adalbert Stifter, das Schmidt quasi in mehreren Kapiteln schreibt, und das 1955 mit dem Essay *Die Handlungsreisenden* eine Ouvertüre in versöhnlichem Ton erlebt, die die spätere Verschärfung in keiner Weise andeutet und dafür umso überraschender macht. In dieser ersten literarischen Auseinandersetzung verwahrt sich Schmidt nämlich noch dagegen, „dem großen Adalbert Stifter [...] die Ungerechtigkeit an[zu]tun, und die Fabel etwa des „Hochwaldes" unzulänglich [zu] nennen".[67] Selbst der später in Grund und Boden gestampfte *Witiko* findet Gnade, erfahren wir aus ihm doch „hinreißend das „Milieu"; und auch, durch das viel geschmähte Mittel der seithundertelangen Reden auf dem Wysehrad, die Denkweisen seiner Zeit."[68]

Den eigentlichen Auftakt erfährt die Schmähung Adalbert Stifters dann erst 1958 in dem Funkdialog *Der sanfte Unmensch*. So vernichtend das Urteil über Stifters *Nachsommer* dort auch ausfällt, so ist es doch von großer Plausibilität und Lebendigkeit, eben weil es stets das Werk selbst fokussiert. Sogar die hämische Verunglimpfung des Romans als Apotheose der „sittliche[n] Verkommenheit falscher Exklusivität"[69], als Lobpreis der „grauenhafte[n] Gefühllosigkeit", verkörpert im Ideal des „sanften Unmenschen"[70], macht noch Lust auf seine Lektüre, und dies *gerade weil* der eintönige und endlos redundante, alles gleichmachende Rekurs auf die sich in jeweiligen Landschaftsbeschreibungen manifestierenden sexuellen Obsessionen entfällt, wie Schmidt sie dann später wiederum in *Sitara* ja nicht nur für Karl May konstatiert, sondern eben auch in Bezug auf Stifter deutlich

[66] Schmidt: *Sitara*, S.55.
[67] Arno Schmidt: *Die Handlungsreisenden*, in: BA III/3, S. 254-258, zit. S. 255.
[68] Ebd. S. 256.
[69] Arno Schmidt: *Der sanfte Unmensch. (Einhundert Jahre ‚Nachsommer')*, in: BA II/2, S. 61-85, zit. S. 85.
[70] Ebd.

weniger ausführlich, aber mit großer Bestimmtheit entwickelt und demonstriert; damit hat er dann auch in der Stifter-Interpretation die Wende von der Text- zur Autor-Analyse vollzogen:

> Reiten wir also, den Kneifer der ‹MAY'schen Mechanismen› keck=fest auf der Nase, durchs schwarze Tor unterhalb des Turmes von Prüglitz, und schnurstracks auf besagte »verhängnisvolle« Bergkuppe, mit ihrem »*breitgedehnt*en Gipfel«, zu. Am Fuße des Berges nimmt die Besucher eine »Allee uralter, *dichtbehaart*er Fichten auf, und leitete sie em*por*«; »breit« ist der Weg, und führt durch »lange hängende *Moosbärte*« und »*runzlige harzige Stämme*«. Oben angelangt, erblickt man »*nur eine einzige offene Stelle*«, wo, »zum Erstaunen des Naturforschers« »die *dunkle Mündung eines Pförtchens*« sichtbar wird. Im ‹pro copus›, wo copuliert und poculiert wird, sind »die Torflügel in weiter Gastlichkeit geöffnet«, und Domestiken warten auf, etwa »der Schloßmeister mit dem *roten Stabe*, und neben ihm der Kastellan mit seinem Abzeichen, dem *großen Schlüssel*« – beides geläufige phallische Siglen. In N [=Narrenburg, D.P.] ist's der ‹Ruprecht› (Hast' denn die Rute auch bei Dir?); und da ist denn des Schlüssel=Hineinsteckens gar kein Ende mehr, »er öffnete *sich anstemmend* die eingerosteten Türflügel zu den Gemächern«, (‹Gemächt›).[71]

Obwohl Schmidt auch in seinem Dialog *Der sanfte Unmensch* schon mit Nachdruck feststellt, dass „'Landschaft' ein Seelenzustand ist!"[72], bleibt diese Erkenntnis hier noch ohne weitreichende Konsequenzen; genauer: sie wird an dieser Stelle noch nicht analytisch funktionalisiert und aus der Landschaft auf die ihr zugrunde liegende seelische Befindlichkeit bzw. – konkreter und handfester – auf die Geschlechtsorgane und ihre anatomische Umgebung geschlossen. Mag sein, dass Schmidt dies später als analytischen Mangel empfunden hat und es nicht mehr bei den scharf polemisierenden, aus ästhetischer Sicht dafür umso treffenderen Beobachtungen bewenden lassen wollte, dass die Landschaft Stifter misslinge, weil er sie durch Aufzählung fossiliere, so dass der Leser aus der Menge an Details keine Gesamtansicht zusammensetzen könne[73]:

> *B.:* Im allgemeinen aber ist der ‹Nachsommer› ein rechter Trutz=Laokoon; und die Unart von Stifters katalogisierenden Schilderungen muß gerügt werden. Mag er meinethalben ein Haus vom Keller bis zum Boden beschreiben, als müsse er einen Auktionskatalog liefern, oder einen Steckbrief fürs Fundbüro – auch *das* wieder *könnte* man als Stilmittel bewußt verwenden: etwa um den unheimlichen Ordnungszwang eines Pedanten & Filisters wiederzugeben – wie es eben Gottfried Keller so entzückend versteht. […]

[71] Schmidt: *Sitara*, S. 271f. Dieser Textausschnitt ist nur der Auftakt einer viel längeren Passage (S. 271-285), die als Antwort auf eine „entrüstet=strenge Erkundigung nach einer Organ=Abbildung" (S. 270) gedacht ist und die „immerwährende S=Nationalhymne" (S. 278) auch in den Werken Stifters hörbar macht.

[72] Schmidt: *Der sanfte Unmensch*, S. 81.

[73] Vgl. ebd.

> *B.:* Die wahre Landschaftsschilderung hält sich 2 höchstens 3 haarscharf beobachtete Merkmale, sprachlichst zuschärfst angeschliffen - : und suggeriert dadurch den Rest der Phantasie, der eigenen Erinnerung des Lesenden.[74]

Wie überzeugend wirkt dieses Urteil, selbst wenn man ihm nicht zustimmen mag, im Vergleich zu den endlosen Erörterungen der psychischen Befindlichkeiten im Allgemeinen und der sexuellen im Besonderen, die sich in den Landschaften verborgen halten mögen, zumal diese Befunde ja stets auch implizieren, dass die Hülle, die das Heimliche verbirgt, nichts wert sein könne.

Trotz aller, im übrigen höchst unterhaltsamen, Polemik bleibt Schmidts Aufmerksamkeit dagegen auch in der Fortsetzung der Streitschrift gegen Stifter, dem 1963 entstandenen Funkessay *.... und dann die Herren Leutnants!*, auf ästhetische Fragen gerichtet. Es ist dies ein Dialog, in dem Schmidt über weite Strecken argumentativ an die Kritik, die er schon in *Der sanfte Unmensch* formuliert hat, anschließt, den „jungen & mittleren STIFTER"[75] mit Einschränkungen gelten lässt, den späten Stifter des *Nachsommer* und eben des *Witiko* hingegen als „künstlerisch wertlos; obschon medizinisch interessant"[76] klassifiziert. Wie im ersten Dialog mokiert sich Schmidt über Stifters Deutsch, das *„unter aller Kritik*, für das eine Bezeichnung wie ‚steifleinerner Schulfuchs' viel zu gelind wäre"[77], konstatiert einen „peinlichen Schwund an einfachster Menschlichkeit; einen Denk=Defekt im Verfasser"[78], versteht *Witiko* als „eine handgreifliche Bankerotterklärung der Bild= & Sprachkraft eines zu Anfang gar nicht unbegabten Mannes"[79] und verdammt Stifters Personal als „von Katechismus & Chauvinismus künstlich provozierte Punkt=Punkt=Komma=Strich=-Typen – eine Ignoranz und Verantwortungslosigkeit sondergleichen!"[80] Anders gesagt: *Nachsommer* und *Witiko* sind für Schmidt „sprachlich[e] Endmoränen mit höchstens ab & zu I kümmerlichen ‚Gartenflüchtling'"[81].

Die sich über alle Maßstäbe diskursiver Ausgewogenheit hinwegsetzende literarische Brillanz von Schmidts ebenso majestätischem wie großsprecherischem Pamphlet verdankt sich einer Lebhaftigkeit und Anschaulichkeit in der Argumentation, die trotz des gewohnt besserwisse-

[74] Ebd.

[75] Arno Schmidt: *.... und dann die Herren Leutnants! (Betrachtungen zu ‚Witiko' und ADALBERT STIFTER)*, in: BA II/3, S. 143-167, zit. S. 148.

[76] Ebd.

[77] Ebd., S. 150.

[78] Ebd., S. 155.

[79] Ebd., S. 158.

[80] Ebd., S. 159.

[81] Ebd., S. 166.

rischen Tons[82] nie in die verkrampfte Redundanz von *Sitara* verfällt, und dies, obwohl Schmidt auch in diesem zweiten Stifter-Dialog die in *Sitara* breit gewalzte These vertritt, dass Stifters Landschaften „Organabbildungen“ und „Projektionen von Genitalien“[83] seien. Freilich versagt sich Schmidt in diesem Dialog die Anstrengung, dieser Auffassung einen anderen als einen polemischen Anstrich zu geben, wie er das mit seiner These der das Werk Karl Mays kennzeichnenden Hinternlandschaften versucht hat. Diese Anstrengung läuft deshalb ins Leere, weil Schmidts grundsätzlich überzeugende und intuitiv einleuchtende Provokation der Ernsthaftigkeit und Verbissenheit einer Argumentation nicht standzuhalten vermag, die sie zu einer literaturpsychologischen Theorie aufzuwerten versucht und ihr damit eine nicht zu erbringende Beweislast aufnötigt. Der Ausweg der Redundanz führt dann auch nirgendwohin als in penetrante Langeweile.

Schmidt mag dies als grundsätzliches strukturelles und ästhetisches Problem bewusst gewesen sein, als er sich an die Arbeit zu *Zettel's Traum* machte. Faktum ist, dass er sich in diesem Werk allen nur erdenklichen Herausforderungen zu stellen scheint, die ihm im Zuge seiner jahrzehntelangen Beschäftigung mit den „Kunstwerken der Meister I. & 2. Ranges“[84] jemals begegnet sein mögen. Allen voran ist dies – natürlich – die Auseinandersetzung mit Sigmund Freud und James Joyce, aber diese Konfrontation beläuft sich nicht nur simpel auf ein Konkurrenzverhältnis zu einem begnadeten Analytiker und einem ebensolchen Poeten. Nicht von ungefähr reibt sich Schmidt ausgerechnet an einem Essayisten mit wissenschaftlichem Anspruch und an einem Dichter, der Dinge nicht zur Sprache, sondern *zum Sprechen* bringt, und dies auf eine Weise, die vor Joyces *Ulysses* niemandes Ohr und Auge erreicht hatte. Schmidts Arbeiten bis zu *Zettel's Traum* – die poetischen Werke einerseits und sein essayistisches Schaffen andererseits – und dann als Kumulationspunkt *Zettel's Traum* selbst dokumentieren genau diesen Gegensatz, wie sie auch die Auseinandersetzung damit demonstrieren: Seine Essays zu den vom Literaturbetrieb mehr oder weniger vergessenen Autoren vor allem des 19. Jahrhunderts changieren

[82] Rudi Schweikert hat schon recht, wenn er meint: „Schmidts gewaltiger Drang zu belehren fand zwar häufig die äußere Form des Gesprächs, doch die innere Form war die des Monologs, war statuierend-statisch und rubrizierend. […] Ein eigentlicher Diskurs – im Sinne von Habermas und Apel – gelang in Schmidts sachbezogenen Texten nicht; er wurde nur suggeriert.“ (Rudi Schweikert: *Sedativ. Emphatisches Aufklärungsdenken und ‚Lebenswunde' im Werk Arno Schmidts*, in: *Dichter und Literatur im Sechsstädtebund vom 18. Jahrhundert bis zur Gegenwart*, Kamenz 1998, S. 105-122, zit. S.117.) Davon unbetroffen bleibt jedoch der Umstand, dass Schmidt dieses Diskurses gar nicht bedarf, um dennoch überzeugend zu wirken selbst dann, wenn man seinen Einschätzungen nicht folgen will.

[83] Schmidt: .... *und dann die Herren Leutnants!*, S. 163.

[84] Arno Schmidt: *Eine Schuld wird beglichen: Quinctius Heymeran von Flaming*, in: BA II/3, S. 201-229, zit. S. 206.

zwischen leichtfüßiger Polemik und massivem, mit Nachdruck und wissenschaftlichem Ernst vorgetragenen Anspruch. Seine poetischen Arbeiten bis hin zu *Caliban über Setebos* demonstrieren Schmidts beständiges Ringen um neue, unkonventionelle, im Dienst einer gesteigerten Anschaulichkeit stehenden Möglichkeiten des sprachlichen Ausdrucks. *Zettel's Traum* soll nun einerseits in quantitativer Hinsicht alles bisher Dagewesene in den Schatten stellen, und es soll in qualitativer, und dies heißt: in struktureller und ästhetischer Hinsicht neue Maßstäbe setzen. Freud und Joyce sollen nicht einzeln, in jeweils voneinander getrennten Texten überboten werden, sondern gewissermaßen in einem großen Handstreich zugleich genommen werden: *Zettel's Traum* soll Essay, wissenschaftliche Abhandlung und Poesie zugleich sein, und dort wo es dem Gegenstand nach Wissenschaft und dem Gestus nach Informationsprosa ist, Freud ausstechen, und dort, wo es dem Gegenstand nach Fiktion und dem Gestus nach Poesie ist, Joyces Schreibweisen überbieten – und dies nicht in einem geordneten Nebeneinander, sondern in einem produktiven Ineinander.

2.4. Ziel: Dichtung und Wissenschaft im Reigen

Arno Schmidt hat seinem ehrgeizigen poetologischen Programm, eine Schreibweise zu finden, die ursprünglich Geschiedenes in sich vereint und damit etwas Neues entstehen lässt, in *Zettel's Traum* einen Titel gegeben und es der Ich-Figur, dem Master Mind Daniel Pagenstecher, gewissermaßen als Lebensaufgabe aufgebürdet und zugemutet. Der bekennt dann auch ganz offen, dass neben dem Wunsch „nach wolltätlicher Klarheit" [ZT 510mo] einer der „herrschndn Züge" [ebd.] in seinem Leben das Bestreben sei, „aus der bloßn ‚Literatur' in eine Meta=Litteratur zu gelangen; [...]" [ZT 510mo] und genau diesem Verlangen ist das poetologische Programm geschuldet, das *Zettel's Traum* regiert: die poetische Spiegelung und sukzessive Steigerung prosaischer Befunde bis hin zu der bereits angedeuteten Kumulation der unterschiedlichen Diskurse in einem neuen, den Gesetzen der Etym-Theorie folgenden und diese gleichzeitig poetisch und mimetisch umsetzenden Modus des Erzählens.

Das Erschreiben einer Poetik des eigenen literarischen Schaffens ist in Schmidts Produktion nun wahrlich nichts Neues: „In seiner [=Schmidts, D.P.] Prosa ist die Metaebene der Arbeit, sind die poetologischen Voraussetzungen stets immanenter Bestandteil der Literatur. Er schreibt mit offen dargelegtem Handwerkszeug, jeder seiner poetischen Texte ist gleichzeitig eine Poetikvorlesung."[85] Für keinen anderen Text aus Schmidts umfangrei-

[85] Christoph Hein: *Arno Schmidt. Elitär? Allerdings!*, in: *ndl* 46 (1998), H. 518, S. 104-130, zit. S. 109f.

chem Werk gilt dies mehr als für *Zettel's Traum*, und in keinem anderen Text vollzieht er die Verknüpfung von Literatur und der Reflexion ihrer Produktionsbedingungen in derart spektakulärer und symbiotischer Art und Weise wie in *Zettel's Traum*. Gregor Strick hat darauf hingewiesen, dass es Schmidt mit seinem Konzept der „Meta=Litteratur" zwar um eine Synthese von Literatur und Psychologie zu tun ist, dass es dabei jedoch weniger um psychologische Belange geht, sondern eher um die Begründung einer ästhetischen Theorie und Praxis,[86] die alles bisher Erprobte zu *über*bieten vermag. Es ist dies eine Lesart, die in Schmidts Bezeichnung dieser speziellen Art des Schreibens durchaus angelegt ist, weil er sich mit seinem Konzept der „Meta=Litteratur" im Sinne der formallogischen Unterscheidung zwischen Objektsprache, die von Objekten, und Metasprache, die von dieser Sprache redet,[87] nicht einfach nur *über* Literatur äußern, sondern „Aufklärung und Religion, Logos und Mythos, Wissenschaft und Kunst zu einer absoluten ideellen Synthese vereinigen"[88] will, und zwar im Medium der Literatur.

Bekanntlich bezeichnen die Griechen mit *metamorphosis* den Wechsel, die Umwandlung aus einer Gestalt in die andere, und die Vorsilbe *meta* verweist auf „den Vorgang des Übergangs, die Entwicklung und das dynamische Prinzip darin."[89] Schmidts Konzept der „Meta=Litteratur" hat nun gerade eine Literatur zum Ziel, die diesen Vorgang des Übergangs, die Entwicklung von einem Modus zum anderen leistet und gleichzeitig veranschaulicht, indem sie die andere literarische Form zum Ziel hat und möglich macht, ohne die eine Form ganz vergessen zu machen, so wie es auch die Metamorphosen des Mythos sinnfällig machen: In der verwandelten Gestalt bleibt immer auch das Ursprüngliche kenntlich, so etwa in der von der eifersüchtigen Pallas Athene in eine Spinne verwandelten Arachne die Meisterin der Webkunst, die im Wettstreit mit der Göttin die Verwandlungen der Olympischen in Tiere als Motive in ihren Teppich knüpft, und damit deren Strategie, verborgen hinter der Maske ans Ziel zu kommen, entlarvt.[90]

[86] Vgl. Gregor Strick: *An den Grenzen der Sprache. Poetik, poetische Praxis und Psychoanalyse in Zettel's Traum. Zu Arno Schmidts Freud-Rezeption* (Bargfelder Bote Sonderlieferung), München 1993, S. 22.

[87] Vgl. Roman Jacobson: *Linguistik und Poetik*, in: *Strukturalismus in der Literaturwissenschaft*, hg. von Heinz Blumensath. Köln 1972, S. 118-147, zit. S. 124.

[88] Strick: *An den Grenzen der Sprache*, S. 35.

[89] Christa Lichtenberg: *Metamorphose. Vom Mythos zum Prozeßdenken. Ovid-Rezeption, surrealistische Ästhetik, Verwandlungsthematik der Nachkriegskunst*, Weinheim 1992, S. 1.

[90] Vgl. Publius Ovidius Naso: *Metamorphosen. Epos in 15 Büchern*, Lateinisch – Deutsch, hg. und aus dem Lateinischen übers. von Hermann Breitenbach, 2. Aufl. Zürich 1964, VI, 5ff.; sowie Max Rychner: *Arachne (1954)*. In: M. R.: *Bei mir laufen*

Schmidts poetologisches Programm in *Zettel's Traum* ist zu verstehen als die Steigerungsform einer als überkommen verstandenen Literaturauffassung. Im Entwurf eines Drehbuchs für einen längeren Fernsehauftritt des Doppelkopfwesens Ira & Gesine plant Pagenstecher deshalb auch ein televisionäres Szenario, das ganz auf die Mehrstimmigkeit und Mehrsinnigkeit einer neuen Dimension von Natur und Kunst abstellt:

> „-Kurzum: man läuft ein, in ein hyperbl=ästijes DòpplReich. Behauptungen müssn auf=fliegn, wie daß ‚1=stimmije Texte?-: bald Niemanden=mehr intressieren werdn'...-. Dàs läßt sich, und sogar entzückndiconcentrirt, in 5 einleitndn GeschwindMinutn anlegn : sowohl das aparte Gefühl, daß es, an dieser Anlege-Stelle=dort, zwielichtig=nichtgeheuer sei; als auch eine unleugbare Tendenz von Natur und Mensch zum dilemmich=dopplschichtijn. – Und dann komm' ebm gleich=Sie : das Wunder der Neuen BI=Welt..." [ZT 1092mo]

Die ‚meta=litterarische' Ästhetik des Textes zielt auf eine Veränderung des Schreibens, der Literatur, die ohne den bewusst gesteuerten Einsatz von Etyms, die gleichsam den Durchlass zum Unbewussten bilden und deren Beherrschung auch die Kontrolle des Unbewussten verspricht, als nicht mehr attraktiv begriffen wird: „Das Ziel der „Meta=Litteratur" ist es, ästhetische Verfahrens- und Konstruktionsweisen zu finden, die von der Determination des Unbewußten unabhängig, die selbstbestimmt sind; [...]."[91] Aus eben diesem Grund kann Pagenstecher auch davon träumen, aus einer analytischen Methode, die auf die Entlarvung des Autors zielt, quasi in Umkehrung des Prozesses ein völlig neues poetisches Verfahren zu entwickeln, das in ästhetischer Hinsicht ohne Vergleich wäre:

> „Das was Uns intressiert, iss doch die literarische Verwertung, die Er [=Edgar Allan Poe, D.P.] von Seiner Perversion gemacht hat; und untersucht werdn muß sie, weil sie dem selbst=schreibmdn Praktiker ja eventuell nun die Umkehrung des Verfahrens gestattet: dem Leser, mutualistig, Etyms ins ubw zu schmuggln, & ihn so noch=besser für ein Kunstwerk zu gewinnen : bei verantwortungsbewußter Handhabung, ist die Etym=Methode das schlechthin unschätzbare Hülfsmittl eines klugn Schriftstellers." [ZT 529lo]

Der ‚kluge Schriftsteller' hätte demnach eine ‚Methode' zur Hand, die schlechterdings alles zu leisten vermag: die Entlarvung des Unbewussten des anderen sowie die Beherrschung des eigenen, die analytische Beschreibung desselben ebenso wie seine mimetische Veranschaulichung; der Schriftsteller wäre dann niemals nur Künstler, sondern immer auch Wissenschafter. Gerd Ueding hat diesen universalistischen Anspruch, der mit *Zettel's Traum* erhoben wird, vormals anders formuliert: „Schmidt will

Fäden zusammen. Literarische Aufsätze, Kritiken, Briefe, hg. von Roman Bucheli, Stuttgart 1999, S. 69-83, zit. S. 77ff.

91 Strick: *An den Grenzen der Sprache*, S. 21.

beides geben: Traum und Deutung, Rätsel und Lösung, Bild und dahinter steckenden Sinn."[92]

Nun sind die Wunschvorstellungen einer Synthese von Wissenschaft und Kunst in Schmidts Werk freilich nichts Neues. 1955 stellt er in seinem Essay *Dichter und ihre Gesellen* an sich und die Gesellschaft die

> *Aufgabe* : Dichter (sie stehen hier stellvertretend für alle Künstler; sie, weil sie bewußter, d.h. in Worten, arbeiten müssen, als die anderen Schwesterkünste; weil also nur von ihnen aus die erste direkte Verbindung zur klaren Technik möglich ist) – also: Dichter und Techniker zusammen zu schließen, bis alle Menschen eines von beiden sind (natürlich cum grano salis).[93]

Das Idealbild freilich, wie es Schmidt in *Zettel's Traum*, aber nicht erst hier – wie noch zu zeigen sein wird – vorschwebt, sieht dann noch einmal anders aus: Beides zugleich und in einer Person sollte man sein – Dichter bzw. Künstler *und* Wissenschafter, und dass dies nicht nur grundsätzlich möglich, sondern eigentlich nur der Normalfall, weil in der Natur der Sache angelegt, wäre, auch darauf hat Schmidt außerhalb von *Zettel's Traum* und quasi im Anschluss an das Großprojekt hingewiesen. In einer Rezension von 1972 lobt er Jules Verne dafür, den Beweis geführt zu haben,

> daß Naturwissenschaften und Technik nicht nur nicht ‹ohne Poesie› seien; sondern sogar ideale Nährböden für gesichertere, schärfer beleuchtete Träumungen, als die früheren eisenbahnlosen, die gräßlichen Zeiten. Die Fantasien der Gelehrten – (sie selbst nennen's ‹Theorien›) – sind allzeit geschickt und keck gewesen, und unterscheiden sich von denen der Dichter nur durch die geringere Sprachkraft. Jedenfalls ward gerade in den Dezennien 1860–1900, wo die Technik die Zivilisation durchdrang, und alles Milieu in ‹Naturalismus› zu (ver)enden drohte, der Nachweis überwichtig, daß die Nüchternheit von Zahlen=Daten=Fakten (sichtbar in Gestalten von Schaltern=Hebeln=Motoren) um überhaupt verarbeitet, ertragen, werden zu können, den Heiligen Ehebund mit einer wahrhaft kolossalen Romantik nicht bloß erlaubte, sondern sogar forderte – […].[94]

Wenig verwunderlich, dass Schmidt den engen Zusammenhang von Poesie und Wissen ausgerechnet am Beispiel von Jules Verne anschaulich macht. Ähnlich wie Edgar Allan Poe,[95] in dessen Person Schmidt, wie Thomas

92 Gerd Ueding: *Die gelehrte Traumwelt Arno Schmidts*, in: *Über Arno Schmidt [I]*, S. 226-233, zit. 229.

93 Arno Schmidt: *Dichter und ihre Gesellen*, in: BA III/3, S. 285-291, zit. S. 291.

94 Arno Schmidt: *Das Leptothe=Herz. Anmerkungen zu JULES VERNE'S ,Reise zum Mittelpunkt der Erde'; Diogenes Verlag, Zürich, 1971*, in: BA III/4, S. 451-461, zit. S. 451.

95 Arno Schmidt selbst verweist auf das nahe Verhältnis zwischen Edgar Allan Poe und Jules Verne, wenn er etwa betont, dass ersterer dem letzteren ein „große[r] Anreger" (ebd., S. 420) gewesen sei, und darauf aufmerksam macht, dass Verne sogar eine

Körber schlüssig darlegt, lange genug „die vorbildhafte Synthese aus Poesie und Wissenschaft, aus Phantasie und Analyse“[96] gesehen hat, rechnet er in der späten Rezension eben auch Jules Verne zu jenen, denen in ihren Werken mit ihren naturwissenschaftlich und technisch gebildeten und forschenden Helden einerseits und den phantastischen Abenteuern, die sie zu bestehen haben,[97] andererseits die Symbiose aus „sensible[r] Trockenheit und konstruktive[r] Süße“[98] gelingt:

> Und sein [= Jules Vernes, D.P.] eigentliches, noch nie so recht gewürdigtes literarisches Verdienst besteht darin, daß er als Erster (& bisher immer noch Umfassendster) den Groß=Nachweis geführt hat: wie die Errungenschaften des Technikers – man darf auch ‹Ingenieur› sagen, ‹Wissenschaftler›, ‹Forscher=allgemein› – nicht nur *nicht poesie=zerstörend* wirkten; sondern vielmehr unerhört neue=reiche Gebiete dem *Dichter eröffneten*![99]

Schmidts Idealvorstellung einer literarischen Programmatik, die Poesie und Wissenschaft nicht gegeneinander ausspielt, sondern in produktiver Weise aufeinander bezieht, bleibt also auch noch über *Zettel's Traum* hinaus bestehen und hat dort auch bei weitem nicht ihren Ursprung. Vielmehr ist es eine Idee, die ihn in verschwärmter und theoretisch weniger anspruchsvoller Form, aber ihrem grundsätzlichen Gehalt nach schon vom Beginn seines literarischen Schaffens an, also seit den *Juvenilia* begleitet. Dort findet diese Idee Ausdruck in der Apotheose der Alchemie, die Schmidt etwa in den *Dichtergesprächen im Elysium* als literarischen Idealfall preist, weil sie Poesie und Wissenschaft in eins führt, so dass das eine das andere zu befruchten vermag.[100] Zum Fürsprecher der Alchemie, „dieser zweiten großen ‚Gnosis‘“, dieses „kulturgeschichtlichen Ereignisses ersten Ranges“[101] macht Schmidt in den *Dichtergesprächen* niemand Geringeren als E.T.A. Hoffmann, der im 11. Gespräch Charles Darwin und der von ihm gelobten

Fortsetzung von Poes einzigem Roman *Arthur Gordon Pym* geschrieben hätte. (Vgl. ebd.) Auch in anderen Zusammenhängen weist Schmidt darauf hin, dass Verne den zweiten Teil von Poes *Pym* verfasst hätte. Vgl. Arno Schmidt: *Fontane und der Eskimo*, in: BA III/3, S. 156.

[96] Thomas Körber: *Arno Schmidts Romantik-Rezeption* (Beihefte zum Euphorion 31), Heidelberg 1998, S. 37.

[97] Jules Vernes *Reise zum Mittelpunkt der Erde* oder das von Schmidt als „eine seiner schönsten Geschichten“ (Schmidt: *Leptothe=Herz*, S. 419) gelobte Abenteuer *20.000 Meilen unter den Meeren* geben unzählige Beispiele für Vernes Mischform von naturkundlicher Abhandlung und Abenteuerroman. Daneben bezeugen sie auch Vernes Kampf um eine ausgewogene Verhältnismäßigkeit der beiden Erzählebenen, die nicht so recht zueinander finden wollen.

[98] Schmidt: *Leptothe=Herz*, S. 451.

[99] Ebd., S. 419.

[100] Vgl. Arno Schmidt: *Dichtergespräche im Elysium*, in: BA I/4, S. 295.

[101] Ebd., S. 295.

und gefeierten „Scheidung zwischen Dichtung und Wissenschaft“[102] empört entgegenhält:

> Siehst du denn nicht ein, daß hier in der Alchimie endlich einmal das Größte getan, daß hier die Synthesis von Dichtung und Wissenschaft vollzogen war [...]. Willst du nicht begreifen, wie erbärmlich es ist, wenn man nur Wissenschaftler *oder* Dichter sein will; wenn man nicht das Tiefste, Gelehrteste und Schöne zugleich sagen will?[103]

Ganz offensichtlich steckt also hinter Schmidts frühen literarischen Versuchen mehr als nur der in seinem Ehrgeiz fragwürdige Versuch einer eklektizistischen Fortschreibung romantischer Schreibweisen, wie es die Sekundärliteratur gelegentlich unterstellt.[104] Von Anfang seines literarischen Schaffens an ist Arno Schmidt offenbar fasziniert von der romantischen Idee einer „Transzendentalpoesie“ (Friedrich Schlegel), der „Kombination von künstlerischer Komposition und ihrer gleichzeitigen theoretischen Selbstreflexion“[105] sowie der „Vermischung der Formen, Gattungen und Stile“[106], ein Programm, das sich – und dies soll hier nur angedeutet sein[107] – in mehr oder weniger deutlichen Spuren durch Schmidts Werk zieht und jedenfalls nie ganz aufgegeben wird, wenngleich es – je nach Werkphase – immer unterschiedlich perspektiviert und akzentuiert wird. Der Spagat, den Schmidt in seinem Œuvre vollführt zwischen positivistisch genauem Naturalismus und diskursiven Einlassungen einerseits und Elementen des Phantastischen, Grotesken und Märchenhaften andererseits, zwischen profaner Nüchternheit und dem sie konterkarierenden phantastischen Moment ist Indiz für jene Faszination an der romantischen Vorstellung einer *progressiven Universalpoesie*, die sich dann eben ganz unterschiedlich, immer aber im Wechselspiel von deskriptiver Wissensschau und ihrer poetischen Anverwandlung zum Ausdruck bringt, und die sich wohl durch Schmidts gesamtes Werk verfolgen ließe.

[102] Ebd.

[103] Ebd.

[104] Vgl. etwa Dieter Sudhoff: *„Denn ich bin ein großer Zauberer!“ Die Etüden, Eskapaden und Eskapismen des jungen Arno Schmidt*, in: *Arno Schmidt. Leben – Werk – Wirkung*, hg. von Michael M. Schardt und Hartmut Vollmer. Reinbek bei Hamburg 1990, S. 69.

[105] Detlef Kremer: *Prosa der Romantik* (SM 298), Stuttgart und Weimar 1996. S. 9.

[106] Ebd., S. 27.

[107] Zur Romantik-Rezeption Arno Schmidts und ihren Manifestationen im Werk, insbesondere zur Rolle der Phantasie und des Phantastischen vgl. ausführlich Körber: *Arno Schmidts Romantik-Rezeption.*

Die Behauptung, dass „Alchemie […] im autorisierten Werk Schmidts nicht einmal eine Nebenrolle"[108] spiele, stimmt also nur dann, wenn man Schmidts Auseinandersetzung mit Alchemie begreift als eine bloß inhaltliche, die sich für mehr oder weniger geheimnisvolle Experimente an den Grenzen des rational Fassbaren interessiert. In Wirklichkeit aber bleibt Schmidt offenbar von den *Juvenilia* an von einem ‚Alchemiebegriff' fasziniert, der meinethalben „ebenso eigenwillig wie historisch"[109] sein mag, der allerdings in seiner Auffassung von der Alchemie als einer Symbiose von Dichtung und Wissenschaft in struktureller und ästhetischer Hinsicht ein Schreibprogramm begründet, das dann in *Zettel's Traum* am vehementesten und auch explizitesten im Anspruch, „aus der bloßn ‚Literatur' in eine Meta=Litteratur zu gelangen" [ZT 510mo], verwirklicht wird. Nicht die Alchemie als Lehre von den Grenzbereichen naturkundlicher Wissenschaften ist es, die Schmidt beschäftigt, sondern ihre epistemische Grundlage der Synthese von wissenschaftlich-prosaischer und poetischer Weltanschauung. Diese Auffassung wird zum Vorbild für die eigene Dichtung, für das eigene poetische Programm, ohne dass Schmidts Werk hinsichtlich Terminologie oder Inhalt eine „tiefgehende Auseinandersetzung […] mit alchemistischen oder naturkundlichen Schrifttum"[110] bezeugen müsste: Schmidt ist an der alchemistischen Vorstellung interessiert, die „reinliche Scheidung zwischen Dichtung und Wissenschaft"[111] zu verhindern und gerade aus ihrem produktiven Ineinander Erkenntnis zu gewinnen.

Die Erkenntnisfrage, die sich Schmidt stellt, ist dabei immer eine nach den Möglichkeiten der Anschaulichkeit in der literarischen Darstellung. Diese Auseinandersetzung mit dem Potential poetischer Ästhetik regiert Schmidts Werk von allem Anfang an in einmal impliziter, einmal expliziter Weise. So feiert Mommsen etwa im 5. Gespräch der *Dichtergespräche im Elysium* jene seligmachenden Gefilde, weil man dort „eine lebendige Anschauung von der Geschichte"[112] bekommen könne. Wieland bekräftigt daraufhin, dass „Geschichte erst durch die Anschauung lebendig wird"[113], worauf sich eine Diskussion über die Möglichkeiten der Darstellung von Historie entspinnt. Während der Historiker Mommsen die These vertritt, dass eine wissenschaftliche Darstellung von Historie nur „die Realenzyklopädie, das Handbuch, das wissenschaftliche Werk"[114] vermöge, plädiert

[108] Jürgen Strein: *Alchemie im Frühwerk von Arno Schmidt*, in: *Zettelkasten* 14 (1995), S. 13-30, zit. S. 14.
[109] Ebd., S.16.
[110] Ebd., S. 30.
[111] Schmidt: *Dichtergespräche im Elysium*, S. 295.
[112] Ebd., S. 265.
[113] Ebd.
[114] Ebd.

Wieland – in der Folge unterstützt von Storm – für den Roman als das adäquate Darstellungsmittel, weil nur die Dichtkunst, so Storm, den Leser die Geschichte nicht als etwas Vergangenes, sondern als etwas Gegenwärtiges erleben lässt. Und Fouqué präzisiert: „Es handelt sich darum, Leser und Historie in die gleiche Erlebnisebene zu bringen; das muss dadurch geschehen, daß der Leser zurückgeht, nicht daß er die Geschichte zu sich heranzerrt – modernisiert wie man sagt. Die Historiker vergrößern, schon durch das Formale ihrer Werke, nur den Abstand.-“[115]

Wenngleich sich das Gespräch hier am Spezialfall „Historie“ entzündet, so trifft die Argumentation in bemerkenswert scharfsichtiger Weise ein ganz grundlegendes ästhetisches Phänomen: jenes der grundsätzlichen Unterscheidung zwischen den Darstellungsmöglichkeiten einer deskriptiven Vergegenständlichung und einer mimetischen Vergegenwärtigung eines Ereigniszusammenhanges: „Es ist ein Unterschied, ob wir einen antiken Webstuhl zergliedernd beschreiben hören oder ihn in Tätigkeit sehen“,[116] bemerkt Wieland zu Fouqués Ausführungen, und um die Fragen dieser Versinnlichung der Ereignisse und Handlungen im Rahmen ihrer literarischen Bearbeitung kreist Schmidts Werk zu größten Teilen. In *Zettel's Traum* erreicht dieses Unternehmen dann einen neuen Höhepunkt,[117] weil Schmidt aus der Opposition von Vergegenständlichung und Vergegenwärtigung entkommen und diese beiden Bereiche in eins führen möchte: „Dem Künstler iss, (wenn überhaupt etwas), ‚aufgegebm‘ : nich abstract zu dociren; vielmehr farbig & anschaulich abzubildn, more or less ill=defined...“, [ZT 509mo] befindet Daniel Pagenstecher, und als poetologisches Credo für *Zettel's Traum* ist dies durchaus ernst zu nehmen: Was die etym-analytische Bearbeitung der Texte Edgar Allan Poes begrifflich ergibt, soll eben auch narrativ gegenwärtig werden. Schmidt schwebt das vor, was er schon in den *Dichtergesprächen* im Zuge seiner Apotheose der Alchemie als die höchste und vollkommenste Erkenntnisform feiert: die Vereinigung von Wissenschaft und Poesie in einer gemeinsamen Gattung, die dergestalt die lebendige Anschaulichkeit von beiden verbürgt.

Mit guten Gründen lässt sich behaupten, dass es Schmidt in seinen Werken immer um diese Synthese von Poesie und Wissenschaft gegangen ist, aber in keinem anderen Buch als in *Zettel's Traum* hat er sich so deutlich um diese Synthese bemüht, in keinem anderen Werk hat er diese Synthese

[115] Ebd.

[116] Ebd., S. 266.

[117] Zum Einsatz von Bildern zur Steigerung der Anschaulichkeit in *Zettel's Traum* sowie zum Verhältnis von Anschaulichkeit und Anschaubarkeit vgl. Doris Plöschberger: *„...hundert Details ... und ... doch kein Bild von dem Gesamten...“ Zum Verhältnis von Schrift und Bild in Arno Schmidts Zettel's Traum*, in: *Starker Toback, voller Glockenklang. Zehn Studien zum Werk Arno Schmidts*, hg. von Jörg Drews und Doris Plöschberger, Bielefeld 2001, S. 141-157.

derart zum Schreibprogramm erhoben und ihre Möglichkeiten und Grenzen ausgelotet. In *Zettel's Traum* führen ihn seine Bemühungen um eine revolutionäre Darstellung in das Experiment einer „Meta=Litteratur", in jenes ehrgeizige Unternehmen, mit dem Schmidt meint, er könnte der Literatur eine neue Ästhetik einschreiben, die die Poesie verwissenschaftlicht und die Wissenschaft poetisiert, ohne darauf Rücksicht zu nehmen, dass das Wissen und die Reflexion über Literatur und deren Vermittlung gerade nicht Aufgabe der Poesie, sondern eben ihrer Wissenschaft ist. *Zettel's Traum* erzählt dann eben auch, wie Schmidt in diesem Metamorphosenreigen von Poesie und Wissenschaft beinahe die Poesie abhanden gekommen wäre, ohne dass er die Wissenschaft wirklich erobert hätte, und es ist dies – wie in der Folge zu zeigen sein wird – der eigentliche Erkenntnisgewinn des Unternehmens „Meta=Litteratur".

3. Texte als Masken

3.1. Strategien und Mechanismen der Verlarvung und Verkleidung

Arno Schmidts poetologisches Programm, in *Zettel's Traum* von der Literatur zu einer Meta-Literatur zu gelangen, die alle Diskurse in sich vereint und so einen neuen schreibt, impliziert von allem Anfang an den Anspruch, ein selbstexplikatives Buch[1] zu schreiben: Informationsprosa (also Poe-Analyse und Textinterpretation) und Poesie (das Beziehungstheater des fiktionalen Personals) sollen sich vereinen und gleichzeitig verwandeln zu einer neuen, quasi meta-literarischen Gattung. Der Prozess dieser Anverwandlung läuft wiederum über ein Drittes: Katalysator und gleichzeitig Amalgam des Unternehmens ist die Etym-Theorie, Herzstück, Kumulationspunkt und die eigentliche ‚Mythologie' des Buches[2]: Ohne sie gäbe es in *Zettel's Traum* eine Poe-Interpretation ebenso wenig wie die im Lauf des Werkes voranschreitende Personalisierung und Profilierung der fiktionalen Figuren, und ihrer eminenten Bedeutung entsprechend, die sich implizit in der werkspezifischen Ästhetik manifestiert, verschafft sich diese Theorie auch explizit entsprechenden Raum, etwa in der gewissermaßen schubweise verlaufenden und insofern selbstredend von Pagenstecher effektvoll inszenierten Preisgabe ihres umfassenden hermeneutischen und analytischen Geltungsanspruchs, der – wie es scheint – dem mehr oder weniger respektvoll staunenden und lauschenden Publikum nur schrittweise zugemutet werden kann: Pagenstecher nimmt den ganzen Tag hindurch immer wieder neue Anläufe zur vollständigen Darlegung seines „Thesenbündels"[3].

Mag *Daniel Pagenstecher* auch die Jacobis mit der Quasi-Aktualität seines Verfahrens überraschen, für die Leser von *Arno Schmidts* Werken ist es zu diesem Zeitpunkt nicht mehr neu. In dem 1965 entstandenen *Buch Jedermann* gibt Schmidt bereits eine Kurzfassung dessen, was er später zu einem Analyseinstrumentarium nicht nur von Texten, sondern auch von deren Urhebern ausbauen wird. Von der spezifisch phonetischen Wortspei-

1 Vgl. Voigt: *In der Auflösung begriffen*, S. 24ff.

2 Vgl. Oswald Wiener: *Wir möchten auch vom Arno-Schmidt-Jahr profitieren*, München 1979, S. 18: „die eigentliche mythologie des buches konstruiert SCHMIDT als eine art psychoanalytisch motivierter sprachphilosophie."

3 Jörg Drews: *Eine Momentaufnahme, ein Scheideblick. Arno Schmidts Zettel's Traum*, in: *ndl* 40 (1992), S. 110-129, zit. S. 117.

cherung im Gehirn ist hier ausführlich die Rede,[4] von den „so Vieles bündelnden linguistischen Grundgewebsgebilde[n]“, von „polyvalenten Gesellen“, die der Etymologie als der „Lehre vom Echten“ folgend „Etyms“ genannt werden sollen.[5] Schon in *Sylvie & Bruno* – entstanden 1962 und 1963 – nennt Schmidt Lewis Caroll als den eigentlichen Ahnherrn des von ihm später zur Theorie ausgebauten Verfahrens, „da er als Erster, noch *vor* FREUD!, Erwägungen anstellte, über die Lagerung der Worte im Gehirn, und dem, was daraus folgt, (es ist nicht wenig!)“.[6] Zu dem Vielen, das aus dieser Einsicht folgt, gehört bekanntlich auch eine Leseanleitung für die Bücher James Joyces, für *Ulysses* und insbesondere für *Finnegans Wake*, die Schmidts Auffassung nach ihre Struktur und Ordnung gerade aus der phonetischen und nicht aus der orthographischen ‚Sortierung‘ der Worte erhalten[7]:

> Zur Anreicherung mit Doppel= & Mehrfach=Bedeutungen, zur o.a. Beförderung & lingua=logischen Weiterschiebung der Nicht=Handlung, bediente JOYCE sich eben der beschriebenen Wort=Zusammenhänge, einer fonetischen Schreibung (die dergleichen im höchsten Maße begünstigt) – und das Ergebnis ist denn oft gar nicht un=herrlich geraten.[8]

Im *Buch Jedermann* bringt Schmidt diese in *Sylvie & Bruno* noch thesenhaft vorgetragene Erkenntnis dann insbesondere für *Finnegans Wake* auf den Punkt: „denn dies Webermeisterstück ist *eben nicht in Worten geschrieben; sondern in Etyms.*“[9] Schmidts ganz frühe Vermutung von 1960, dass es sich „bei FINNEGANS WAKE um eines der infamsten Pasquille der Weltliteratur handeln“[10] könnte, und seine Einsicht von 1961, als er im *Triton mit dem Sonnenschirm* die „fundamentalste aller Voraussetzungen bei *jeder* JOYCE=Lektüre“[11] festlegt, „dass alle seine [=Joyces, D.P.] Bü-

4 Arno Schmidt: *Das Buch Jedermann. James Joyce zum 25. Todestag*, in: BA II/3, S. 233-256, die folgenden Zitate ebd. S. 248.

5 „Etym“ ist als Wort(spiel) keine Erfindung Arno Schmidts, sondern wurde von ihm stillschweigend aus James Joyces *Finnegans Wake* entliehen. Schmidt macht daraus aber seinen eigenen terminus technicus. Vgl. dazu Hugo J. Mueller: *Arno Schmidts Etymtheorie*, in: *Wirkendes Wort* 25 (1975), S. 37-44, zit. S. 39f.

6 Arno Schmidt: *Sylvie & Bruno. Dem Vater der modernen Literatur ein Gruß!,* in: BA III/4, S. 246-265, zit. S. 252.

7 Vgl. Arno Schmidt: *‚Sind wir noch ein Volk der Dichter & Denker?‘*, in: BA III/4, S. 311-321, zit. S. 316.

8 Schmidt: *Sylvie & Bruno*, S. 253f.

9 Schmidt: *Buch Jedermann*, S. 249, Kursive im Original.

10 Arno Schmidt: *Das Geheimnis von Finnegans Wake*, in: BA III/4, S. 32-54, zit. S. 36.

11 Arno Schmidt: *Der Triton mit dem Sonnenschirm. (Überlegungen zu einer Lesbarmachung von FINNEGANS WAKE von James Joyce.)*, in: BA II/3, S. 33-70, zit. S. 54.

cher autobiographisch sind",[12] bekommt damit jene theoretisch-begriffliche Fundierung nachgereicht, die aus der „Arbeitshypothese"[13] und dem „Lesemodell"[14] ein als verbindlich zu begreifendes Interpretations- und Analyseverfahren entstehen lässt.

Dies alles kann *Pagenstecher* bei seinem Publikum nicht voraussetzen. Er muss ganz von vorne beginnen, und anders als in den essayistischen Texten zuvor, imaginiert Schmidt das schlichte Erkenntnisinteresse der Essays der frühen und mittleren sechziger Jahre in *Zettel's Traum* als fiktionalen Kontext, der das Etym-Verfahren hervorbringt: Bekanntlich arbeiten die von Geldsorgen geplagten Jacobis an einer kommentierenden Übersetzung der Werke Edgar Allan Poes, befürchten allerdings Absatzschwierigkeiten einer solchen weiteren Übersetzung auf einem Markt, der „imgrunde voll mit POE" ist. [ZT 24mm] Nun erscheint Dän als deus ex machina, vermag die in ihn gesetzten heimlichen Hoffnungen selbstredend zu erfüllen und präsentiert jenes von Paul sehnlichst herbei gewünschte „Neu[e] - : also was man so Richtichwasneus ! nenn' könnte -" [ZT 24mm]: Nachdem er sich eine geraume Zeit lang hat bitten lassen, beginnt er schließlich mit der schrittweisen Explikation eines Verfahrens und einer daran anknüpfenden Theorie, deren Terminologie er zunächst einmal darlegen muss, indem er sie scheinbar gerade neu erfindet: „Nu schön. - Aber dann muß ich erst noch 1 Hülfsbegriff erfinden. Wie wolln wir sie nennen? – Die ETYMS?" [ZT 24mu] Damit ist freilich gleich jener Terminus technicus eingeführt, der dann der ganzen Theorie ihren Namen gibt. Was man unter diesen „Etyms" eigentlich zu verstehen hätte, erklärt Pagenstecher ex negativo: es sind gerade keine Worte, sondern nur „wortähnliche Gebilde" [ZT 25lo], „'drugged words', gedopte Sylben" [ZT 24ru], derer sich der „obere Teil des Unbewußten" [ZT 25lo] zur – freilich versteckten – Artikulation bedient. Damit freilich nicht genug: „ränkespinnerische Sinnwendewippchen" [ZT 25lm] sind es, die einen „dem Feinsinnigen gänzlich unerwünschte[n] Januseffekt" [ZT 25lm] bewirken, und auf die etwas ratlosen, nach Bestätigung heischenden Fragen der drei Jacobis: „"Also was der Filologe ‚Wurzeln' nennt?", W./ („Homonyme?-" probierte P./ „Was sich reimt?"; (Fr, unsicher)" gibt Dän eher kryptisch zur Antwort: „Ihr habt Alledrei etwas Recht; s trifft's aber doch nicht ganz : Etyms will be Etyms". [ZT 25lm] Mit diesem Hinweis müssen sich die Jacobis und mit ihnen die Leser zunächst einmal zufrieden geben, denn es folgen im Anschluss daran keine weiteren präzisierenden Erklärungen, sondern nur einige veranschaulichende Beispiele, auf die der Zuhörerschaft wiederum nur mit sinnsuchenden Verständnisfragen zu reagieren übrig bleibt. Immerhin: Einen für den

[12] Ebd.
[13] Ebd., S. 55.
[14] Ebd.

Fortgang der Auseinandersetzung mit Poe im Speziellen und der Literatur im Allgemeinen wesentlichen Akzent hat Pagenstecher gleich zu Beginn gesetzt: Nämlich den Hinweis auf das doppeldeutige Wesen der Etyms, das nun aber gerade nicht offensichtlich ist, sondern – von Produzent und Rezipient der Mitteilung unbemerkt – als Artikulation des Unbewussten nur unter bestimmten Voraussetzungen hörbar bzw. sichtbar ist: zum „offiziellen Thema", zur „Hochhandlung" [ZT 27lo] fügen die Etyms „lediglich einen zweiten, parallel im Individuum vorhandenen, Gedankengang hinzu. [...] – der Wissende allso vernimmt das Duett eines Janus mit sich selbst. 1 hellstählerne Tenorstimme, die behauptet sie wüßte Alles!; Und 1 foul=ammüsiertn laichverschlaimmtn Alt, der nucklear mit=rein-=muschschlt." [ZT 27lo]

Die für die weitere Argumentation entscheidenden Thesen liegen damit schon auf dem Tisch, und sie knüpfen an die Entdeckerarbeit an, die Schmidt schon für die Werke Joyces geleistet haben will. Zunächst: Vor den Etyms gibt es grundsätzlich kein Entrinnen; diese gehören ins Reich des Unbewussten, und das ist uns per definitionem wenn überhaupt nur in sehr eingeschränktem Ausmaß – nämlich nur indirekt – zugänglich, genau so wie auch die Etyms eben nur für den Wissenden wahrnehmbar sind; die Voraussetzungen für ein solches Wissen gibt Pagenstecher erst später und auch dann nur schrittweise preis – zu so früher Stunde scheint ihm die ganze Wahrheit noch nicht zumutbar. Und dann: Spätestens seit Freud kennen wir den in quantitativer und qualitativer Hinsicht bemerkenswerten Herrschaftsbereich des Unbewussten, und wenn innerhalb des Pagenstecherschen Systems die Etyms eine Artikulationsform des Unbewussten sind, dann ist es nicht weiter verwunderlich, dass sie Gewichtiges zum Ausdruck zu bringen haben:

> „S handelt sich, bei all diesn Dingen, um bäs=täns gehütete Geheimnisse; die aber gleichzeitich mit höchstem persönlichen Interesse beladn sind; so daß einerseits das ubw brüllt ‚Immer daran denkn!'; worauf der Herr Überig, kühl=trockön, repliziert: ‚aber nie=davon sprechen' – [...]: das ÜI bedient sich der korrektn NormSprache; das ubw lüstert, etymsch, hinein." [ZT 909mu]

Stets ist es also Tabuiertes und vom Über-Ich Zensiertes, dem die Etyms zur Sprache verhelfen, heimlich Begehrtes und Verdrängtes, das sich nicht vollständig zum Schweigen bringen lässt. ‚Laichverschlaimmtes' [vgl. ZT 27lo] eben, das aber gleichzeitig umso wichtiger ist, gäbe es da zu hören, wenn wir denn hörten, doch warum eben dies nicht selbstverständlich ist, auch darüber gibt die definitorische Ein- und Umkreisung des Etym-Begriffes letztlich Auskunft. Etyms will Pagenstecher als „Dietriche"[15] verstanden wissen, als „Nachschlüssel=Wort[e] zu Sere=Privatem", die die Gestalt

[15] Dieses und die folgenden Zitate ZT 27lu.

„unverdächtig=ehrsamer Worte gut nachahmen," so dass es ihnen gelingt, eine ganz unverdächtige Wortfassade zu errichten.[16]

Bereits Gregor Strick hat auf Schmidts in der Gefolgschaft von Freuds Auffassungen stehende „Theorie der Zweisprachigkeit des Menschen"[17] ausführlich hingewiesen, die davon ausgehe, dass jeder Mensch neben der Sprache des Bewusstseins, neben der orthographisch und grammatischen Norm- und Wortsprache auch eine Sprache des Unbewussten, eine traumartige, symbolhaft und phonetisch organisierte Ursprache spreche;[18] letzteres freilich ohne dessen gewärtig zu sein. Diese „doppelte" Sprache des Menschen hat ihre Notwendigkeit eben gerade darin, dass das ‚allzu Private' nicht umstandslos geäußert werden kann, weil es einer Zensur des Über-Ich unterliegt, und wenn es dennoch Teil jeder bewussten Äußerung ist, dann nur, weil es sich geschickt hinter der Fassade der normierten Wortsprache des Bewusstseins zu verbergen versteht. Aufzuspüren ist es dort dann eben mit Hilfe der ‚Etym-Dietriche', die über den Umweg der Laut- und Wortassoziationen den Weg ins Unbewusste freigeben:

> (Ich sagt'eS bereits, daß): „Während der allgemein bekannten S=Zuphälle, die Worte gern verunscharft werdn : zu Etyms ebm. Das Klang= - (ergo, wenn man ehrlich sein will, auch) – das Schrift=Bild, muß, um jener Schtimmung fonetisch=gerecht zu werdn, den Träger=Worten eine Überproduktion an Buchschtabm aufzwingen. Die typographische Struktur wird ‚schau=Mich' werdn; ‚geschwollen' wirkn; die DUDEN=Wörter verwandeln sich in ‚komplexe Größn' mit (meist=mehreren) ‚imaginären' Componentn: ‚Orthograffie' ist die, (mit Recht), eingeführte & festgehaltene, Basis der Communication – für die Etyms? ist sie nur ein ammüsanter Hindernis=Rennplatz; auf sie [sic] ihre ganze Gelenkichkeit zeign könn'n." [ZT 124lm]

Damit präsentiert sich die Literaturanalyse auf Etym-Basis als assoziatives Verfahren, das ausgehend von einem verdächtigen Wort assoziative Anschlüsse auf sowohl phonetischer als auch (ortho-)graphischer Ebene zu bilden und diese dann in einen Bedeutungszusammenhang zu bringen ver-

[16] Pagenstechers Metapher von den Etyms als „Dietrichen", die Zugang schaffen zu versperrten und verschlossenen Bereichen, ist im psychoanalytischen Diskurs offenbar verbreitet. In einem Brief an Wilhelm Fließ teilt Sigmund Freud mit, er habe „einen neuen und für die vorhandene Sammlung von Dietrichen glatt aufgehenden Fall eines 18jährigen Mädchens". Freud an Fließ, 14. Oktober 1900, in: Sigmund Freud: *Briefe an Wilhelm Fließ 1887-1904*, ungekürzte Ausg., hg. von Jeffrey Moussaif Masson, dt. Fassung von Michael Schröter, Frankfurt/M. 1986, S. 468-469, zit. S. 469. Auch Freud lässt, wie sein Biograph Peter Gay zu diesem Brief anmerkt, die „erotischen Nebentöne" dieser Metapher unberücksichtigt. Vgl. Peter Gay: *Freud. Eine Biographie für unsere Zeit*, aus dem Amerikanischen übers. v. Joachim A. Frank, 3. Aufl., Frankfurt/M. 1995, S. 280.

[17] Strick: *An den Grenzen der Sprache*, S. 73.

[18] Vgl. ebd.

sucht. Den Ungeübten und Unverständigen im Publikum verdeutlicht Pagenstecher das Wesentliche dieser etymistischen Verfahrensweise als „Methoden des Sich=Durchlässig=Machens“: „dies‘ ein Wort so lange vor sich hin sprechen, bis es ‚frei‘, & sein Akußtisches anschlußfähig wird‘“. [ZT 254lu] Ein Wort „frei“ machen ist im gegebenen Zusammenhang aber zu verstehen als: es von einer Konvention zu befreien, die eine Bedeutung festgeschrieben hat, die gar nicht seine eigentliche, sondern eine vorgeschobene ist. Und auch wenn hinter der konventionalisierten Sinnfassade dann zunächst einmal nichts sichtbar wird, ähnlich einer Zwiebel, der man Schale um Schale abnimmt, ohne auf einen Kern zu stoßen, ist diese vollständige Bedeutungsentleerung der richtige Weg zur – unterstellten – eigentlichen Bedeutung, die sich als phonetische und graphische bzw. graphematische Assoziation zur sinnentleerten Worthülle einstellt.

Bei aller begrifflichen Unbestimmtheit hat Pagenstecher andererseits vom Aussehen der Etyms sehr konkrete und vor allem sehr anschauliche Vorstellungen: Sie erscheinen ihm als „NakkDe“, die ausschließlich mit einer Küchenschürze angetan sind: „von vòrne, könnte sie Dich ganzleidlich hauSfraulich=airpussylich ansehen ...“ [ZT 122mm] Paul ist von dieser Vorstellung begeistert und plant, im nächsten Karneval daraus Nutzen zu ziehen: „„„Beim nächstn Maskenball geh ich als ‚Etym‘ –“ (P, heiter trunkn).“ [ZT 122mm] Abgesehen vom humoristischen Effekt (nur Wilma findet Pauls Kostümvorschlag nicht lustig: „Und W nickte mir empört zu : magsiemuß kolpos!“ [ZT 122mu+ru]), verdeutlicht Däns bildhafte Vorstellung vom Aussehen der Etyms ihre Doppelbödigkeit: Einerseits artikulieren sie gleichsam die nackten Tatsachen; andererseits sind es gerade letztere, die niemals unverbrämt, sondern nur im Verborgenen zum Ausdruck gebracht werden können.

Für Schmidts Konzeption der Entstehung eines literarischen Kunstwerks spielt nun gerade dieser Zwang des Verbergens eine entscheidende Rolle, da er für jene Überdeterminierung verantwortlich zeichnet, die genuines Merkmal der Poesie und insbesondere der Werke der „Dichter=Priester“ sein soll: „- und ergo gilt für all=ihre künstlerischen Gebilde, daß sie ‚überdeterminiert‘ sind -“ [ZT 30lm]. Damit steht freilich auch fest, dass Kunst im Besonderen und Poesie im Allgemeinen sich weitestgehend dem nach Artikulation strebenden Unbewussten verdankt, sind doch die literarischen Produktionen insbesondere der „Dichter=Priester“ als „Träumungen“ [ZT 30lm] zu verstehen und in der Folge auch dementsprechend zu behandeln, und das heißt: zu deuten „genau wie der Meister es für den Traum abgeleitet hat.“ [ZT 30lm] Dies scheint auch deshalb das rechte Verfahren für den Umgang mit Literatur, weil Schmidt ihre eben nicht voraussetzungslose Verstehbarkeit vor allem als Resultat von zunächst ins Unbewusste abgesunkenen und verdrängten Wahrnehmungen der Außenwelt begreift, die ihrerseits von dort aus wieder ihren Weg in den Text finden und ihn somit zuallererst hervorbringen.[19] Dies gilt für Literatur im Allgemeinen, für die Texte der „Dichter=Priester" wiederum in besonderem Maße, weil es ihre Methode ist, die „Karre laufn [zu] lassn & alles ins Mythische zu verhunzn)" und also „möglichst auf Traumbasis zu schreibm" [ZT 35mm]. Damit nimmt freilich auch der Vorwurf gegen die „Dichter=Priester" Gestalt an: es ist die Kritik an einer allzu bereitwilligen Preisgabe der eigenen und zwar *bewussten* Herrschaft über den Text. [Vgl. ZT 35mm]

Pagenstecher nimmt die Frage nach dem „Schöpferischen in der Literatur"[20] also von Beginn an wahr, doch blendet er in der Folge im Zuge seines etym-analytischen Verfahrens diese Dimension der dichterischen Arbeit zunehmend aus zugunsten einer quasi-psychoanalytischen Rekonstruktion der Autor-Innenwelt, innerhalb derer gerade Inspiration und phantastische Einbildungskraft als eigentlicher Motor der schöpferischen Hervorbringung abgewertet werden und nur mehr als Teil einer unbewussten Mitteilung verstanden werden, die es aufzuspüren gilt. Damit ist von Beginn an der Grund bereitet für den detektivischen Diskurs von *Zettel's Traum*, der Daniel Pagenstecher als Hermeneut und Detektiv gleichermaßen profiliert und Edgar Allan Poe als den Täter bloßstellt, der des Verbrechens einer ganz und gar unbewussten, von seiner Sexualität unbemerkt beeinflussten Textproduktion überführt wird:[21] „[M]an bekommt, stoßweise, den Eindruck, POE meine meistns gar nich'die Situationen und Gegnstände, die Er doch mit denselbm Namen bezeichnet wie Wir.-" [ZT 84lo]

Pagenstechers Verfahren, und Stefan Voigt hat dies nur allzu deutlich gemacht, zielt also auf die Entlarvung Edgar Allan Poes als Täter, der sich an der Literatur versündigt hat, weil er nicht imstande war, das Kind beim Namen zu nennen:

> „Der von Dir – im bewußtn Gegnsatz zu Uns – herausgestrichene Ätherische Herr; hat, für den normal=ungeschultn Leser= & Filologn=Blick, alles ‚S' aus seinem Werk durch den, bemerkenswert einfachn, Trick entfernt, daß er den Sächelchn etwas andre Nam'm aufheftete : überschwenglich lustije akußtische Blendlinge..." / : „Auch Etyms genannt -" (unterbrach Sie Mich): [...] [ZT 327lm]

Allerdings führt Pagenstecher einen Indizienprozess, der einzig und allein auf Poes Texte als Beweismittel gestützt ist. Poes Werk erfährt dann eben im Laufe des rund 24 Stunden währenden Tribunals auch eine ganz besondere Behandlung, die selbst – wie noch zu zeigen sein wird –

[19] Eine Auffassung, die sich im Verlauf von *Zettel's Traum* allerdings ändert. Vgl. Voigt: *In der Auflöschung begriffen*, bes. S. 103-134.

[20] Zu Fragen des schöpferischen Vorgangs vgl. András Horn: *Das Schöpferische in der Literatur. Theorien der dichterischen Phantasie*, Würzburg 2000.

[21] Vgl. Voigt: *In der Auflöschung begriffen*, bes. S. 49-71.

ausschlaggebend ist für die ästhetische Profilierung und Situierung von *Zettel's Traum* zwischen Informationsprosa und poetischer Fiktion.

3.2. Entlarvung nach der Etym-Methode: „Etyms" als Dietriche

Schmidt selbst hat in seinen *Kaleidoskopischen Kollidier=Eskapaden* die Bücher einer bestimmten Klasse von Autoren – im gegebenen Kontext denkt er an E.T.A. Hoffmann, Karl May und James Joyce – mit ‚Maskenbällen' verglichen,[22] ein erster Hinweis darauf, dass er am ‚eigentlichen' Gesicht des poetischen Textes zu zweifeln begann, die Literatur immer mehr als „Tarnung"[23] von Personen und deren Lebensgeschichten begriff. Und noch bevor er sich an die herkulische Enttarnungsarbeit der Texte Poes macht, hat er schon an Karl May demonstriert, dass er auch ohne den Etym-Mythos imstande ist, „Transformationsgleichungen"[24] als Bildungsprinzipien in der Literatur zu begreifen, „verräter=rische Buchstabeneinschleichlinge"[25] und „fonetische Karikaturen" sowie „Wort= nicht =wurzeln sondern =alräunchen unbeaufsichtigt vagabundierender Vorstellungen" zu entdecken. Schon in *Sitara* also haben sich für Schmidt „die Schilderungen eines Schriftstellers"[26] zu „Mitteilungen" der besonderen Art gewandelt: zu heißen Spuren nämlich in die Biographie und Autorpsyche und dort geradewegs in deren Unbewusstes. Am Ende seiner Studie begreift Schmidt selbst seine Arbeit am Text als „Demaskierung"[27], die umso frappierender wirken muss, „weil die Absurditität seiner [=Mays, D.P.] ‚Verkleidungen' so oft alles bisher gewohnte überstieg, […]."[28] Und ganz wie später in *Zettel's Traum* macht Schmidt auch schon in *Sitara* die

[22] Vgl. Arno Schmidt: *Kaleidoskopische Kollidier=Eskapaden*, in: BA III/4, S. 115-129, zit. S. 117f.

[23] Ebd., S. 118.

[24] Arno Schmidt: *Sitara und der Weg dorthin*, in: BA III/2, S. 28: „(SCHERNER; FREUD; STEKEL; HAVELLOCK ELLIS; die überhaupt zur Erkennung der hier vorgenommenen Verdichtungsarbeit empfohlen seien, entnehme man die zuständigen Transformationsgleichungen wie ‚Wald = Schambehaarung' usw.)." Und resümierend S. 280: „es ist anscheinend 1 der Bildungsgesetze aller Sprachen überhaupt, dies Parallelisieren von Körperteilen mit Landschaften & Dingen: ‹Meer=Busen, Schiffs=Rumpf, Wald=Rücken; Fuß des Berges; Meeres=Arm›, die Berg=Namen auf =kopf; Straßen beschreiben ein ‹Knie›; Berg=Häupter, See=Becken; die ‹Schenkel eines Zirkels›: die Poden & Anti=Poden, die Mammalier & Tittaner (‹titties and anus›) sind unter Uns: ein Teil der Sprache, (und nicht nur das beliebt=beleibte Puppen=Gestupse), entspricht einer Ab=Sonderung unserer Keim=Drüsen."

[25] Dieses und die folgenden Zitate ebd., S. 27.

[26] Ebd., S. 43.

[27] Ebd., S. 285.

[28] Ebd.

Sexualität als Triebfeder im literarischen Spiel mit „Verkleidung“ und „Maskierung“ aus: „S=Regungen tendieren zur Maskierung, zumal zur UBW; das erlaubt es, die eigenen als ‹verboten› empfundenen Vorstellungen nicht nur vor sich selbst als ‹ganz natürlich› zu deklarieren, sondern ebenso die eifrigste Beschäftigung mit ihnen.“[29]

Der Text, so wie er sich dem Leser präsentiert – als Roman von Männerfreundschaften und -feindschaften im Wilden Westen (May) oder etwa als alptraumhafte Schiffsreise in einen unendlichen Süden (Poe) – ist demnach nichts weiter als eine Maske, unter der sich das heimlich und unbewusst Begehrte, das bewusst nicht Erinnerte verbirgt, und das sich dennoch über die Etyms artikuliert und so die Zensur des Über-Ich düpiert. Was diese Etyms zu artikulieren vermögen, müssen sie also hinter einer unverfänglichen Wortgestalt verstecken; man könnte auch sagen: die Etyms streifen sich die Maske „unverdächtig=ehrsamer Worte“ [ZT 27lu] über, hinter der sich das unverstellte, triebhafte Begehren des Unbewussten verstecken muss, weil es unverstellt die Zensurschranken nicht zu passicren vermag: Auf dem vom Über-Ich beaufsichtigten ‚Maskenball‘ haben – so Pagenstechers These – nackte, bloß-gestellte Tatsachen nichts verloren.

Es entspricht der Logik der Pagenstecherschen Auffassung von den Artikulationsmöglichkeiten des Unbewussten, dass er gerade in den Äußerungen jener Menschen ein besonders großes Potential an unbewusster Aufladung ortet, deren triebhaftes Begehren uneingeschränkt wirkt und die dazu gewissermaßen Unkonventionelles oder gar als pervers Verpöntes begehren. Mit der Heftigkeit des – zwangsweise – unterdrückten Begehrens steigt Pagenstechers Theorie zu Folge einerseits der Drang zu seiner unbewussten Artikulation und andererseits komplementär dazu seine zensorische Be- und Umarbeitung zur gesellschaftsfähigen Maskerade:

> „Verkleidungen -: Masken! -: es komm‘, eigntlich, gar nicht so seltn ‚Masken‘ bei Ihm [=Poe, D.P.] vor : RED DEATH hat’s im Titel; AMONTILLADO iss carne=Wahl ...“/ (wo sich denn auch sofort der Sinn der ganzn Sache, handgreiflich zeigt : ‚S=Freiheit!‘) : „Denn der ‚Entspannungswert‘ scheint ungeheuer : das eigne=ÜI erkennt ein’n gar nich wieder ! Und falls es, stutznd, erwachn sollte, wird es durch ein wenig haßtich=oberflächenkeusche Deklamatorik, flink wieder besoffn=gequatscht : grade die Fanatik Seiner Anti=S Empörungen, ist typisch für Abnorme, und entspricht genau alln beobachtetn & beschriebenen Fälln.“ [ZT 539lu]

Motor dieser Strategie des Verbergens ist natürlich das triebhafte Begehren selbst, das umso stärker auf Erfüllung und Artikulation drängt, je rigoroser es die zensorische Knute des Über-Ich zu spüren bekommt. Dies lässt sich am Raffinement der Maske ablesen, die Indikator für beides ist: den leiden-

[29] Ebd., S. 49.

schaftlich gehegten und ungelebten Wunsch und seine konsequente Tabuisierung durch das Über-Ich: „[...]: je origineller der Dichter eine Gestalt ausstaffiert=kostümiert & sich gebärdn läßt, desto mehr verliert sie zwar an Wahrscheinlichkeit im Realen, & an Glaubwürdigkeit beim erwachsenen Leser; aber ihre S=Aussagekraft nimmt erstaunlich zu!“ [ZT 497lm] Letztendlich sind es gerade Verkleidung und Maskierung, die den Hinweis und den Anstoß zur Entlarvung schaffen.[30] Mag auch die eigentliche Bedeutung besonders sorgfältig und in aufwendiger Weise darunter verborgen sein, so ist die Exklusivität der Maske Indiz für die Bedeutsamkeit des Verborgenen: Je aufwendiger die Maskierung, desto mehr gibt es dahinter zu entdecken.

Was sich an diesen Annäherungen und Umkreisungen zur Etym-Theorie und zum Wesen der Etyms ablesen lässt, ist ein Erkenntnisanspruch der Maskierung und Entlarvung, der sich in zweierlei Hinsicht einstellt: Erstens rührt er vom Anspruch der Etym-Theorie her, Texte als Masken zu begreifen, in denen – wie auf einem geschminkten Gesicht – Bedeutungsschicht auf Bedeutungsschicht übereinander liegt, um einen unterstellten ‚eigentlichen‘ Sinn, eben eine Artikulation des Unbewussten, zu verbergen. Die in Analogie zum botanischen Phänomen des ‚Gallenbefalls an Bäumen‘ entwickelte Vorstellung von „‘Worte[n] als befallene Etym=Wirte“ [ZT 278mm] unterstreicht dabei den Vorgang der Verlarvung, hinter dem sich das eigentliche Gesicht verbirgt:

> „Bewirkt werdn ‚Kräuselungen & Verbiegungen‘ der Orthodoxografn; ‚Wortschwanzeinrollungn‘; Bullositätn tretn auf : Auftreibungen Vorwölbungn); Etym=Klunker hängen dem Wort ‘raus. Das Wort wirrt sich zumeist ‚strecken‘ müssn, wenn die Etyms es zu abnormen Aussageleistungen veranlassn : moosartige Buchstabm=Emergenzen in Wort=Mitte. Bei größerem Infektionsareal ist nicht nur eine gewisse Struppigkeit des Wirrzworrz die Folge; sondern es kann sich ein ganzer ‚Hexenbesen‘ entwickeln; der jahrzehntelang lebt, ja, dem Orthodoxzoon gegnüber ‚Vorteile hat : es ist die Regel, daß so ein ‚balais de sorcière‘ sich bereits beblättert, während der Träger selbst noch winterlich kahl steht.“[31] [ZT 278mm]

[30] Zum Zusammenhang von Verkleidung und Entlarvung am Beispiel von Achim von Arnims *Martin Martir* und seinen *Lalla Rukh*-Sonetten vgl. auch Michael Grus: *Der Masken Wirbelwind. Achim von Arnims „Lalla Rukh“-Sonette*, in: *„Die Erfahrungen anderer Länder“. Beiträge eines Wiepersdorfer Kolloquiums zu Achim und Bettina von Arnim*, hg. von Heinz Härtl und Hartwig Schulz, Berlin und New York 1994, S. 181-205, bes. S. 183ff.

[31] Fast hat es den Anschein, als sei die Etym-Theorie und ihr Herzstück, das Etym, selbst wiederum nur über die von Dän nahegelegte Strategie der assoziativen Annäherung fassbar: ihre eigentliche Bedeutung wäre dann nur – um im botanischen Jargon zu bleiben – unter einem ganzen „Hexenbesen“ an wild wuchernden „Verbildlichungen“ [ZT 278rm] zu finden.

Die semantische Auftreibung des Wortes vollzieht sich gleichsam unter der nach außen harmlosen Maske, unter der Oberfläche der orthodoxen graphischen Gestalt; und darunter gilt es zu spähen mit genau jenen Techniken, die Pagenstecher zur Befreiung der Worte von ihren Bedeutungskonventionen und Automatismen empfiehlt.

Der Schlüssel zum Eingang in das Labyrinth der Spiegelfechtereien sind (und damit sind wir beim zweiten Aspekt) die Etyms, jene Ballungszentren semantischer Dichte, die das Prinzip der Maskierung und Entlarvung in sich vereinen, weil sie erstens gewissermaßen ein verborgener Teil der Worthülle sind und erlauscht und erspäht sein wollen, wenn sie die eigentliche Bedeutung preisgeben sollen; und weil sie zweitens die Sollbruchstellen sind, an denen das Unbewusste seine Macht anbringen und – im eigentlichen Wortsinn – sprechend werden kann. Pagenstecher selbst gibt erneut etwas vom geheimnisvollen Wesen der Etyms preis:

> Die Etyms dagegen, vermögen die zwerchphällige Trennwand zwischen bw und ubw zu passieren; und selbst die, ebenfalls=dort befindliche Zensur=Reuse des Ü=I, ist nicht feinmaschig genug, sie aufzuhalten – man sollte vielleicht sagen : dank ihrer komprimierten Mehrfach=Bedeutung, verstehen sie sich so unschuldig zu maskieren, daß das (professoral beschränkte) Ü=I sich von den winzigen Schalken düpieren läßt. [ZT 122mm]

Es ist dann genau dieser Kontext, in dem auch die Rolle des Dichter=Priesters als rein intuitiv Schaffender besonderes Gewicht erfährt: Der, der sich vollständig der Intuition, der geniehaften Anwandlung preisgibt und literarische Produktion als schöpferischen Anfall jenseits aller rationalen Überformung erlebt, in dessen Äußerungen *muss* das gänzlich unangefochtene Unbewusste natürlich in besonderem Ausmaß seine Spuren hinterlassen – ablesbar dann wiederum ex negativo an seinen diversen, es ent- und verstellenden Maskierungen: „Das Ubw bildet sich optisch (in Träumen, LG's, bei Kunstwerken) mit Vorliebe in der Culisse ab. Akustisch & textlich tritt Durchsetzung mit Etyms ein. Organisch bewirkt's Se= & Inkrete." [ZT 93lm]

Mit dieser Aufzählung sind die Masken des Unbewussten benannt, und es verblüfft, wie die Kategorisierung gänzlich Unterschiedliches miteinander in Beziehung setzt. Text und Autor-Körper werden gleichermaßen auf Artikulationsspuren des Unbewussten befragt, und deren Vielfältigkeit führt aus dem Körper heraus in den Gehalt und die sprachliche Gestalt der Texte hinein. Die anscheinend unterschiedslose Gleichsetzung von Körper, Text und Kunstwerk als Matrizen einer unbewussten Umschrift verdeutlicht allerdings noch einmal die grundlegende Idee der Etym-Theorie, die eben für die spezifische Hermeneutik von *Zettel's Traum* als eine der Enttarnung und Entlarvung verantwortlich ist: das Unbewusste ist nicht nur körperliche, sondern auch eine Manifestation des Textes, doch weder hier noch dort in unverstellter Weise. Physische Reaktionen sind ebenso wie die individuelle Bilder- und Vorstellungswelt im Text die Masken des Unbewussten, die Voraussetzung ebenso wie Folge unbewussten Ausdrucks sind.

Damit bestätigt sich einmal mehr Oswald Wieners frühes Diktum zur Etym-Theorie, die immer schon jenseits der Kategorien von Praktikabilität und Verifizierbarkeit zu begreifen sei als eine ihren Sinn stiftende Methode.[32] Der Sinn der Etym-Methode ist also eine decouvrierende Lesestrategie, die den Autor anhand seiner Texte überführt.

Außerhalb des etym-analytischen Diskurses steht das zentrale Thema, das Pagenstecher durch *Zettel's Traum* hindurch beschäftigt – die verborgene Artikulation des heimlich Begehrten – ganz jenseits jedes kriminalistischen Diskurses, sondern artikuliert nur eine zentrale Erfahrung der menschlichen Bewusstwerdung, nämlich „die Unvereinbarkeit von sozialer Außenwelt und individueller psychischer Innenwelt."[33] Mit der Gewahrwerdung dieser Zerrissenheit in ein Innen und ein Außen entsteht gleichzeitig die Sehnsucht, „die ursprüngliche Einheitswirklichkeit von Innen und Außen wieder herzustellen",[34] und die kreative schöpferische Tätigkeit – das Spielen, Erzählen, Phantasieren, schließlich der künstlerische Ausdruck – gilt der Kognitionsforschung als Möglichkeit der Überwindung: „Ziel der schöpferischen Tätigkeit ist die Überwindung der Spaltung und Wiederherstellung der Lebensganzheit; das Kunstwerk lässt eine solche zwischen den Welten von Innen und Außen existierende dritte Welt entstehen."[35]

Die These von der Unvereinbarkeit von sozialer Außenwelt und individueller psychischer Innenwelt, die umso größer sein muss, je stärker die Bedürfnisse der psychischen Innenwelt von den Konventionen der Außenwelt abweichen, kann geradezu als das Fundament der Etym-Theorie gelten. Allerdings ist Pagenstecher in der Folge eben gerade nicht mehr am ‚Dritten' interessiert, das diese Spaltung aufzuheben vermag, obwohl er gerade diese Aufhebung in den ‚Längeren Gedankenspielen' mit Franziska das ganze Buch hindurch betreibt: In den Phantasien rund um diverse Idyllen allein zu zweit[36] geht es Dän und Fränzel um nichts anderes als die Überwindung einer sozialen Außenwelt zugunsten eines gleichsam verbor-

[32] Vgl. Wiener: *Arno-Schmidt-Jahr*, S. 17.

[33] Johannes Merkel: *Spielen, Erzählen, Phantasieren. Die Sprache der inneren Welt*, München 2000, S. 9.

[34] Ebd., S.17.

[35] Ebd., S. 18.

[36] Vgl. dazu etwa die „LG's" von Dän und Fränzel im Sandkrater [ZT 269ro], vom Lord und dem Bettlermädchen [ZT 455ff.], vom gemeinsamen Leben in einem Häuschen auf dem Schauerfeld [ZT 746f.], von der gemeinsamen Flucht in einem Paddelboot [ZT 1196f.] oder die Phantasie vom gemeinsamen Leben in Däns Haus in Ödingen, die in das „LG" vom Liebestrank mischenden Apotheker und seiner Kundin mündet. [ZT 699f.]

genen Spielraums, in dem die Bilder- und Vorstellungswelt der Innenwelt als Figurenaktion in Szene gesetzt werden kann. Den poetischen Schöpfungen Poes gesteht nun Schmidt gerade dieses Bedürfnis einer ästhetischen Überformung individueller innerer Vorstellungen nicht länger zu. Präziser müsste man also sagen, dass er am ‚Dritten‘ als „Formsprache menschlicher Innenwahrnehmung“[37] nur insoweit interessiert ist, als es ihm Auskunft über beide Seiten der existentiellen Kluft geben kann – sowohl über die am Text ablesbaren überformten Gegebenheiten der äußeren Welt als auch über die unbewussten Erfahrungen, die sich den Anstrich sinnlicher und sozialer Erfahrung geben; die ästhetische Autonomie der Formsprache, die diese beiden Bereiche zusammen führt, die Ästhetizität der Texte also, lässt er unbeachtet.

Noch immer aber würde sich daraus kein „detektivischer Diskurs“ ergeben. Der entsteht erst im Augenblick der Verrechnung von künstlerischem Dritten einerseits mit der gespaltenen Welt von Innen und Außen und der Einmahnung einer bewussten, kontrollierten und damit quasi systematischen Darstellung der beiden Welten im Dritten des ästhetischen Ausdrucks andererseits. Mit dieser Forderung aber leitet Schmidt gerade die Rückübersetzung der veranschaulichenden Poesie in die vergegenständlichende Informationsprosa ein – die Rückverwandlung einer im Dritten der poetischen Darstellung überwundenen Spaltung von Außenwelt und Innenwelt in deren nicht überbrückbares Nebeneinander. In welchen Bahnen diese Rückübersetzung der Werke Poes in das psychobiographische Rohmaterial, aus dem sie gemacht sind, läuft, die gleichzeitig eine Festlegung des Textes auf die Einsinnigkeit der Maske impliziert, lässt sich beispielhaft veranschaulichen an jenem von Pagenstecher entdeckten „Bildungsprinzip der Literatur“, das Teil ist der im Verlauf des Textes immer wichtiger werdenden Theorie von der „Abbildung durch ‚Reziproke Radien‘“ [ZT 188mu]: „es ist ein dikker Satz; aber S könnte=sein : daß Unsere gesamte ‚Außenwelt‘, projektiv=unterfüttert wäre mit Unserm innerstn=Innern.“ [ZT 188mm] Im Fall der Poesie lassen sich demnach die Regungen des Unbewussten insbesondere an den – angeblich – wenig beachteten Kulissen, bei Poe also etwa an der großteils üppig wuchernden Flora und seinen immer wieder kehrenden Landschaften, ablesen.[38] [ZT

[37] Merkel: *Spielen, Erzählen, Phantasieren*, S. 20.

[38] Es ist dies ein „Prinzip“, das Schmidt bereits in dem 1966 entstandenen Funkessay zu Wilkie Collins und seinem Roman *Die Frau in Weiß* ausführlicher dargelegt hat. Dort betont er allerdings noch – anders als dann in *Zettel's Traum* – besondere die Aufteilung von „Über-Ich“ und „Schalkischem“ auf die Haupt- und Nebenfiguren: „[D]amals *mußte* ein Autor halt, hell=angestrahlt in Bühnen=Mitte, 2 Menschen=Attrappen hinstellen, die süß=unbeholfen Händ' & Füß' umeinander legen: *als Alibi!* Das wirklich=Wichtige aber spielt sich *in*, beziehungsweise *dicht vor der Culisse* ab. Sind dort doch angeblich nur Statisten=Comparsen am Werk;

188mo] Das entdeckte „Bildungsprinzip“ folgt einmal mehr der als gegeben angenommenen Notwendigkeit, die Artikulation des Unbewussten zu bemänteln, ihm also zu Maskierungen zu verhelfen und das heimlich Begehrte und Gewünschte in scheinbar harmlos Konventionelles zu verwandeln. Pagenstecher entwickelt in der Folge aus der einmal akzeptierten Beobachtung des in Landschaft und Pflanzen verwandelten Unbewussten eine „moderne S=Botanik“ [ZT 200mm], in deren Verlauf ihm das weite Feld der Literatur zur schier unerschöpflichen Belegquelle wird. Ausgiebig zitiert Dän besonders Ludwig Holbergs *Niels Klims unterirdische Reise* und Lukians *Wahre Geschichte*, in deren Werken ganz explizit anthropomorphisierte Pflanzen bzw. in Pflanzen verwandelte Menschen die von Pagenstecher insinuierte Allegorie zwischen Mensch und Vegetation nahe legen; diese Belege dienen zusätzlich der Verdeutlichung der gewissermaßen überindividuellen „methylogisch=ubw“ Herkunft der Poeschen „Gryllen & Grotesquen“ [ZT 200mm+lu] und sind ein weiterer Baustein innerhalb Pagenstechers Differenzierung in drei Arten von Etyms (kollektiv, historisch, individuell [vgl. ZT 202lo]) sowie seiner Vorstellung von kollektiven und individuellen Metaphern und Bausteinen des Unbewussten, die erst die allgemeine Gültigkeit eines „Bildungsprinzips“ zu gewährleisten vermögen. Diese ebenso weitschweifige wie materialreiche Entwicklung einer Theorie einer „S=Botanik“, einer Sexual-Botanik quasi, die wie nebenbei gleich auch noch mit der Verwandlung von Wilma und Franziska in Bäume ihre fiktionsinterne Bestätigung und Veranschaulichung erfährt,[39] provoziert besonders Däns gelehrigen Schüler Paul zu jener begeisterten Zustimmung, die Pagenstecher stets die Vortrefflichkeit und Angemessenheit seiner Thesen bestätigt und ihrerseits wieder ein erhellendes Licht auf sein Verfahren wirft: „s’ss ne gans lustije dickzionärrische Gymnastick – dies ‚aus’m Busch ne Frau machn‘ – [...]“ [ZT 201lu], kommentiert Paul Däns Verwandlungskünste, die sich hier einmal mehr als Entlarvungskünste und damit als Komplementärphänomen zu den Metamorphosen in Poes Texten darstellen und insofern auch in diametraler Weise wirken: Poes poetische Welt ist der Auflösung in Partikel der Außenwelt, in Fakti-

zum Teil ausdrücklich als Bösewichter & =Wichtinnen deklarirt; Denen man ergo einiges – recht Vieles –: vielleicht sogar Alles!? verzeihen kann; ohne sich ob der Sympathie mit, der Freude an, ihnen moralisch belastet vorkommen zu müssen.
B. (begreifend): Achsó! – Durch das chemisch gereinigte Haupt=Paar in Vordergrunds Mitten, wird das ‹Über=Ich› des Lesers auf’s respektabelste beruhigt; so daß dann im breiten Rahmen=Rankenwerk allerlei Schalkisches vor sich gehen darf: ‹da Wir ja *doch* nur träumen, kommt’s darauf *auch* nicht an›.
A. (bestätigend): Ergibt sich der Satz: ‹Im Victorianischen Roman sind die Neben=Figuren immer die Haupt=Figuren›.“
Arno Schmidt: *Der Titel aller Titel! Betrachtungen zu Wilkie Collins & seiner ‚Frau in Weiß‘*, in: BA II/3, Zürich 1991, S. 257-282, zit. S. 271.

[39] Vgl. zu dieser Szene die Ausführungen in Kapitel 4 in dieser Arbeit.

sches ausgeliefert, der auch durch Wilmas hellsichtigen Einwand kein Einhalt zu gebieten ist: „“Ich weigere Mich, diese Erfahrung zu Meinen übrijen zu legen“, (sagte W, (mit Festigkeit)): „Ma abgeseh’n davon, daß Weitekreise es beanstanden möchtn, Gebilde des Innern wie ebmsoviele Stücke Außenwelt zu behandeln – […].““ [ZT 194mu]. Pagenstecher lässt diesen Protest, der – wie sich noch herausstellen wird – das ästhetische Dilemma nicht nur der Etym-Theorie, sondern besonders von *Zettel’s Traum* benennt, selbstredend nicht gelten und weist ihn zurück als „die gewöhnliche Ausrede des Großn Haufms“. [ZT 194mu] Für ihn steht fest, dass die Versatzstücke der Poeschen Werkkulissen zum größten Teil als „stehende Masquen“ [ZT 202lu], als Verweisstücke auf Konstanten des Unbewussten fungieren, und Paul zieht – immer der von Pagenstecher vorgegebenen Blickrichtung folgend – aus dieser Einsicht die richtigen Schlüsse: „Jamännsch – [...] – demnach könnt man ja aber ne ganze Realencyclopädie abfassn : so wie es ‚Homerische Realien‘ gibt?: auch ‚POE’sche Realien‘? Könnte einteiln, abteiln, unter=teiln & viel Spielwerks machen :?“ [ZT 202lu] Die Rückübersetzung von Poes Werk in eine „Realenzyklopädie“, die das ‚Eigentliche‘ des Textes festlegen soll und dabei gleichzeitig die Uneigentlichkeit der poetischen Rede negiert, ist zu diesem Zeitpunkt freilich schon längst in Gang. Pagenstechers Argumentation – unterstützt durch die geschickte Funktionalisierung Pauls als reumütig allen Zweifeln Abschwörenden – läuft zur Gänze auf die Demonstration des grundsätzlichen „masque“-Charakters von Poes Gesamtwerk hinaus:

> „Nicht nur hier, beim culeidoskopischen RODMAN in seinen Schönen Wüsten, sondern Im Phalle POE=allgemein, braucht das Thema nur 1 Bedingung zu erfüllen, damit Ihm Seine Bilder völlig ich=gerecht geratn: Ansiedlungsgebiet für S=Masken zu liefern: [...]“ [ZT 180lm]

Die Einwände der immer noch ungläubigen Wilma kontert Pagenstecher mit einem weiteren Trumpf. Zur rechten Zeit rekurriert er auf Poes Biographie, auf seine im Theatermilieu verbrachte frühe Kindheit und die vermeintlich daraus resultierende Affinität zu den sich pausenlos verwandelnden Szenerien und sich maskierenden Personen:

> „‘Verkleidung‘ ist dem 36 Monate altn Kind ein so geläufijer Vorgang gewesn – das ‚aus der Culisse trétn‘ (womöglich ‚hinter einem (gemaltn) Baum hervor‘) der Schauspieler, Ihm derart ‚natürlich‘ – daß es ihm ‚Prinzip des Dichtens & Denkens=überhaupt‘ gewordn & zeitlebms=gebliebm ist : Er sah & setzte, all=überall, ‚Verkleidungen Versenkungen Kostüme Masken‘: ‚Even Childhood knows the human heart!‘“ [ZT 203lo]

Es muss an dieser Stelle nicht darüber entschieden werden, inwiefern dieser Ausflug in Poes Biographie tatsächlich eine Theorie zu stützen vermag, die für sich in Anspruch nimmt, nicht nur die Träume, sondern besonders die Poesie als „via regia“ (Freud) in das Unbewusste der Analysanden entdeckt zu haben; denn wenn es – wie von Pagenstecher unterstellt – die Tendenz des Unbewussten gibt, sich unbemerkt und gleichsam nur versteckt oder maskiert zu artikulieren, dann ist – immer innerhalb von Pagenstechers System – der konstatierte „masque“-Charakter natürlich nicht nur der Werke Poes die logische Folge. Weil dieses Gesetz per definitionem jenseits lebensweltlicher Erfahrungen und also auch für jene gelten muss, die ihre frühe Kindheit außerhalb jedes Theaterbetriebs verbracht haben, sollte konsequenterweise der Rekurs auf die Biographie unterbleiben können. Nun hat aber, wie schon angedeutet, Stefan Voigt ausführlich auf das gerade in *Zettel's Traum* im Wandel begriffene Erkenntnismodell Schmidts hingewiesen, das sich von einer detailtreuen Außenweltrezeption immer stärker wandelt hin zu einer Auffassung von Welt als bloßer Projektion des Unbewussten,[40] und es ist gerade dieser Wandel, der sich auch in der Etym-Theorie und ihrer methodischen Zweischneidigkeit spiegelt. Schmidt, der die Etym-Theorie ja als eine innovative, geradezu revolutionäre Form der „Text=Beobachtung & =Tabellierung“ [ZT 77lo] verstanden wissen will, „und zwar in Richtungen und nach Methoden, für welche die bisherige, bloß filologische Bemühung um die Sicherung des Textmaterials & dessen Varianten, nur die Voraussetzung darstellt“ [ZT 77lo], verzichtet also keineswegs auf den Positivismus einer orthodoxen Textwissenschaft; so führt er etwa Poes frühe Sozialisation im Theatermilieu als Beleg dafür an, dass die Eindrücke der frühen Kindheit die Prädestinationen für Poes spätere Textproduktion schaffen:

> „Wenn schon Ihr=Erwachsenen dem ‚Schwanensee‘ unterlegen seid : wieviel unvergleichlicher muß die Große Metawelt nicht erst auf ein intelligentes eindruckshungriges kritisch=wehrloses Kind wirken?! Fantasiekostüme, Scheinwerfereffekte & Rampenlichter, Verwandlungen & Versenkungen – DIE SCENE VERWANDELT SICH ! : das wird, so lange ER lebte, nicht nur ‚1=der‘, sondern das, meiner Ansicht nach, zunächst prinzipiell vorauszusetzende Element seines Bilder=Denkens geworden sein. Alle seine – (zuweilen guten, zuweilen läppischen) – Metamorphosen, sind, und mußten sein! herrlich=grelle Riesen=Fuder von flott werdenden Genüssen eines Dreijährijn.“ [ZT 38lu]

Die Defizienz der bloßen „filologischen Bemühung“ allein resultiert aus einer unterstellten kognitiven Beschränkung auf überkommene philologische Verfahren, die jedenfalls auf eine „Beobachtung von Buchstaben innerhalb der Worte der Dichter“ [ZT 77lu] – wie es eben etwa im Rahmen etym-analytischer Textexegese ganz jenseits und auch ausdrücklich in Opposition zu biographisch positivistischen Lesarten geschieht – verzichtet.

[40] Voigt, *In der Auflösung begriffen*, bes. 103-134.

Über die Notwendigkeit einer Verbindung der beiden ‚Methoden‘ war sich Schmidt im übrigen schon in *Sitara* im Klaren:

> „Alles [Indizien latenter Homosexualität bei May, D.P.], meiner derzeitigen Einsicht nach, nicht vollbewußt von MAY hineingearbeitet; sondern mehr jenes allgeläufige zwanghafte Traumgespiele mit Akusmata & Assoziationen, wie es sich andauernd unkontrolliert ‹unterhalb der Schwelle› vollzieht – ihm grundsätzlich nahe gelegt, durch das endlos=berufsmäßige Benützen von Wörterbüchern, Sprachführern, Konversationslexica, (sein PIERER war ausgerechnet noch die Auflage mit der Hendeka=Glotte am Rande).“[41]

Pagenstechers Kritik an der Philologie profiliert also wohl einerseits die Innovation des eigenen Verfahrens jenseits überkommener Editionswissenschaft, betont aber andererseits sein empirisch-positivistisches Element; und es passt in Däns Strategie einer Legitimierung seiner Theorie im wissenschaftlich-lexikographischen Kontext.[42] Neben (hauptsächlich) Freud und Hirschfeld auf psychologischem bzw. psychoanalytischem Feld sind es in *Zettel's Traum* dann insbesondere eine Unzahl von Wörterbüchern und Lexika, die sich Pagenstecher einerseits zur argumentativen Grundlage macht und die er andererseits in den Zeugenstand ruft, wenn es um die Verifizierung insbesondere jener Prämissen geht, die sich eben ausschließlich dem Etym-Verfahren im eigentlichen und strengen Sinn verdanken, und das heißt: der phonetischen und graphematischen Assoziationsleistung der Leser. Meist ist es dann die Autorität jener Hilfsmittel, die seine skeptischen Zuhörer letztlich die nicht selten prekären Schlüsse anzuerkennen nötigt, die Pagenstecher aus dem Dargelegten zieht; und dazu gehört eben nicht zuletzt seine Auffassung von Texten als Masken, die sich selbstredend nicht ausschließlich auf Edgar Allan Poes Werk beschränkt. Pagenstecher konstatiert das Phänomen der „S=Maskeradierungen“ [ZT 372ro] vielmehr für die Literatur überhaupt und exemplifiziert es etwa in seinem Exkurs

> „„Über Phallomorphe Bildungen in der Welt=Literatur““: „-: wolln Wir f'laichtma, als Hülfsvorstellung, auf den Begriff der ‚PENIDEN‘ in der Literatour, wieder zurückgreifen? – Gerade bei den bw=Hochkeuschn (à la

[41] Schmidt, *Sitara*, S. 27.

[42] Vgl. dazu auch Schmidts Lamento auf die Dürftigkeit der Nachschlagewerke in Deutschland und den auch außerhalb von *Zettel's Traum* dringend vorgetragenen Wunsch nach einer „gute[n] Polyglotte; also ein Viel=Sprachen=Wörterbuch. (Zur Erkennung der Lagerung der Worte im Gehirn – dh für die zwanghafte Aneinanderkettelung von Gedankengängen & Bilderfolgen, wie sie uns, sei's wachend sei's träumend, pausenlos necessitieren, ist dergleichen eigentlich unerläßlich.[)]“ Arno Schmidt: *Armes Deutschland! Patriotische Betrachtungen anläßlich eines nützlichen Buches aus der DDR*, in: BA III/4, S. 408-412, zit. S. 408f.

> POE!) – [...] - : bei Déhnen erfolgt eine Ab=Lösung & Verselbst=Ständerung; tritt ein die ‚Peniden'=Parade; das ‚Vulva'=Getymmel. [...] Das ‚Gesetz' also scheint Mir folgendeS zu=sein. -: Der ‚PENIS' tritt auf als ‚Diener=Freund=Hund'. Die ‚Frau' als ‚Muschl Zimma Haus Landschaft', als Haarich=beförderte Höhle." [ZT 498lm]

Außerhalb von Poes Werk macht Pagenstecher seine Theorie vom maskierten männlichen Geschlechtsorgan als Typenfigur in der Literatur an Theodor Storms Fruchtbarkeitsmärchen *Die Regentrude* anschaulich, das in Däns Interpretation im Wesentlichen einen geschickt in eine unterirdische Suche nach Wasser verkleideten Geschlechtsakt darstellt, in dem nicht nur der Coitus selbst hinter einer anstrengenden Suche nach dem lange ersehnten und schließlich überschäumend sprudelnden Nass verborgen ist, sondern in dem vor allem das männliche Geschlechtsteil in der Verkleidung einer fiktionalen Figur seinen Auftritt hat:

> „Der klein=große Gegen=spiller des Regn=trou, ist der ‚Feuermann'; & er wird Uns allsô beschriebm : ‚ein knorpsiges Männlein im feuerrotn Rock & roter Zipfelmütze'; ‚untn zwischen dem Haidekraut'; der ‚auf und ab stapft'; und er wird erblickt ‚am Riesenhügel', allerdings nich dort, ‚wo das Loch in den Hügel hinabgeht', sondern ‚auf der anderen Seite'. Auch sah ‚S' gar so arg & Miss=geschaffen aus; mit seinem ‚Kürbiskopf' – 's'ist halt ‚feurig & ein Mann, von dem es mal heißt : ‚das Unding drunten war noch immer in Bewegung'. Er ist der Einzije, der das Sprüchlein weiß, welches das ‚rege Trû' lebendich macht; und er singt es auch, ‚immer von vorn nach hintn, als könne er sich gar daran nicht erSättijen'." [ZT 370ru]

Pagenstecher hat es oben schon angedeutet: Diese Maskierungstechniken bleiben natürlich nicht auf das männliche Geschlechtsorgan beschränkt. So wie neben bestimmten Typenfiguren etwa auch Pilze als Penis-Masken fungieren können, so sind es vor allem Früchte, die diese Funktion beim weiblichen Geschlechtsteil übernehmen: „Die Virginische Flaume, aus Ammehrika : groß länglich violett=blau; tief gefurcht, mit eingedrücktem Nabel; Fleisch schmelzend; seir saftich & süß; [...]" [ZT 372ro]

All diese Dokumente und Illustrationen aus der ‚Weltliteratur', diese Demonstrationen, dass etwa „auf diesem Gebiet des Obstbau's jeglicher Vorder= & Hinter–Satz Etyms als Miet= & Mit=Wohner beherbergt" [ZT 372mu], dienen der Absicherung der Etymtheorie, deren Anspruch auf wissenschaftliche Ernsthaftigkeit nur zu beweisen ist, wenn sie nicht als das private „LG" Daniel Pagenstechers gelten, sondern als „Theorie der ‚Fabel'=haftn Verlarvung" [ZT 195mo] Gültigkeit gewinnen soll.

3.3. Uniforme Ordnung und steifes Gebaren

Prekär ist die Auffassung von einer weitgehenden Stellvertreterfunktion des Textes jenseits der Frage, was sie möglicherweise an Diffamierungen birgt, nicht zuletzt aufgrund der ästhetischen Konsequenzen, die sich nicht nur hinsichtlich des Verständnisses für Edgar Allan Poes Werk, sondern – bedeutender – für *Zettel's Traum* selbst einstellen. Christoph Heins Einschätzung der Schmidtschen Sprachvirtuosität ist wenig hinzuzufügen, und schon gar nicht ist ihr im Grundsätzlichen zu widersprechen:

> Die Sprache, von Arno Schmidt seziert und aus dem Korsett der eingeschliffenen Gewöhnung befreit, beginnt sichtbar zu atmen, vibriert, fängt an zu spielen, zu flimmern, wird sinnlich, läßt mit jedem Wort noch weitere Bedeutungen anklingen, verrät uns etwas von dem greifenden und begreifenden Spiel ihrer Entstehung und Ausbildung.[43]

Paradoxerweise gilt diese Einschätzung allerdings nur mit Einschränkungen für *Zettel's Traum*. Die von Schmidts sezierendem Blick aus der Sprache herauspräparierten Bedeutungen tragen in *Zettel's Traum* letztlich nämlich nicht zu einer Mehrsinnigkeit bei, sondern formieren sich unter Pagenstechers Verdikt des im Text verborgenen Autor-Unbewussten zu ein- und demselben gebetsmühlenartig wiederholten und immer gleichbleibenden Sinn: Der Text als die Maske des Triebschicksals – versinnbildlicht im stets als schlichte Abbreviatur für alles Sexuelle präsenten ‚S', hinter dem sich die immer nur als verdrängt verstandene Sexualität verbirgt.[44] Der Wandel vom „Metapherngenerator" zum „Wortspielgenerator", den Jörg Drews bei Arno Schmidt im Zuge von dessen Kenntnisnahme von Freud und Joyce diagnostiziert,[45] birgt ein Paradox in sich, das in den „endlosen Wortkernzertrümmerungen des ganzen Vokabulars Edgar Allan Poes"[46] seinen Ausgang nimmt und nur scheinbar in der Erkenntnis von Doppel- und Mehrdeutigkeit der Werke anderer Autoren mündet. Die Zertrümmerung des „Korsetts der eingeschliffenen Ordnung"[47] setzt eine Kettenreaktion in Gang, die in Wirklichkeit in einer Einschmelzung der poetischen Mehrsinnigkeit auf die analytische Einsinnigkeit kumuliert, weil sich das Erkenntnisinteresse ausschließlich auf das angeblich latent Wirksame und nicht mehr auf das im Bewusstsein Gegebene richtet, das von

[43] Christoph Hein: *Arno Schmidt. Elitär? Allerdings!*, in: *ndl* 46 (1998), H. 518, S. 104-130, zit. S. 122f.

[44] Vgl. Pott: *Neue Theorie des Romans*, S. 249.

[45] Vgl. Jörg Drews: *Schmidt und Joyce, und im Hintergrund der Dritte*, in: *Protokolle* 1 (1992), S. 5-22, zit. S. 10.

[46] Ebd.

[47] Hein: *Elitär*, S. 122.

Beginn an als Schein, Lüge und Selbsttäuschung abgewertet wird. Schon Nietzsche betrachtete, in seiner „‘entlarvenden Psychologie‘“[48] die Tiefenpsychologie des 12 Jahre jüngeren Freud und die von ihm diagnostizierte Kluft zwischen Bewusstsein und Unbewusstem vorwegnehmend,[49] das Bewusstsein nur als einen „mehr oder weniger phantastische[n] Commentar über einen ungewussten, vielleicht unwissbaren, aber gefühlten Text“,[50] und Pagenstecher macht sich diese Einschätzung – gleichsam transferiert auf das Feld der Poesie und ergänzt um eine kritische Bewertung – vollständig zu eigen: Die Werke Poes und anderer sind, wie sie sich dem Leser präsentieren, bloßer Kommentar und nur insoweit interessant, als sie den „ungewussten“, nicht bewusst geschriebenen „Text“ des Unbewussten erläutern.

Wenngleich die Charakterisierung der Etym-Sprache als eine aus „Fremdsprachen und dem Hochdeutschen, Mundarten und Umgangsformeln, Neuformungen und Abkürzungen“[51] bestehende „Totalsprache“[52] einleuchtet, und das Pagenstechersche Etym-Verfahren nicht nur an der Enttarnungstechnik der Psychoanalyse Anleihen genommen hat, sondern durchaus auch an der Etymologie und ihrem Anspruch „Wörter erzählen zu lassen“,[53] bleibt Pagenstechers Strategie – im Übrigen analog zu derjenigen der Etymologie – auf eine „fortschreitende Enthüllung“[54] gerichtet, die allerdings die immer gleiche, bestenfalls in Nuancen variierte Geschichte entdeckt. In der Anwendung des Etym-Verfahrens zielt Pagenstecher nicht auf eine „Lektüre des Wortes“[55], die Auskunft geben könnte über das nicht voraussetzungslos Verstehbare des poetischen Textes. Seine Lesart ist vielmehr eine Translationsarbeit, die die narrative und uneigentliche Spra-

48 Günter Gödde: *Nietzsche und Freud. Übereinstimmungen und Differenzen zwischen „Entlarvungs-“ und „Tiefenpsychologie“*, in: *Von Nietzsche zu Freud. Übereinstimmungen und Differenzen von Denkmotiven*, hg. von Johann Figl, Wien 1996, S. 19-43, zit. S. 19.

49 Vgl. ebd. S. 19f.

50 Friedrich Nietzsche: *Morgenröte*, in: F. N.: *Kritische Studienausgabe*, Bd 3, hg. von Giorgio Colli und Mazzino Montinari, Neuausgabe, München 1999, S. 9-331, zit. S. 113.

51 Horst Denkler: *Die Reise des Künstlers ins Innere. Randbemerkungen über Arno Schmidt und einige seiner Bücher anläßlich der Lektüre von Zettel's Traum*, in: *Revolte und Experiment. Die Lektüre der sechziger Jahre in Ost und West*, hg. von Wolfgang Paulsen (Poesie und Wissenschaft 35), Heidelberg 1972, S. 144-164, zit. S. 155.

52 Ebd.

53 Erich Kleinschmidt: *Formation und Differenz. Funktionale Konstellationen frühneuzeitlicher Etymologik*, in: *Erkennen und Erinnern in Kunst und Literatur. Kolloquium Regensburg, 4.-7. Januar 1996*, hg. von Dietmar Peil, Michael Schilling und Peter Strohschneider, Tübingen 1998, S. 245-263, zit. S. 248.

54 Ebd., S. 250.

55 Ebd., S. 251.

che der Poesie übersetzt in eine wörtlich zu verstehende Buchstabensprache des gegenständlichen Diskurses und damit eine uniforme Ordnung, die Entlarvungsordnung eines maskierten Sinns, festlegt.

3.4. Degradation zur Maske: Erstarrung und Simplifizierung

Das handelnde Personal in *Zettel's Traum* betreibt unter Pagenstechers sachkundiger Anleitung im Verlauf des Textes eine immer umfassendere und konsequentere Etym-Analyse zum Zweck einer zunehmend differenzierter und komplexer werdenden Analyse des Autorbewusstseins bzw. des Unbewussten Edgar Allan Poes und einer ganzen Reihe anderer Autoren. Däns Anmerkungen zu deren psychischen Befindlichkeiten dienen wiederum der Absicherung und Objektivierung der Befunde zu Poes Person. Sowohl die Arbeit am Text als auch die daraus resultierende Arbeit an der Rekonstruktion von Poes Unbewusstem sind als analytische, also rückwärtsgewandte Prozesse zu verstehen, die auf die Decouvrierung von Techniken der Maskierung bzw. allgemeiner einer umfassenden Strategie des Verbergens zielen. In Analogie zur Traumdeutung Freudscher Prägung ist die etymistische Textinterpretation zu verstehen als Versuch einer Bedeutungs- und Sinnstiftung. Diese vollzieht sich als analytischer Prozess, der die jeweiligen Texte wie manifeste Trauminhalte liest und die Textproduktion ähnlich den Prinzipien und Techniken der „Traumarbeit" als ‚Textarbeit' versteht, hinter der das sich artikulierende Unbewusste steht: Text und Traum also gleichermaßen als dessen chiffrierte Botschaften.

Ähnlich wie der latente hinter dem manifesten Trauminhalt ist auch die eigentliche Bedeutung des Textes hinter einer manifest-uneigentlichen aufzuspüren, die im etym-analytischen Verfahren als eine Reihe von Verwandlungen des Autorunbewussten bzw. seiner spezifischen Inhalte identifiziert wird. Dies lässt sich etwa an der etymistischen Durchleuchtung der Naturbeschreibungen in Poes Texten beispielhaft veranschaulichen, die Pagenstecher im Rahmen seiner Analyse als „Pseudo=Botanik" [ZT 181lm] und „Pseudo=Zoologie" [ebd.] entlarvt, die das Unbewusste maskieren, indem das heimlich Begehrte in scheinbar harmlose Erzählpräliminarien verwandelt ist:

> „Hat Euch dänn das – anschein'd Seiner Beherrschung entzogene – Auftauchen der ‚Feeneilande' gar=nicht aufhorchn machen ? Ihr habt nicht gesehen : daß die Natur gezwungen wird, eine Doppelrolle zu spielen? Daß S sich um Pseudo=Botanik, Pseudo=Zoologie, Pseudo=Geogravieh handelt; um Pseudo=Kleinstgeräte: ja um Pseudo=WasIhrWollt?!-" [ZT 181lm]

Hinter Poes im *Tagebuch des Julius Rodman* festgehaltenen Reisebeschreibung einer abenteuerlichen Entdeckungsfahrt durch die Rocky Mountains, die Pagenstecher als den manifesten Inhalt der ‚Textarbeit' liest, verbirgt sich ein im eigentlichen Sinn ganz anderes Entdeckungsabenteuer, und zwar das des Voyeurs auf der Suche nach Befriedigung seines triebhaften Begehrens, das selbstredend nicht bewusst artikuliert, sondern verwandelt ist in eine besonders charakteristische Art der Landschafts- und Naturbeschreibung. Poes „sexuelle Ausrichtung" [ZT 179lm], befindet Pagenstecher, sei übersetzt in „Culisse, Comparserie, Requisitn; in Topo= & Chorografie". [Ebd.] Einzig und allein dieser Strategie einer Artikulation im Verborgenen, so Pagenstecher, ist die Themenwahl des jeweiligen Textes ebenso geschuldet wie die jeweilige Form und Struktur, und die Etym-Methode bringt dies schonungslos ans Licht, wie Paul ganz am Ende halb verwundert, halb resignierend feststellt: „Unvergleichliches Verfahren.- Iss demnach nischt mit der ‚Freiheit'; vielmehr Alles, ThеminWahl wie Ausführung, the result of the impurity in the mind of the writer." [ZT 1219mu] Im konkreten Fall zeugen dafür etwa die aus der Berichterstattung ausgesparten Wintermonate ebenso wie die charakteristische Auswahl der Namen der Protagonisten, die samt und sonders auf die Sommermonate Juni, Juli oder August anspielen, als die für Voyeure wegen der zu erwartenden leichten Bekleidung am ertragreichsten und insofern befriedigendsten Monate [vgl. ZT 181lo]; dafür zeugt die Inseltopographie in besonderem Maße, deren spezifisches Äußeres auf ihre Repräsentationsfunktion als „Hintern=Ikonen" [ZT 182lo] verweist; dafür zeugt – auf formal-struktureller Ebene – die alternierende Anordnung erzählerischer Elemente und theoretischer Abhandlungen, die laut Pagenstechers Befund, nicht nur die geschwungene, „wellenförmije" [ZT 182lo] Anlage bestimmter Körperteile spiegeln, sondern im besonderem Maße auch die typische Verlaufsform sexueller Begierde, die „periodisch, in ‚Stößen' an= & abschwillt: auch von hierher gesehen, dürften DP=Bücher, Abbilder der seelischen Apparatur ihrer Verfasser darstellen: [...]" [ZT 182lo]

Auffällig an den Landschafts- und Naturbeschreibungen Poes erscheint Pagenstecher ihr stereotyper Charakter sowie seine deutliche Affinität zu bestimmten landschaftlichen Details wie Flussinseln und mäandernden Bächen und Flüssen, die quasi als Standardmasken fungieren für einen obsessiven Wunsch, der ähnlich der Freudschen Urszene „um= & überlagert ist, von einer Unzahl, sie ladyglich repetierender, Fantasien : ‚isolirte' Eindrücke; immer=widder hervorgerufn im tact eines Uns=auferlea'ktn (drüsnbedingtn) ‚circulären Irreseins'". [ZT 183mm] Eine derartige „Urszene", die Pagenstecher im Falle Poes eben als voyeuristische Obsession identifiziert, bevorzugt als Artikulationsmaske die immer gleichen Verwandlungen, „Groß=Themen", wie Dän sie nennt, „in deren Gummi=Rahmen sich die Geliebte Situation möglichst oft anbringen läßt: [...]" [ZT 185mo].

Überlegungen dieser Art unterstreichen einerseits das kreative Potential des zur Artikulation und damit zur wenn auch verschleiernden Textproduktion drängenden Unbewussten; eine Kreativität, die Pagenstecher freilich nicht gelten lassen will, weil sie gleichzeitig auch eine besonders für den „Dichter=Priester“ spezifische Abhängigkeit von diesem triebhaften und für ihn nicht beherrschbaren Potential verdeutlicht: „Natürlich haltn se (die Etyms) den ihn’n widerwärtijn PersönlichkeitsInstanzn, Prüderie & PappRitz, gerne ‘n EntZerrspiegl vor : als bohämische UnterMieterchen beschummeln se ihre ehrbaren Wirtsworte ... (?)“ [ZT 824 mu]

Hinzu kommt, dass im Gegensatz zur psychoanalytischen Durcharbeitung neurotischer und hysterischer Störungen und der sie verursachenden Traumata die Verwandlung des unbewussten Wunsches in den poetischen Ausdruck Pagenstechers Auffassung nach keine von diesem Wunsch befreiende Wirkung hat, weil er im Moment seiner Transformation in Poesie eben gar nicht bewusst artikuliert oder auch nur erlebt wird: „dadurch, daß sich eine osedirende Vorstellung nur in Etyms nicht in Worten ausspricht, wird sie das Geckntail von ‚aufgebraucht‘ : nämich angeschürt : durch Repetition verankert.“ [ZT 186mo]. Dän erklärt damit die immerwährende Wiederkehr des ewig Gleichen in Poes Texten; und erklärt damit natürlich auch die eigene, in ihren Erklärungsmustern stets gleich verlaufende Deutungsarbeit sowie die den früh erstellten Befund nur mehr in Details variierenden und ergänzenden Analyseergebnisse.

Texte, verstanden und begriffen als Masken, als Ausdrucksmittel des Unbewussten lassen ähnlich den Träumen eine Deutung zu, die auf die Übersetzung eines Verwandlungsprozesses zielt, um hinter dem manifesten Text seine latente, ‚eigentliche‘ Bedeutung zu begreifen, die immer auf das Unbewusste und damit auf den Autor selbst verweist. Während einer der unzähligen Streitereien, die rund um Pagenstechers Entlarvungen zwischen Wilma einerseits und Paul und Dän andererseits immer wieder von neuem losbrechen, kontert Paul Wilmas wütende Ablehnung[56] der etymistischen „SilbmKünste & BuchstabmSchurkereien“ [ZT 810mm] mit dem Hinweis, dass Poe selbst diese Methode im Rahmen *seiner* analytischen Demaskierungsarbeit erprobt und favorisiert hätte: „Und die Methode düngt Mich neu & herrlich : ‚it is material, that we go behind the mere words‘ verfügt Er doch selber in der MARIE ROGET!“ [ZT 810]

[56] Wenn Wilma auch in dieser Auseinandersetzung unterlegen ist, entbehrt ihre engagierte Polemik gegen Däns Vorstellungen einer Textanalyse doch nicht der Überzeugungskraft: „Ihr könnt lange koprolall’n, eh Ma was gefällt: a disease of language sind diese verwünschtn Etyms, weiter nischt! […] : sind’och schleimije Gewaltsamkeitn; die, (Ich muß S einmal aussprechn Dän !), ein verdammt schweflwasserstoffijes Licht auf ihren Erfinder werfn – ‚psychische Blähungn‘ möcht’Ich sagn.“ [ZT 810mm]

Schmidt entwirft damit ein Konkurrenzunternehmen zur Psychoanalyse, die sich insbesondere auf die Träume als Artikulationsformen des Unbewussten und deren Deutung konzentriert, und dabei auf die Technik der freien Assoziation setzt. In ähnlicher Weise wie die Psychoanalyse die Träume behandelt Schmidt die Texte der Autoren, und ähnlich wie die Psychoanalyse setzt die Etym-Analyse auf das Mittel der Assoziation, allerdings auf eine Assoziationsmechanik, von der Pagenstecher zwar behauptet, dass sie vor allem von phonetischen und graphematischen Vorgaben reguliert werde, die in wesentlichen Teilen jedoch auf morphologischen und eidetischen Vorstellungen beruht, etwa wenn jedes Grasbüschel und jeder Moosflecken als Schambehaarung identifiziert wird. Im Gegensatz zur psychoanalytischen Technik bzw. zur psychoanalytischen Situation verlangt und fordert der Etym-Analytiker nicht vom Patienten selbst Assoziationen und Gedanken zu seinen eigenen Äußerungen, sondern kommentiert die scheinbar unverdächtigen Äußerungen des Analysanden selbst: „Sie, rührend=erzählend -- / Ich, contra=etymisierend" [ZT 682lm], so beschreibt Pagenstecher sein Verfahren, aus Äußerungen sofort die ‚eigentliche' Botschaft herauszuhören und gleich auch noch aktiv zu deuten.

Die Etym-Analyse profiliert so das Psychogramm eines Autors, Bewusstes und Unbewusstes, Verdrängtes und heimlich Gelebtes aus den Texten erschließend, ohne freilich den Dichter als Person entwickeln zu können. Er bleibt reduziert auf die Befunde, die die Etym-Theorie erbringt[57] und insofern nur Gegenstand einer Untersuchung, die über ihn spricht, wird aber nicht selbst als Person sprechend, und dies umso weniger, je detaillierter und intimer die Ergebnisse der Analyse werden. Die Etym-Theorie betreibt also die psychologische Vergegenständlichung ihres Analysanden, und dies ist vor allem ein prosaischer Diskurs, weil er das nicht leistet, was das genuin Poetische und eben auch Fiktionsstiftende ist, nämlich uns die Subjektivität eines Dritten als die eines Dritten zu vergegenwärtigen,[58] und dies wiederum prägt die Ästhetik des Textes selbst. Pagenstechers wirkungsvolles Bemühen, die Kunst des Pornographen umzukehren und die tausend Dinge, die der Pornograph aus zweien entwi-

[57] Ein solch resümierender Befund Pagenstechers lautet zum Beispiel: „Soweit Ich Mir über den ‚Mann POE' klar gewordn bin, dürfte ein Resümee etwa lautn: zu 70% Voyeur, mit raffiniert urophilen Neigungn; zu 30% (aber schwerer sichtbar, & vom ÜI her zu weit sorgfältijerer Tarnung genötigt) Exhibitionist; Frauen gegnüber, relativ sehr=früh, psychisch=impotent, (Sein ‚Alkoholismus' war ja, wie stets in solchn Phälln, S=Ersatz). Seine praktische S=Betätijung: ‚erschöpfte' sich in ipsatorischen Actn." [ZT 443lu]

[58] Vgl. das immer noch unumstößliche Diktum von Käte Hamburger: *Logik der Dichtung*, 2., stark veränd. Aufl., Stuttgart 1968, S. 73: „*Die epische Fiktion ist der einzige erkenntnistheoretische Ort, wo die Ich-Originität (oder Subjektivität) einer dritten Person als einer dritten dargestellt werden kann.*" [Kursive im Original.]

ckelt hat, wieder auf zwei zu reduzieren,[59] sowie Kunst, Sprache und Literatur als „ein unerschöpflichen Reservoir von Sexualsymbolen“[60] zu betrachten, bringt die hermeneutische Auseinandersetzung mit Poesie an ihr Ende: „Die Maske unterscheidet sich durch ihre Starrheit von allen übrigen Endzuständen der Verwandlung. An die Stelle eines nie zur Ruhe kommenden, immer in Bewegung befindlichen Mienenspiels setzt sich das genaue Gegenteil davon, eine vollkommene Starre und Konstanz.“[61] Pagenstechers Verfahren der Textauslegung ist eines der Versteinerung des Textes zum außerpoetischen Protokoll. Indem er die Texte Poes und anderer im Zuge ihrer Reduktion auf die Einsinnigkeit verdrängter Sexualität zu Masken degradiert, negiert er die Mehrsinnigkeit der poetischen Äußerung, und dies in zweifacher Art und Weise: die Bedeutungszuschreibung der Maske bestreitet die Notwendigkeit und Sinnhaftigkeit einer Auseinandersetzung mit der von Pagenstecher zum ‚uneigentlichen Text‘ herabgestuften Textgestalt, die reduziert wird auf die Bedeutungsebene der Pathographie, auf ein Protokoll der sexuellen Perversion. Die Dialektik von Maskierung und Entlarvung legt fest, dass die Maske umso starrer erscheinen wird, je gründlicher und ausführlicher das Pagenstechersche Entlarvungsverfahren seinen Fortgang nimmt.

Indem er den eigentlichen Text zur Maske erklärt, weckt Dän erst das Interesse seiner Zuhörer für das dahinter Verborgene, lenkt die Aufmerksamkeit seiner Zuhörer auf einen Bereich, der dem herkömmlichen, konventionellen Blick entzogen bleibt, und nur seinem, dem Etym-Blick, zur Gänze zugänglich ist: „Es ist ähnlich wie mit der Atom=Energie : Wer die Etyms hat, ist der Herr der Wort=Weltn!“ [ZT 222mu] Pagenstecher unterzieht sein Publikum einer spezifischen „Schule des Sehens“[62], die ihren Schülern das Geheimnis hinter der Maske verspricht und damit ihren Blick lenkt, indem er sie in Bereiche entführt, die für den Normalsichtigen im Dunkeln bleiben müssen. Seine Autorität, seine Macht scheint damit gefestigt, denn das gleißende Licht der Etym-Aufsicht blendet den Rest aus: „heut regier'Ich“, [ZT 4rm] versichert sich Pagenstecher dann gleich auch zu Beginn von *Zettel's Traum* selbst.

Im außerpoetischen Kontext begreift Elias Canetti die Entlarvung als Mittel der Machthaber, um die wahre Gesinnung der Gegner ans Licht zu bringen: „Der Machthaber führt einen unaufhörlichen Kampf gegen spontane und unkontrollierte Verwandlung. Die Entlarvung, das Mittel, dessen er sich bei diesem Kampf bedient, ist dem Prozesse der Verwandlung ge-

[59] Vgl. Gert Ueding: *Die gelehrte Traumwelt Arno Schmidts*, in: *Über Arno Schmidt [I]*, S. 227-233, zit. S. 228.
[60] Ebd.
[61] Elias Canetti: *Die Verwandlung*, in: E. C.: *Masse und Macht*, 25. Aufl., Frankfurt/M. 1999, S. 397-455, zit. S. 443.
[62] Grus: *Der Masken Wirbelwind*, S. 200.

nau entgegengesetzt und läßt sich als Entwandlung bezeichnen."[63] Die von Pagenstecher gelenkte Analysearbeit am Text und die unaufhörliche Verrechnung der analysierten Werke mit der Autorbiographie macht offensichtlich, dass die in *Zettel's Traum* betriebene „Entwandlung" des poetischen Textes darauf angelegt ist, in einem ungleichen Kampf Macht über den Rivalen zu gewinnen. Rudi Schweikert hat in anderen Zusammenhängen deutlich gemacht, dass sich Schmidts argumentative Schärfe und Unerbittlichkeit allerdings immer auch „destruierend zutiefst gegen ihn selbst" richtet[64]: „So mußten die Größen von einst, insbesondere Stifter, May und Poe, sowie ihre Denkansätze in zunehmend gewaltigeren, ja gewalttätigeren und via aufklärerischem sensus communis legitimierten (Selbst-)Analyseunternehmungen ‚dran glauben', weil er früher zu sehr an sie geglaubt hatte."[65] Die Gründe für die Demontage des einst als „Sängerkönig"[66] und „Wortmagier ersten Ranges"[67] gefeierten Poe müssen an dieser Stelle nicht näher erörtert werden. Entscheidend ist vielmehr, dass sie vordergründig als scheinbar objektivierendes Analyseverfahren verläuft, das Text und Autor gleichermaßen entschlüsselt; hintergründig ist der radikalen Entlarvung aber das Bestreben inhärent, Poes Bedeutung als Schriftsteller mit seiner Degradierung zum unbewusst produzierenden „Dichter=Priester" ein für alle Mal zu relativieren, zumal ja der Maske selbst – dem quasi uneigentlichen Text – jeder autonome Sinn verweigert wird. In seinen Ausführungen zum Pudding als „Busen=Äquivalent" […] : „ehelaßtisch=runnd, einladnd=wakklnd, von glatter=fester Haut bezogn; mit 1 Milch=Wort: ‚süüüß!'" [ZT 465mm] verdeutlicht Pagenstecher, wie im Etym-Verfahren der poetische Text so lange entlarvt wird, bis er das preis gibt, was von ihm erwartet wird:

> „SiehsDu jetz=ein Wilma; daß, bei einer nächstn, Ül=erzwungenen, Verschiebungs=Staffel : die Form für den Inhalt eintretn könne ? ..."/ [...] „daß=also – scheinbar=entfernter; in Wirklichkeit jedoch durch unlösliche Etym= & Bilder=Kettn damit versklavt ! – die Puddingform ‚literarisch' für den Pudding=selbst einzutretn vermag ?; deutlicher : der Büßtnhalter, für die Büste=selbst !. - ?". [ZT 466mm]

Und natürlich mag auch „'literarisch'" der Pudding für die Büste eintreten, wie Pauls von Dän als pikante Vorliebe enttarnter und kaum zu stillender Heißhunger auf das Dessert belegt, denn tatsächlich geht es Pagenstecher weder in diesem noch in anderen Zusammenhängen um Fragen der ästhetischen Dimension des Textes, die sich etwa festlegen ließen in der Verhält-

[63] Canetti: *Die Verwandlung*, S. 447f.
[64] Vgl. Schweikert: *Sedativ*, S. 110.
[65] Ebd.
[66] Arno Schmidt: *Der Fall Ascher*, in: BA III/4, S. 359.
[67] Arno Schmidt: *Das Leptothe=Herz*, in: BA III/4, S. 454.

nismäßigkeit von Form und Inhalt. Letztere sind als unverbrüchliche Einheit im Gegensatz dazu – wie auch hier in der „Abhandlung über das Pudding-Etym“ – eben aufgelöst, weil es Pagenstecher immer um die Übersetzbarkeit des Textes in eine außerpoetische Dimension geht: Tatsächlich zieht Wilma aus Däns Referat über die ‚vom Über-Ich erzwungene Verschiebungsstaffel‘ die richtigen Schlüsse und kommt fast wie von selbst auf jenen Punkt, den Pagenstecher in diesem Zusammenhang immer schon machen wollte: „Dás=wäre ... : die Erklärung für die Möglichkeit des, sogenanntn, ‚Fétischismus‘ ? - “ [ZT 466mm] Prompt wird diese Vermutung auch von Pagenstecher bestätigt [vgl. ZT 466rm], und damit hat sich das Thema auch schon erledigt. Soll heißen: Poe ist einer weiteren versteckten Leidenschaft, des Fetischismus eben, überführt, und dies noch dazu von der notorisch etym-ungläubigen Wilma, die zu allem Überfluss noch vor dem opulenten Mittagsmahl samt Pudding-Nachtisch auf der Veranda, währenddessen die Desavouierung Poes weiterläuft, die Parole ausgegeben hat, dass es bei Tisch keinerlei Gespräche zum einschlägigen Thema geben dürfe.

Für die etym-analytische Textdeutung wird die Strategie der Maskierung und Verwandlung relevant nicht nur als allgemeines Strukturprinzip literarischer Texte, sondern als ein Prinzip, das die Texte bis in ihre Details, wie etwa die Figurenkonstellation, regiert. So unterliegt zum Beispiel auch letztere Pagenstechers Auffassung nach einer erfolgreichen Tarn- und Düpierungstendenz, wenn sich etwa Frauengestalten bei Poe permanent in bereits verstorbene Geliebte der Ich-Erzähler verwandeln [vgl. ZT 540lu], oder wenn seine Texte auffällig häufig von Toten, Betäubten, Hilflosen oder Schlafenden bevölkert sind. [Vgl. ZT 540lo] Dies alles begreift Pagenstecher als eindeutige Indizien für den Einfallsreichtum des Unbewussten, das Verpönte und Verheimlichte kund zu tun: dass der Voyeur nicht an Individuen interessiert ist, sondern immer nur an Körperteilen, die eben an Bewegungsunfähigen und Hilflosen am ungestörtesten zu beobachten sind. Aus eben diesem Grund wertet Dän Poes Frauenfiguren als auffallend profillos: sie bleiben austauschbar, ineinander übersetzbar und verwandelbar, doch darf dies nur an der Oberfläche als ein Indiz für immerwährende Treue bis über den Tod der Geliebten hinaus verstanden werden:

> „Du, dàs’ss was=Fayniß!“, (sagte Er, ergriffn): „‘Emannzippatzjon vom Einzl-Weibe, via Metempsychose!‘ : so=daß Er=Sich einredn konnte : Seine butterflüggije Flatterhaftichkeit, die ganze=lange 1000 SchönchnReihe entlang, sey, imgrund, doch nur eine – (freilich apparte & deliciöse!) – Art von ‚Treue‘ - :?“. / (Ich redeDir ungern das Wort=Paul; aber Er (POE!) war=schon ‚treu‘): „Nicht der EinzlFrau, sondern dem Tüp: nich dem Typ; sondern DEM ORGAN.“ [ZT 540lu]

Ist der Chiffriercode erst einmal geknackt, erklärt er auch gleich die Poesche Affinität zur Kryptographie oder jedenfalls seine Vorliebe für ganz bestimmte Zahlen: Nicht von ungefähr stößt man besonders häufig auf die 8, ist dies doch jene Zahl, die in vortrefflicher Weise das reduzierte, gleichsam „zerfallene Objekt" darstellt und Pagenstecher als besonders anschauliches Beispiel für „CRYPPTOGRAPHY" dient: „(mit Zahln kannSde gut S=zeichnen : ‚8' iss ne Frau; ‚3' n Busn; 0 ...))" [ZT 538lm] Die 8 repräsentiert natürlich mitnichten eine vollständige Frau, sondern eben nur „das zerfallene Objekt", den Torso – „Oberkörper auf Bauch" [ZT 541mm], an dem alle störenden oder zumindest für den Voyeur uninteressanten Teile fehlen:

> „Das störendste ist der ‚Kopf'; der wird entweder ‚culisiert', (durch die ‚Verlegung von u nach o' : ein Trick, der die ersehntn Organe ja ebemfalls quasi=unsichtbar macht!); oder aber er (der Kopf; als Träger der, eventuell=ihrerseits den V beobachtndn=Organe !) wird einfach eliminiert – wodurch dann die ‚Akephalen' entstehen." [ZT 541 lm]

Und selbst für die ausbleibende Radikalisierung dieser Reduktionstendenz auf das bloße Organ hin hat Pagenstecher eine Erklärung, die natürlich wieder auf die Notwendigkeit zur gelingenden Maskierung verweist:

> „Gegn die, von Dir proPonierte, ‚ganz=nackte' Ein=Schrumplung, dürfte das ÜI, (das bis hierher noch leidlich=überrumplte), nun doch wohl sein Veto einlegn ..."/:" – und ergo beginnt, an diesem Punkte, die ‚Verwandlung' in ein enger oder weitläufijer verwandtes Ähnliches?: die schrägn=Bäumendn; die gaffnden='chasms'?" [ZT 542lu + mu]

Poes Texte verkommen unter dieser Perspektive zu bloßen Hüllen, zu leeren Masken. Sie erscheinen als Signifikanten, die trotz oder vielleicht gerade wegen ihrer Variabilität immer nur auf *ein* Signifikat verweisen, und das ist das Unbewusste in seinen jeweiligen Maskierungen und Verwandlungen. Die etym-analytische Literaturdeutung mit ihrer spezifischen Theorie im Hintergrund ist dann auch zu verstehen als umfassende Entwandlungsmaschinerie: sie legt die Texte fest auf sinnleere Masken, die ausschließlich das Thema der verdrängten Sexualität und ihrer unbewussten Artikulation variieren. Canettis Reflexion der Machtausübung klingt vor diesem Hintergrund wie eine Beschreibung von Pagenstechers unaufhörlicher Entlarvungsarbeit und der damit verbundenen Sinnannullierung an Poes Werk:

> „Es gehört zum Wesen der Entwandlung, daß man immer genau weiß, was man nach ihr findet. Das Erwartete ist einem zuerst bewußt; mit furchtbarer Sicherheit

geht man darauf los und verachtet alle Verwandlungen, die man durchdringt, als eitle und trügerische Mache."[68]

Die Kunst der ‚Durchdringung' hat Pagenstecher fraglos für sich entdeckt, und nun will er sie an seine Schüler weitergeben, nicht ohne Freud diesmal als Autorität zu zitieren: „(das Erkenn'n dieser S=Maskn will geübt sein: ‚Was zum bw durchdringt, ist in der Regel nur ein entstellter Ersatz; entweder von einer verschwommenen traumhaften Unbestimmtheit, oder unkenntlich gemacht durch eine absurde Verkleidung.'; FREUD xiv, 146)" [ZT 583mm] Als fatal sollte sich an dieser Einschätzung erweisen, dass Pagenstecher das bewusste Derivat nur als ‚entstellten Ersatz' begreift, der für ihn über die decouvrierende Funktion hinaus ohne Wert ist und damit keine Beachtung verdient; Dän vergibt mit dieser Einschätzung den Blick auf mehr: „Die gehäufte Entwandlung führt zu einer Reduktion der Welt. Der Reichtum ihrer Erscheinungsformen gilt ihr nichts, alle Vielfalt ist ihr verdächtig."[69] Es ist Pagenstechers unerschütterliche Überzeugung, hinter den als Masken identifizierten Texten auf das wahre Gesicht des Autors stoßen zu können, die diese Reduktion von Poes Texten auf Protokolle der Psychopathologie und ihre Transformation in die Informationsprosa begründet. Pagenstecher will die Wahrheit hinter der Maske; dass diese vielleicht nur eine neue Maskerade sein könnte, zieht er nicht ins Kalkül.[70] Denn so lange er an ihr festhalten kann, bleibt auch seine Macht über den Text ungebrochen: die Macht über den entlarvten Poe und die Macht über seine Schüler im Etym-Verfahren.

[68] Canetti, *Die Verwandlung*, S. 448.
[69] Ebd.
[70] Canetti übrigens begreift die unaufhörliche Entlarvung und Demaskierung von Feinden neben der Dissimulation, verstanden als Verstellung, als zweite Eigenschaft der Paranoia: „Sie [=die Feinde, D.P.] sind überall, in den friedlichsten und harmlosesten Verkleidungen, aber der Paranoiker, der die Gabe des Durchschauens hat, weiß genau, was dahintersteckt. Er reißt ihnen die Maske vom Gesicht herunter, und es stellt sich heraus, daß es im Grunde immer ein und derselbe Feind ist." (Canetti: *Die Verwandlung*, S. 448.) Pagenstechers Etym-Analyse scheint demnach ihn selbst und Edgar Allan Poe in die beiden komplementären Seiten der Paranoia zu verwandeln. Beide sind sie unauflöslich aneinander gekettet durch Däns unerschütterliche Erkenntnis, dass Poe sich verstellt, sich in seinen Texten zu einem anderen macht, als er tatsächlich ist, und den es hinter der Maske des Textes zu entlarven gilt. Dieser Zirkel löst sich erst auf, als *Pagenstecher* sich langsam in *Poe* zu verwandeln beginnt und damit die privilegierte Machtposition des „Nichtverwandlers" (Canetti), der nicht von seiner Höhe herabsteigt, sondern bestenfalls andere zu sich erhebt, verliert und sich so selbst der Entlarvung ausgesetzt sieht. (Vgl. Canetti, *Die Verwandlung*, S. 453; zu Pagenstechers Anverwandlung der Poeschen Existenz und dem damit einhergehenden Machtverlust vgl. Kapitel 6 in diese Arbeit.)

Vor der ernüchternden Konsequenz, die die verbissene Entlarvung über die Reduktion hinaus zeitigt, haben freilich schon andere gewarnt: „Ohne Masken sind wir nur Masken! Zur Einfachheit verzerrt und übertrieben erfaßlich für den gemeinen Verstand!“[71] Pagenstecher nimmt diese Konsequenz als das Ergebnis seiner Etym-Interpretation in Kauf: Edgar Allan Poe und seinem Werk bleiben die Verzerrung zu einer angeblich verborgenen Wahrhaftigkeit und die lückenlose Entschlüsselung, die nur in eine haltlose und bodenlose Simplifizierung ausarten kann, nicht erspart. Allerdings sind auch *Zettel's Traum* selbst und sein Personal von diesem Schicksal bedroht. Die ästhetische Erstarrung, die Poes Texte als Folge der endlosen Etym-Zerlegungen und der daraus resultierenden Festlegung als Masken befällt, trifft auch *Zettel's Traum*. Der Text übernimmt die maskenhafte Starre dort, wo er sich erschöpft in der wieder und wiederkehrenden Offenbarung von psychiatrisch-psychopathologischen Befunden, in der wiederholten Darlegung eines analytischen Verfahrens und in der schier unaufhörlichen Zergliederung eines Werkes in die Beliebigkeit und Unabschließbarkeit phonetischer und graphematischer Assoziationsräume. Für die vergegenwärtigende Macht der Poesie, die die Einsinnigkeit des prosaischen Diskurses in die Mehrsinnigkeit und Unbegrifflichkeit der poetischen Fiktion verwandelt, bleibt in diesen Passagen kein Platz, und so sind auch die Figuren selbst jener übertriebenen Fasslichkeit ausgesetzt, der Poe zum Opfer fällt: Auf dem Maskenball *Zettel's Traum* treten Daniel Pagenstecher kostümiert als Dr. Allwissend, Paul Jacobi als der töpfelhafte Gehilfe Watson, seine Frau Wilma als notorische Xanthippe und Franziska als die schwärmerisch verliebte Kindsbraut auf. Kein Wunder, dass die Sekundärliteratur das handelnde Personal als die personifizierten Persönlichkeitsinstanzen Über-Ich (Wilma), Ich (Paul), Es (Franziska) und „4. Instanz“ (Daniel Pagenstecher) begriffen hat.[72] Natürlich lässt eine derartige Schematisierung „die Figuren unecht und hölzern erscheinen“[73], doch ist jene ungelenke Marionettenhaftigkeit gerade provoziert von genau jener ästhetischen Erstarrung, der das Etym-Verfahren die Figuren unterwirft.
Daniel Pagenstechers optimistische Prognose, dass derjenige, der die Herrschaft über die Etyms hat, auch über die Wortwelten herrscht [vgl. ZT

[71] Peter Altenberg: *Masken. (Zu einem Maskenspiel im Kabarett „Fledermaus“.)*, in: P. A.: *Märchen des Lebens*, Berlin 1924, S. 192-194, zit. S. 192.

[72] Vgl. dazu statt anderer Ernst-Dieter Steinwender: *„ICH bin doch bloß KLEIN=DOWI!“ Versuch über Zettel's Traum*, in: *Bargfelder Bote* Lfg. 145 (1990), S. 3-15, zit. S. 8; Steinwender bezieht sich wiederum auf Karl-Ernst Bröer: *„Die Geburt der 4. Instanz aus dem Geiste der Impotenz.“ Zur ‚Mühdtollogie‘ in Zettel's Traum*, in: *Bargfelder Bote* Lfg. 58-60 (1982), S. 15-27, zit. S. 23.

[73] Vgl. Thomas Köhler: *Detektive im Dickicht. Studien zur literarischen Tiefenhermeneutik von M. Bonaparte, A. Schmidt, A. Lorenzer und W. Benjamin*, Bielefeld 1994, S. 53.

222mu], beginnt sich vor diesem Hintergrund bereits zu relativieren. Es mag schon sein, dass sich Pagenstecher als Herr über den als Rivalen empfundenen Schriftstellerkollegen Poe fühlt, aber es ist eine Herrschaft über eine leblose Figur in einer erstarrten Welt. Sabine Kyora hat darauf aufmerksam gemacht, dass Dän – verstrickt in etymistische Beweisführungen und selbstherrliches Oberlehrergebaren – die Chance verpasst, den leibhaftigen Edgar Allan Poe zu treffen,[74] der ja am Jahrmarkt in Scortleben als Gehilfe der Bordell-Besitzerin und Sexualforscherin Dr. Li Gäa und als Spezialist für das 19. Jahrhundert Dr. Pononner in wahrhaftiger, wenn auch verwandelter Gestalt auftaucht. [Vgl. ZT 1063f.] Natürlich ist dies ein untrügliches Indiz dafür, dass Pagenstecher die Herrschaft über den Text und über die Figuren zu verlieren beginnt;[75] es ist aber auch ein Indiz für den blinden Fleck des Etym-Blicks, der nicht erkennt, was er bei aller vorgeblicher Scharfsichtigkeit auf jedes auch noch so unbedeutend erscheinende Detail im Wettstreit um Maskierung und Entlarvung nicht im Gesichtsfeld hat: die Unübersetzbarkeit dessen, was der poetische Text zeigt, und was ihn heraushebt aus der prosaischen Gegenständlichkeit.

Ist diese spezifisch etymistische Schule des Sehens im Werk Schmidts *nach Zettel's Traum* erst einmal verworfen, klärt sich auch der Blick wieder. Eugen Fohrbach hat in *Abend mit Goldrand* kein Problem, die ästhetische Fragwürdigkeit der inszenierten Maskierung zu erkennen: „Da war neulich ne Sendung über ›Japanische No=Spiele‹: nischt wie Mask'n (Grus'lMask'n), und (entsetzlich) stilisierte TanzGestik: also *Ich* empfand's ja als den letztn Hammer der Erstarrung!«[76]

3.5. Das Ende des Maskenballs: das Gesicht hinter der Larve

Es gehört zu den verblüffenden Eigenarten von *Zettel's Traum*, dass Schmidts Text wohl Edgar Allan Poe und sein Werk unter die eiserne Maske des Begehrens zwingt und damit den eigenen Text über weite Strecken der Erstarrung preis gibt, dass *Zettel's Traum* andererseits – gleichsam unter der eigenen Etym-Maske – auch noch ein anderes Gesicht zu bieten

[74] Vgl. Sabine Kyora: *„Ist das nicht Maskeraden-Spott?" Masken, Kulissen und Kostüme im VII. Buch von Zettel's Traum*, in: *„Des Dichters Aug'"*, S. 168-184, zit. S. 178.

[75] Vgl. ebd., S. 176.

[76] Arno Schmidt: *Abend mit Goldrand*, in: BA IV/3, Zürich 1993, S. 218. Auffällig ist diese Einschätzung vor allem auch deshalb, weil die Figuren etwaigen Maskenträgern eine nur versteckt auslebbare Neigung nachsagen (vgl. Schmidt: *Abend mit Goldrand*, S. 218), und mit dieser Auffassung Pagenstechers Thesen durchaus bestätigen. Was in *Abend mit Goldrand* allerdings unterbleibt, ist die Degradation anderer Texte zur einsinnigen Maske, und damit behält das spätere Buch selbst seine poetische Lebendigkeit.

hat, dessen Züge lebendiger erscheinen, weil sie verwandlungsfähig sind. In einer zur maskenhaften Erstarrung in den Poe-Passagen gewissermaßen gegenläufigen Bewegung gewinnt *Zettel's Traum* dort seine Wandelbarkeit und dies heißt nichts anderes als seine ästhetische Autonomie zurück, wo die Figuren den Maskenball verlassen und die dort zur Schau getragenen Larven ablegen. Dies ist die Voraussetzung dafür, dass das Personal in *Zettel's Traum* überhaupt zu Handlungsfiguren werden kann, und es tut dies im Zuge einer personalen Profilierung, die zu verstehen ist als Prozess der Verwandlung:[77] Die Marionetten der Poe-Analyse, bloße Stichwortgeber und Claqueure in Pagenstechers Entlarvungstragödie, bleiben zurück und mit ihnen die maskenhafte Erstarrung des Textes. An ihre Stellen treten Personen, deren Wünsche und Begehren deutlich werden in ihrem Reden, Handeln und Denken und dies, ohne dass es Pagenstechers Etym-Analyse explizit ans Licht fördern müsste, ja überzeugender noch: ohne dass sie dies *könnte*. Wilmas späte Schwangerschaft bleibt Dän ebenso bis zum Ende verborgen, wie die näheren Umstände der drohenden Strafversetzung Franziskas von der Schule ins Schuhgeschäft, und auch seinen eigenen Traum deutet er falsch.[78] Trotz Etym-Blick bleibt Pagenstecher also für das Wesentliche blind, doch garantiert ausgerechnet diese Sehschwäche – ein weiteres Paradox – die Poetizität des Textes. Sie entsteht dort, wo die Etym-Theorie nicht als Instrument der Textanalyse, sondern als Teil der Ästhetik von *Zettel's Traum* mächtig wird und sich gleichsam in Umkehrung der etymistischen Analyse eine zweite, komplementäre, quasi synthetische Blickrichtung auf die Figuren einstellt: Paul ist dann nicht einfach nur der willfährige Vollzugsgehilfe, Stichwortgeber und kritiklose Bewunderer seines Freundes Daniel; unmittelbar anschaulich wird uns vielmehr auch die Armseligkeit und Perspektivenlosigkeit seiner Existenz, wenn etwa Franziska davon berichtet, dass sie ihrem Vater „'Brühe in Tassn'" serviert hätte: „nu heißes Wasser aus'm Boiler; n Schuß MAGIE=rein, & ne spitze Butter – […]: da hatt'Er wenichstns was zum Dazutrinkn zu Sein' paar Erdnüssn." [ZT 703mo] Oder wenn er selbst über die Brotlosigkeit des Übersetzergewerbes Auskunft gibt: „"Numensch die klamm'm Zeitn!-" (ehrlich entrüstet): „-weißd ja wohl sèlber wie de Wirtschaft schrummft. Wie's Geld immer rarer wird; & de Bücher ergo wenjer gekauft: wie <u>Ich froh=sein muß</u>, daß ich den Po–Ufftrach hab!..!-"" [ZT 532mo]

77 Zum Zusammenhang von Verwandlung, Macht, Tod und Leben vgl. Irmgard Fuchs: *Elias Canetti, ein Aristokrat der Verwandlung*, in: Josef Rattner und Gerhard Danzer: *Österreichische Literatur und Psychoanalyse*, Würzburg 1997, S. 297ff.

78 Vgl. ZT 1287ru u. 1288ro: Dieser Traum verdeutlicht, dass Pagenstecher von Wilmas Schwangerschaft unbewusst längst Kenntnis hatte. Seiner eigenen Deutung bleibt dies allerdings verborgen. Vgl. dazu auch den Hinweis von Reinhard Finke: *„Der Herr ist Autor". Die Zusammenhänge zwischen literarischem und empirischem Ich bei Arno Schmidt*, München 1982, S. 103.

Wilma bleibt nicht reduziert auf die ewig nörgelnde Furie, die sich mit Vehemenz gegen Däns Versuche zur Wehr setzt, „Uns besoffm=zu quatschn“ [ZT 334], sondern gibt auch ihre eigenen - aufgegebenen - Wünsche preis:

> “A’so Du kannsDas tollsDe Zeug,mit einer derart=ernsthaftn Mine=vorbringn ? - : Hüte Dich, Meine Tochter !;: dàs=sind die dummfn Höllentriller, mit denen Er [=Daniel, D.P.] schon=damals Unsre wehrlosn AbiturientinnenHerzinnen sch=tâhl -“ (Sie machte urplötzlich eine=VauSD; dräute=&=schrie): „ – und dänn noch nich=ma nahm!!!-“ [ZT 755mm]

Franziska ist fraglos die „so naiv triebhafte wie altklug Pubertierende“[79], nervtötend in ihren fast schon paranoid anmutenden Eifersuchtsattacken auf immer nur imaginäre Nebenbuhlerinnen, aber am Ende – aufgelöst im Schmerz um den Abschied von Dän – dann eben doch mehr als bloße marionettenhafte Kindsbraut: „(Hinter Meiner Eiche hervor :? […]). W klein=gelb & fledermusich:…/ […] / (da=nebm ein kleines wüstes Gesicht stummfn Harms) / (: gehab Dich wohl, Mein=Lieb! Auf hundert Meil’n weit !“ [ZT 1329mu]

Und Daniel Pagenstecher schließlich sollte sich ganz am Ende ohnehin in einem Zustand wiederfinden, der ihm selbst nicht mehr begreiflich ist zwischen unüberbietbarer Einsamkeit: „(Ich muß Mich auch noch mehr abschließn!)“ [ZT 1329ru], Wahnsinn: „‘Hau ab Kerl !: in Deine Wahn-Weltn!‘“ [ZT 1330mo] und Krankheit zum Tod: „Auch: ‚Geh lieber ma zu’m Arzt, armis Schwein !“ [ZT 1330mm] – der Mythos Etym-Theorie hat ihren eigenen Urheber verzaubert und damit gründlich entzaubert.

Die Etym-Analyse zerlegt also eine historische Gestalt – im konkreten Fall den empirischen Autor Poe – in Einzelbefunde; die fiktionale Handlung rund um die Familie Jacobi und ihren Freund Daniel Pagenstecher samt den diversen familiären und zwischenmenschlichen Verwicklungen verwandelt sich die Ergebnisse an, die die Etym-Theorie erbringt, und transponiert sie in einen Diskurs, der deshalb poetisch ist, weil uns die Figuren in diesem Prozess der Anverwandlung und darüber hinaus als Personen prägnant werden. Aus ihrem Handeln, Reden und Denken wird uns eine Dimension des Welterlebens gegenwärtig, wie sie uns außerhalb der Poesie von Dritten nicht bekannt sein kann. Damit sind die handelnden Figuren in jenes Wechselspiel von Maskierung, Entlarvung und Verwandlung verwickelt, das die Etym-Theorie im Modus deskriptiver Erörterung an Poe und seinen Texten exemplifiziert. Allerdings führt der Prozess der poetischen Anverwandlung der prosaischen Befunde nicht auf eine zergliedernde Darlegung des Figurenunbewussten zurück, sondern entwickelt ichhafte Subjekte, an deren Innenseite wir partizipieren können, weil sie uns

[79] Drews: *Eine Momentaufnahme, ein Scheideblick*, S. 113.

nicht psychologisch vergegenständlicht, sondern mimetisch vergegenwärtigt und damit unmittelbar anschaulich werden: Die Verwandlung der Figuren stellt die Poetizität des Textes (wieder) her.

Ähnlich wie Freud, dem es nicht nur um die Enthüllung und Entlarvung der unbewussten Hintergründe des bewussten Trauminhalts zu tun war, sondern der „auch umgekehrt am Modell der Traumentstellung eine Theorie der ‚Verhüllung' entwickelt hat",[80] belässt es auch Schmidt nicht bei der Entlarvung, sondern macht einen Schritt weiter zur Verwandlung; damit lässt er die prosaische Erstarrung der Figuren wie des Textes nach und nach hinter sich. In der folgenden, aus Gründen der Anschaulichkeit ausführlicher zitierten Szene hängt Pagenstecher – von den Jacobis für kurze Zeit in seiner Bücherstube allein gelassen – seinen Gedanken nach:

> Rauf;was anzieh'n;-: […] – (wie hell das Licht wirgde !) – (Augnreibm,augnreibm. -: ‚Mein Haar' hab'Ich eintlich immer als Perükke embfundn.) – D's bedeutit also : ‚lange=Hose, Dünnejacke'…:… (:'Uhr=einsteckn !' -(?)- die wache Tickde. Gut.-? :in meiner HosnTasche? -:1 Fennich !?; (kam d'nn dér her ?). Die 70 W^{a}/$_{o}$chen Daniels. Expedition nocturne autour de ma Chambre; - (wieso erschien Mir Freund Xavier=de ? -: achso: weil La Jeune Sibérienne Sich untn noch regDe. – (:war der Schlitz auch gut=zu?: […]; ajà.)).- Vorne. (Ch hatt'och noch was náchsehn wolln:? -); ‚He to his study goes, and there amid des his magick bookes and artes of sundry kindes, he seekes out mighty charmes, to trouble sleepy mindes'; dabei weit eh'r in mäditatione fugae : RUFFMANS ! – (nich das ersteMal, daß Ich mit den TausndSchönchin döste !). Leider nich gut möglich; wollten ja noch ma Alle=mittnander NachtSnacken. Nu schön;nehm Wa JEAN PAUL:-?-:'…sonst weiß ich recht gut und handle stets danach, daß nicht das Schul^{denma}/$_{mäd}$chen,sondern das Schuldenbezahlen, einen ordentlichen Mann und seinen vielfarbigen Beutel gänzlich auszehre…' ? -:!!! - :wahrlich, ein schön ‚Verlesn' ! (:wie hieß'nn das Stück ? -: ‚Einphälltije aba gutgemeinte Bio einer neuen angenehmen Frau v bloßem Holz, die Ich längst erfundn & geheiratet' : na allso !: mein ScheolMeatchin,ging'es nach Ihr, würde Mir die Beutl schon feg'n; auch den philfarbijn !)). (Und die FREUD'schen Mechanismen funktn ja blitzgeschwind !). -(: son richt'jer DICKENS=Winter;mit Francisca=zusamm'…? -:Nee, Liebes=ubw ! -(?-:ja, wenn Sie nochma Halb=Neun wäre, wie=damals !) – Unsinnijes geDän'kl !; (wahrscheinlich the undermining action of the weather)). – auch ‚zum Umphalln'; (‚Schildwacht schlafen' : drübm in Steinhorst=Eldingn war'n Räuber=Team beim Kassn=Leer'n !; (und immoment war ja etwas viel=Geld im Hause=hier. - (Na 4=5 Stundn noch… (:wie spät mocht's ei'ntlich ? … der Wecker ver'lass'licher… (da saß ich schon im'M SchreibtischSessl; (von dem aus Ich/man ihn besser ab les'n…: - ?" [ZT 1287mm-ru]

Plötzlich ist nichts mehr übrig von der schier überirdischen Intelligenz Pagenstechers und seiner bis zur Unerträglichkeit penetranten Besserwisserei, die sich in endlosen diskursiven Darlegungen zur Geltung bringt. An deren

[80] Gödde: *Nietzsche und Freud*, S. 38.

Stelle treten nun menschlichere Züge, Anflüge von Verletzlichkeit und Melancholie im Bewusstsein einer nicht mehr zu überwindenden Einsamkeit, die jedoch die Distanz zum scheinbar kalt rationalen und unnahbaren Etym-Analytiker Pagenstecher zu überbrücken vermögen. In Passagen wie diesen gewinnt dann auch die ästhetische Dimension dieser Theorie an Profil: Dort, wo nicht über sie gesprochen wird bzw. wo sie nicht zum Instrument einer analytischen Untersuchung gemacht wird, sondern wo die von ihr entdeckten Mechanismen gleichsam unbenannt und wie von selbst wirksam werden dürfen, dort wird sie zum radikal unmittelbaren Darstellungsmittel der Innenseite des gelebten Lebens.

Diese beiden komplementären Wirkungsweisen der Etym-Theorie eskalieren erstmals im IV. Buch, als sich Dän und Paul auf ihren gemeinsamen Spaziergang zum nahegelegenen Teich begeben und dort vor allem die leicht bekleideten Badegäste beobachten. Noch bevor die Szenerie ganz ins pittoresk Verzerrte der eigentlichen Verwandlungen umschlägt,[81] ändert der Text seinen Gestus und gewinnt augenscheinlich an Dynamik und Spannung. Dies hat zunächst damit zu tun, dass Paul – befreit von Wilmas strengen Blicken und losgelöst von ihren resoluten Einsprüchen – sich ziemlich hemmungslos dem Lustprinzip hingibt: Ganz unverblümt wirft er seine begehrlichen Blicke auf die weiblichen Badenden und lebt auch in der wilden Unbeherrschtheit und der ungebremsten Triebhaftigkeit seines sexuellen Begehrens unvermittelt genau das nach, was der von all dem Treiben offenbar wenig affizierte Pagenstecher ihm während dieses Spaziergangs über Edgar Allan Poe in dozierendem Ton vorträgt. Zur bis hierher ungewöhnlichen Dynamisierung des Textes trägt bei, dass in diesen Szenen Prosaisches und Poetisches erstmals parallel laufen, sich sozusagen wechselseitig provozieren: Je begehrlicher Pauls Blicke, desto eindringlicher Pagenstechers Analysen, und je detaillierter und sezierender diese Analysen ausfallen, desto enthemmter werden Pauls Wahrnehmungen:

> „Mensch tatsächlich, diese Etyms arbeitn Sau=Bär'r: ‚Löcher‘, ja sogar ‚Dreiecke‘! bloße nates=Brünn(z)lein, sack=Geßler'ische: ‚durch diese hole Gasse muß ‚ER‘ kommen !‘.- Cherubs without faces,“ (hörte Ich Ihn murmeln. Er unternahm, mit den Augn, eine neue KörperPartie : eine, den nassn Tricot an Sich hinab=Kremplnde, (die sich benahm, wie wenn sie das dünne Gebüsch für absolut boy=proof hielte – dabei hatte sie ihr kleines Radio so laut=gestellt !“ [ZT 541lu-542mo]

An sich wäre es nur folgerichtig, wenn Pauls musternden Blicken auch Taten folgen würden, doch verbietet dies die Logik des Textes bzw. Pagenstechers pathographisches Drehbuch. Gegenstand seiner etym-analytischen Textdeutungen ist hier nämlich einmal mehr der Generalbefund von Poe als

[81] Vgl. dazu das Kapitel 4 in dieser Arbeit und die dort zitierte Literatur.

vollständig dem Voyeurismus Verfallenen, und als solchem ist ihm ein herkömmlicher Geschlechtsakt weder möglich, noch erscheint er ihm begehrenswert. Und aus genau diesem Grund muss es auch für den das Leben Poes nach- und weiterlebenden Paul Jacobi in *dieser* Phase der Etym-Analyse unmöglich sein, sich zu mehr als zu voyeuristischen Blicken hinreißen zu lassen.

Die personale Profilierung der Figuren im poetischen Diskurs läuft also komplementär zur psychologischen Vergegenständlichung einer Autor-Psyche: Die Analyse Poes ist das Ergebnis einer Textanalyse, und sie ist das Ergebnis einer Rückübersetzung von Verwandlungen und der Entlarvung von Maskierungen. Die Persönlichkeiten der handelnden Figuren hingegen werden uns prägnant, indem sie zunächst einmal für die Analyse der Texte Poes funktionalisiert werden: „sie verkörpern, spiegeln oder parodieren die etymistisch erschlossenen Reizströme Poes und erfahren sich als Ausgeburten und „Krähatour[en]“ […] seiner Etymwelt.“[82] Das heißt: Das fiktionale Personal wird uns gegenwärtig, indem es sich jeweils das Leben eines anderen anverwandelt; und obwohl sich „Poes etymar erschlossene und vom Leser stutzend in Frage gestellte ‚Perversion‘ […] als fabelspendender und figurenformender Teil der Fiktion [erweist],“[83] ist die Figurenaktion aufschlussreich und aussagekräftig in Bezug auf die Figuren selbst und auf deren Inneres, ohne dass deren Handeln und Reden als Maskierung einer eigentlichen psychischen Befindlichkeit entlarvt werden müsste. Vielmehr verbietet sich dies sogar, weil es die Anverwandlung selbst ist, die sprechend ist, und dies nur so lange bleibt, so lange sie nicht selbst wiederum transponiert wird in die deskriptive Zuschreibung psychischer Befunde.

Zwar wird also das Werk Edgar Allan Poes bzw. – deutlicher noch – werden die Ergebnisse der etymistischen Auslegung „zum Antrieb der Schmidtschen Romanhandlung“,[84] doch reduziert dies die Figuren nicht in einsinniger Weise zu bloßen Eigenschaftsträgern der Poeschen Vorlieben und Befindlichkeiten. Zur mimetischen Vergegenwärtigung des in Figureninteraktion verwandelten Poeschen Unbewussten trägt vielmehr bei, dass es alle Beteiligten zueinander in Beziehung setzt und in wechselnder Art und Weise regiert. Besonders Dän und Paul sind in steter Wandlung begriffen, die mit Fortdauer des Buches vor allem Pagenstecher an Profil gewinnen lässt, in dem sich sein penetrant besserwisserischer Habitus mehr und mehr relativiert und letztlich sogar verliert, kenntlich insbesondere am Ende des Buches.[85]

[82] Denkler: *Die Reise des Künstlers ins Innere*, S. 158.
[83] Ebd., S. 159.
[84] Ebd., S. 158.
[85] Vgl. dazu die „Eskalation des Erzählens“ und den Zusammenhang von personaler Profilierung und Herrschaftsverlust in den Kapiteln 5 und 6 in dieser Arbeit.

Am Beginn des Buches wird vor allem Paul funktionalisiert als fiktionale Trägerfigur Poescher Befindlichkeit, insbesondere wenn er – wie oben gezeigt – den Poeschen Voyeurismus und natürlich auch seine Sucht nach stimulierenden Mitteln nachlebt: „“Endlich allein -“ (P erleichtert. Er stekkDe Sich die halbe Bierflasche in den Rachn; gluxDe unheimlich […])“ [ZT 433lm] Die durch Pagenstecher erfolgende Zurichtung seines Freundes Paul durch gezielte Gaben von Alkohol ist dafür Indiz und Ausdruck: „(ein Übersetzer muß trinkn: ‚translated=very drunk, intoxicated‘; (P1) – das iss nich anders, Paul…“ [ZT 433rm] Allerdings wird noch zu zeigen sein, dass sich zugleich mit Pagenstechers Macht über die Etyms auch seine Macht über die von ihm manipulierten Mitakteure verliert.

Daniel Pagenstecher seinerseits übernimmt von Anfang an den Part des Impotenten; nicht nur, um sich dafür zum „Herr[n] der Wort=Weltn“ [ZT 222mu] aufzuschwingen, sondern auch um die in der direkten, aktiven Begegnung mit Frauen auftretende Impotenz Poes – so jedenfalls die Diagnose Pagenstechers [vgl. ZT 443lu] – agieren zu können. Damit unauflösbar verbunden ist die Verwandlung Franziskas zur Kindsbraut und die immer währende Versuchung,[86] der Dän zu erliegen droht. Freilich ist dies nicht Franziskas einzige Verknüpfung mit der Poe unterstellten Vita. Die bedauernswerte Fränzel ist dazu verdammt, eine weitere von Pagenstecher als maßgeblich erachtete Komponente des Poeschen Sexuallebens zu übernehmen, deren Bedeutung nur in indirekter Weise aus der Gewichtigkeit eines prinzipiell nur Franziska angehenden Themas erschlossen werden kann: Zu den zwar immer wieder unterbrochenen, aber niemals ganz abreißenden thematischen Fäden des Buches gehören Franziskas onanistische Vorlieben, die von ihrer Mutter entdeckt und nun mitleidlos Dän offenbart werden:

> „Achja=Dän; - ’ch wollt Dich noch, wegn etwas, um Deine (erfahrene) Beratung bittn… […]: Dein Herzblättch’n dort $o^{ri}/_{da}$niert.“ Sie sprach S wirklich so=ununduäutlich hin, tz.) : „Wir ha’m Se erwìscht dabei; -: jedn Tak 4=5 Mal; (wer’n noch de Finger abfauln !); biß das Dink blut’t…“ [ZT 952mm]

Soll die Bizarrerie des Themas an sich, absurd gesteigert durch den zugestandenen Raum und die ins abgeschmackt Sadistische reichende Detailverliebtheit[87], wenn schon nicht verstehbar, so doch zumindest erklärbar

[86] Zur Rolle der verführerischen Franziska in *Zettel's Traum* vgl. Guido Graf: *Franziska, Braut und Teufelin*, in: *„Des Dichters Aug'“*, S. 208-220.

[87] Vgl. dazu die drakonischen Strafaktionen, die sich Wilma zur Gängelung von Franziskas Selbstverliebtheit ausgedacht hat: „Wilma hat Se genöticht, in Unsrer Anwesnheit; stundenlang; die nates in ein‘ Kübl mit kalt’m Wasser zu stekk -:!“ [ZT 953mu] Darüber hinaus muss Franziska die Bibel auswendig lernen [vgl. ZT 953mo], sie muss ihrer Mutter regelmäßig ihr Tagebuch vorlegen [vgl. ZT 954mm]

werden, dann muss man sich wohl vor Augen führen, dass die Masturbation die einzige sexuelle Betätigung ist, die Pagenstecher Poe zugesteht: „Seine [=Poes, D. P.] praktische S=Betätijung: ‚erschöpfte' sich in ipsatorischen Actn." [ZT 443lu] So wie alle anderen Befunde, muss auch dieser in der poetischen Handlung gespiegelt werden, und bei genauerem Hinsehen ist Franziska dazu geradezu prädestiniert: Paul und Wilma sind als Ehepaar mit gelebter oder eher noch erlittener Sexualität[88] nicht auf die Masturbation angewiesen; und Pagenstechers Sexualtrieb – er selbst jedenfalls wird nicht müde dies zu betonen – ist zur Gänze erloschen: er fühlt sich hoffnungslos impotent. Folglich fällt diese Komponente der Poeschen Sexualität eben in Franziskas Rollenfach, die nicht zuletzt ihres Alters wegen – Schmidt hat in Besetzungsfragen wirklich an alles gedacht – in doppelter Hinsicht dazu besonders geeignet ist: Ihre Sexualität ist einerseits voll entwickelt; andererseits lebt Franziska diesen Trieb eben bisher nur in der Phantasie; ihr fehlt noch jene Erfahrung, die auch Poe – Pagenstecher zufolge – niemals machte: der vollzogene Geschlechtsakt.

Wilma kommt in dieser Konstellation der Anverwandlung Poeschen Lebens tatsächlich und undankbarer Weise in die Rolle des Weibsdrachens, des wohl tyrannischen, letztlich aber doch düpierten Über-Ich, das Pagenstecher als so zentral für Poes literarische Produktion erachtet, und das er verantwortlich macht für den Reigen von Maskierung und Entlarvung. Es bleibt Wilma nicht erspart, Macht und Ohnmacht dieser Persönlichkeitsinstanz im Zug ihres Handelns und Agierens vorgeführt zu bekommen: Trotz ihrer permanent zensierenden, zurechtweisenden und Pagenstechers Theorie von dem sich heimlich Gehör verschaffenden sexuellen Begehren weit von sich weisenden Bemühungen muss sie in letzter Konsequenz als Geschlagene das Feld räumen: Ihre eigene sittenstrenge Moral ist am Ende als heuchlerisch enttarnt, und Dän, Paul und Fränzel konnte sie letztlich nicht daran hindern, sich an diversen mehr oder weniger aktiven (Ersatz-)befriedigungen zu delektieren. Der Maskenball von Sitte und Anstand, auf dem sie alle Beteiligten gerne unter die Larven einer asexuellen Wohlanständigkeit gezwungen hätte, ist am Ende des Buches endgültig abgesagt, wenngleich eine Verwandlung der Figuren in eine andere als die von Wilma intendierte Richtung stattgefunden hat: Die von ihr tyrannisierten Mitstreiter um die einzig adäquate Auslegung von Poes Texten anverwandeln sich nur zu gern die heimlichen Leidenschaften und Wünsche Edgar Allan Poes, um nicht nur dessen psychische Gestimmtheit in Szene zu setzen, sondern darüber hinaus auch den eigenen Begehrlichkeiten zu ihrem Recht zu ver-

und Wilma durchsucht „periodisch" Franziskas Schränke und Schubladen und blättert sogar ihre Bücher durch. [Vgl. ZT 954mm]

88 Auch Denkler weist darauf hin, dass „Paul und Wilma aktiv genießen oder erleiden, was Poe nach Auskunft der Etyms versagt war". (Denkler: *Die Reise des Künstlers*, S. 160.)

helfen. Wo ihnen dabei das eigene oder gar das personifizierte Über-Ich Wilma Jacobi im Weg ist, dort wird das Spiel mit Verwandlung und Maskierung noch einmal gesteigert: die Figuren geben ihre äußerliche Homogenität auf und sind gleichzeitig transponiert in eine ebenfalls verwandelte Welt, wo dann die expliziten Manifestationen einer metamorphotischen Ästhetik ihren Ausdruck finden.

3.6. Verlockungen und Befreiungen der Maske

Daniel Pagenstechers Methode, Texte zu Masken zu erklären, ist mit der damit einhergehenden Entlarvungsstrategie von Beginn an etwas Regulatives und Einschränkendes inhärent; dennoch impliziert ein derartiger Literaturbegriff auch eine gleichsam ungebärdig-revolutionäre Dimension, die nicht nur Pauls launiger Bemerkung über die versteckt offene Freizügigkeit der Etym-Maske abzulesen ist.[89] Eine Reflexion Schmidts von 1955 über Sinn und Bedeutung des literarischen Pseudonyms verdeutlicht die Verlockung der Maskierung und ihre Möglichkeiten einer verborgenen Unverblümtheit:

> Doch sind das Alles noch nicht die entscheidenden Gründe; der wichtigste liegt tiefer: das Bewußtsein, dem Publikum inkognito, in einer gut anschließenden Maske, gegenüberzustehen, verleiht Vielen scheinbar ganz andere Kühnheit und Unbefangenheit, viel größere glückliche Leichtigkeit und keckeren Witz. Warum verzeiht Harlekinette ihrem Domino beim Maskenball das gewagte Wort, ja, erwidert es sogar – während dieselbe Frau Müller es Herrn Lehmann von März bis Dezember nie vergeben würde, wenn er sie in gleichem Stil auf offener Straße »anpöbelte«?[90]

Noch in einem anderen Text, dem von Oktober 1959 bis Januar 1960 in der Folge seiner Beschäftigung mit den Arbeiten der Geschwister Brontë entstandenen Funkessay *ANGRIA & GONDAL. Der Traum der taubengrauen Schwestern*[91] zeigt sich Schmidt im Rahmen seiner biographischen Darlegungen zur Familiengeschichte der Brontës ganz offensichtlich interessiert an einem nicht unbedingt beachtenswerten Detail: Schmidt widmet sich ausführlich der von ihm als nicht ganz unproblematisch dargestellten Persönlichkeit des Vaters (einerseits beurteilt ihn Schmidt als „glänzend be-

[89] Zur Erinnerung: Pagenstecher beschreibt die Etyms als Nackte, die ihre Blöße unter einer Küchenschürze verbergen, also einseitig bedeckt, umseitig jedoch nackt sind, was seinen Freund Paul zur Idee inspiriert, sich am nächsten Maskenball als Etym zu verkleiden. [Vgl. ZT 122mm]

[90] Arno Schmidt: *Der große Unbekannte*, in: BA III/3, S. 200-201, zit. S. 201.

[91] Arno Schmidt: *ANGRIA & GONDAL. Der Traum der taubengrauen Schwestern*, in: BA II/2, S. 403-432.

gabt – er ist Schriftsteller, und hat zwei Bände Gedichte und Novellen veröffentlicht;“[92] andererseits nennt er ihn aber auch „ein[en] grausliche[n] Autokrat und Haustyrann“[93] und erklärt ihn so zu einer Existenz mit zumindest zwei Gesichtern, die er ständig zu wechseln imstande wäre) und kommt im Zuge dessen auch auf Einzelheiten in den Erziehungsmethoden Patrick Brontës zu sprechen:

> Als er einmal merkt, daß seine Kinder Hemmungen haben, sich über irgendetwas frei auszusprechen, holt er ‹einfach› 1 Maske vom Boden; Jedes der Kinder bekommt sie, der Reihe nach, vorgebunden; und kann *‹folglich›: ist es doch nunmehr ‹1 Anderer›!,* ungezwungen reden.[94]

Schmidt scheint also beeindruckt von einem pädagogischen Trick, mit dem Patrick Brontë nichts weniger erreichte, als seine Kinder über Themen zu sprechen zu bringen, die für sie selbst tabuiert waren. Das mit der Maske versehene Kind anverwandelt sich eine andere als die eigene Identität, und dies macht erst die Artikulation des für die eigene Person mit Scham besetzten und insofern verschwiegenen Inhalts möglich: Was man von sich selbst gerne fernhält, kann nun einer anderen Person zugeschrieben werden; über die Geheimnisse Dritter lässt sich leichter sprechen als über die eigenen.

Schmidt versteht diese Maskenspiele im Übrigen als grundlegend für das, was die Kinder als poetisches Verfahren in ihrer Sammlung phantastischer Geschichten von *Angria & Gondal* entwickeln: In dem Funkessay vergegenwärtigt er eindrucksvoll die Öde und Einsamkeit rund um den Flecken Haworth in Yorkshire – von dem nochmals abgesetzt das von den Brontës bewohnte Pfarrhaus auf einem Hügel liegt –, die seiner Einschätzung nach zum Impetus einer Schriftstellerkarriere wird: Die radikale Vereinzelung und die Isolation von einer mit Menschen bevölkerten Umwelt veranlasst „diese 4, unheimlich begabten, spitzfindigen : spinnfitzigen, merkwürdigsten Kinder“[95] zu ausufernden Gedankenspielen als „die letzte große Rettung des, in extremer Situation befindlichen jugendlichen Genius.“[96] Es versteht sich, dass diese Gedankenspiele ebenso abgehoben wie eng verbunden mit der die Geschwister umgebenden wirklichen Welt sind. Verbunden sind die beiden Welten insbesondere über die das Reich „Angria“ bevölkernden Figuren, die einmal die Geschwister selbst in unterschiedlichsten Maskierungen und Verkleidungen und dann eben von ihnen in poetische Figuren verwandelte Personen aus ihrer unmittelbaren Umge-

[92] Ebd., S. 409.
[93] Ebd.
[94] Ebd.
[95] Ebda, S. 410.
[96] Ebda, S. 411.

bung vorstellen, und es erscheint naheliegend, dass diese Figuren Bedürfnisse, Wünsche und Vorstellungen der Geschwister agieren, die in deren bewusstem Leben nicht verwirklichbar und lebbar sind.[97]

Diesem Verfahren der Maskierung zum Zweck der Verwandlung misst Schmidt sogar so große Bedeutung bei, dass er es selbst noch für die späteren Romane der Brontë-Schwestern als in vielfacher Weise wirksam und bestimmend ansieht:

> Gleichzeitig aber hat Jede, verabredungsgemäß, begonnen, einen *Roman* zu schreiben – und das kurioseste aller literarischen Schauspiele läßt sich in diesem einzigartigen Fall genau verfolgen: die *‹Yorkshirisierung›* der Königreiche ANGRIA & GONDAL; die Übertragung und Transformation von Gestalten, Gesinnungen, ganzen Szenen; von der bloßen Schreibtechnik noch zu schweigen.[98]

Interessant genug, dass es in diesem Essay bei einer Lesart der Masken bleibt, die Transformationen, Verwandlungen und Verlarvungen als mehr oder weniger bewusst eingesetzte, gestalterische Mittel begreift. Schmidts Aufmerksamkeit ist also auch vor *Zettel's Traum* schon auf den Prozess der Verwandlung von Lebenswelt in poetische Welt gerichtet, ohne die Texte dabei freilich vollständig auf Masken zu reduzieren und ihnen in der Folge jede ästhetische Autonomie abzusprechen. Noch unterbleibt der in *Sitara* und vor allem natürlich in *Zettel's Traum* nahe gelegte Schluss von den

[97] Schmidt selbst stellt ja mehrfach ähnlich lautende Überlegungen zum „Längeren Gedankenspiel" an, das über den einförmigen und vielleicht sogar trostlosen Alltag hinweg trösten soll. Vgl. dazu etwa Arno Schmidt: *Sylvie & Bruno*, in: BA III/4, S. 259ff., Arno Schmidt: *„ 'Wahrheit' - ?", seggt Pilatus, un grifflacht...*, in: BA III/4, S. 234-240, zit. S. 238, oder Arno Schmidt: *‚Sind wir noch ein Volk der Dichter & Denker?'*, in: BA III/4, S. 311-321, zit. S. 319: „Und da ist endlich das allwichtige ‹Längere Gedankenspiel›, das man wohl auch unscharf als ‹Tagtraum› bezeichnet; [...]. Das ‹Längere Gedankenspiel› befindet sich in der Mitte zwischen Traum und Kunstwerk: was der Nacht der Traum, das ist dem Tag das Gedankenspiel. Und es handelt sich bei ihm um einen allgeläufigen, im Lauf des Lebens von Jedem hundertfältig praktizierten Vorgang: ob sich die Verkäuferin im Kaufhaus als ‹berühmte Tänzerin› imaginiert – man merkt's an der Geste des Sterbenden Schwan's, mit der die Ware verliehen wird – und daraus, zumal abends vorm Allein=Schlafengehen, Trost & Stärkung zieht; ob der Beamte sich zu seinem eigenen Vorgesetzten ernennt, und in schneidenden Rededuellen gehässigsten ‹Zug› in die ganze Behörde bringt; ob der Bergmann über Tage sich den schönfarbigen Prospekt einer Bau=Gemeinschaft vornimmt, und wochenlang um's schmucke Eckcouch=Heim, fabrikneu mit Dampf am Auspuff=oben, herum lustwandelt: immer ist das Gedankenspiel einer unserer häufigsten & wichtigsten Bewußtseinsvorgänge. Und eben, sowohl infolge der Art seiner langsamen, zäh=probierenden Formung, wie auch der besonders interessanten Relation zwischen dem Individuum und der es, meist frustrierend, umgebenden Außenwelt halber, im höchsten Grade ‹literaturfähig›; ja, zuweilen selbst schon halbe Literatur."

[98] Schmidt: *Angria & Gondal*, S. 427.

Textwelten auf die Psyche der Autoren und Autorinnen, der ihre Werke zu Protokollen des Unbewussten transformiert. Auch einige Jahre später, als Schmidt mit der Niederschrift von *Zettel's Traum* beschäftigt ist und mit dem Etym-Verfahren ein Analyseinstrumentarium entwickelt, dem im Besonderen Poes Texte geradezu als Opfer dargebracht werden, kommen die literarische Produktion der Brontës und somit auch die Geschwister selbst wider Erwarten beinahe ungeschoren davon. Zwar formuliert Pagenstecher in aller Deutlichkeit ein Forschungsdesiderat: „(Die Landschäfte & CünnycReiche von ANGRIA & GONDAL müßde mann ma psiA vor=nehmen !)“ [ZT 1293rm] – ein Unternehmen, das er selbst im Rahmen des von Wilma inszenierten Tribunals gegen die ausdauernd onanierende Franziska zumindest andeutungsweise präsentiert:

> „ – denk an die 3 BRONTE=Schwestern; (Die ja zweifellos gext hab'm werdn,wie die WahnSinjen!... (:?) -: na da mußDe Se ma,mit dieser Neu'n Brille, wieder lesn: […] Ihr [=Emilys, D.P.] (Großes !) Buch, (wie die Ihrer Geschwister ganz ‚ANGRIA & GONDAL‘) iss ja ne r$^{ü}/_{0}$hrende S=Träumung…“ [ZT 954ru+ZT 955rm]

Doch letztlich bleibt den Brontës und damit den Lesern und Leserinnen eine derartige Lektüre mit ‚neuer Brille‘ beinahe zur Gänze erspart.[99]

Wenn Patrick Brontë also in *Zettel's Traum* keine Erwähnung mehr findet und auch die Kinderspiele nicht wieder zur Sprache kommen, die auf Schmidt als Verfahren einer inspirierten und enttabuisierten Artikulation Eindruck gemacht hatten, und im Gegenzug die Etym-Lesart auch für die Werke der Geschwister Brontë eingemahnt wird, dann verdeutlicht dies zweierlei: In *Zettel's Traum* profiliert Pagenstecher zunehmend eine Perspektive der Entlarvung, aus der er die einstmals zugestandene erlösende und befreiende Funktion der Maske ebenso aus dem Blick verliert wie das Werk selbst als ästhetisch autonomen Ausdruck: Stets sind Daniel Pagenstecher und die Jacobis bemüht, Verborgenes an die Oberfläche zu bringen, hinter Verkleidungen und Masken zu schauen und Verwandlungen rück zu rechnen auf ein Gesicht hinter der Maske, auf ein als zu entdecken begriffenes Eigentliches und Ursprüngliches. Die Degradierung des Textes zur Maske, zur Uneigentlichkeit der Äußerung bewirkt dessen Festlegung und Erstarrung in der Einsinnigkeit eines analytischen Protokolls.

Der andere, komplementäre Aspekt der Maskierung, den Schmidt im Brontë-Essay und in seinen Überlegungen zu Sinn und Wert des Pseudonyms in den Vordergrund spielt, verliert hingegen in *Zettel's Traum* zunehmend an Bedeutung, gerade weil Pagenstecher / Schmidt an der

[99] Die Lektüre mit ‚neuer Brille‘ und ihr Entlarvungspotential demonstriert Pagenstecher aber dann doch exemplarisch an einer ausgewählten Passage aus Emily Brontës *Wuthering Heights*. Vgl. ZT 955ro-rm.

Äußerung selbst und damit an ihrer im ästhetischen Sinn autonomen Bedeutung nicht mehr interessiert ist. Die „Kühnheit und Unbefangenheit“[100], die die Maske ihrem Träger verleihen kann und die gerade zur Voraussetzung für jene ästhetisch innovative Sprachmagie wird, *ohne* dass der Maskierte Kontrolle über sein Unbewusstes erlangt hätte, werden in *Zettel's Traum* nicht mehr anerkannt, sondern ein für alle Mal zurückgewiesen: derjenige, der die Maske zur Artikulation nötig hat, vermag vor Pagenstecher deshalb nicht zu bestehen, weil er sich der Notwendigkeit der Maskierung nicht bewusst ist. Auf Edgar Allan Poe und sein literarisches Schaffen fokussiert kann dies nur eine neuerliche Abwertung seines Schreibens nach sich ziehen: „Daß, wie schier stets bei ihm – (POE) – so auch hier, im Falle ‚Tsalal‘, ganze Quintette von Bedeutungen durcheinander klingen, ist nicht sein Verdienst : er hat es nicht, als Autor, bewußt herbeigeführt!“ [ZT 35mm]

An der Pejoration eines ehemals der literarischen Produktion durchaus als zuträglich eingeschätzten Hilfsmittels ändert sich im Übrigen auch nach *Zettel's Traum* nichts. Noch im *Abend mit Goldrand* entlarven A&O Gläser, Martina, Eugen Fohrbach und Egon Olmers in einem „trägen Dialog über Masken“[101] ihre Träger als Unwissende, die sich ihrer selbst und ihrer emotionalen Befindlichkeiten nicht sicher sind und ihnen deshalb nur versteckt zur Geltung verhelfen können:

> „Die ›MaskenBälle‹?: zur schnellen, kurzfristigen Ergänzung des eigenen Charakters; bezwecks ›Nachholen‹ auf einem als vernachlässigt empfundnen Sektor – meist dem sexuellen – als ›spanische Tänzerin‹ oder ›Cowboy‹. Reduziert auf winzije ›HalbMäskchen‹ dokumentiert's immer noch ein Verstecken, auf d krampfhaftn ›Suche nach Freiheit‹.“[102]

Anders als in *Zettel's Traum* bleibt diese Einschätzung jedoch für die Ästhetik von *Abend mit Goldrand* folgenlos, weil das Personal dort darauf verzichtet, aus ihr eine Strategie der Entlarvung zu entwickeln und diese als Erkenntnisinstrumentarium zu einem verbesserten Textverständnis einzusetzen.

Der pädagogische Trick Patrick Brontës, seine Kinder im Zuge ihrer Verwandlung in eine andere Person über Dinge zu sprechen zu bringen, die zu äußern ihnen schwer gefallen ist, birgt indes ein Strukturprinzip in sich, das – wenngleich dies auch nicht in expliziter Weise von den Figuren verhandelt wird – für *Zettel's Traum* in ästhetischer Hinsicht bestimmend wird: Die von Patrick Brontë angeregte Maskierung seiner Kinder bewirkt, wie schon erwähnt, deren Verwandlung in andere, was ihnen wiederum die

[100] Schmidt: *Der große Unbekannte*, S. 201.
[101] Schmidt: *Abend mit Goldrand*, S. 122.
[102] Ebd.

Artikulation des Tabuierten ermöglicht – ein Verfahren, das sich auch das Personal von *Zettel's Traum* zu Eigen macht bzw. dem es in den zahlreichen Metamorphosenszenen des Buches unterworfen ist. In diesen haben sich dann Daniel Pagenstecher und Franziska und mit ihnen natürlich Paul und Wilma Jacobi tatsächlich in „Domino“ und „Harlekinette“ verwandelt, denen jene „glückliche Leichtigkeit“ und jener „keckere Witz“ erlaubt ist, der „Herrn Lehmann“ und „Frau Müller“ als Pöbelei erscheinen müsste.[103]

[103] Vgl. Schmidt: *Der große Unbekannte*, S. 201.

4. Metamorphosen: Entgrenzungen und Verschmelzungen

4.1. Eine Geschichte der wandelbaren Körper

In seinem Entschlüsselungsdossier *Das Geheimnis von Finnegans Wake*, in dem er – wie schon erwähnt – James Joyces „große[s] Buch“[1] als Schmäh- und Spottschrift gegen den verhassten Bruder Stanislaus enttarnt, will Schmidt die Vervielfältigung der immer gleichen Figuren als eines der vielen Nebengeheimnisse zur Hauptthese entdeckt haben:

> Unter einer Unzahl von Decknamen taucht er [=Joyce, D. P.] auf, (wie denn das Personal des Buches erstaunlich kümmerlich ist; es sind immer wieder dieselben 4 ‹Einheiten›: Held James; Gegnerschuft Stannie; dazwischen das ewig=Weibliche, Nora; und der, entzückendste Jucke hergebende, Mädchenchor der Schwestern.)[2]

Wenngleich Arno Schmidt in *Vorläufiges zu Zettels Traum* betont, dass sich in seinem Buch „rund 20 Neben= und weitere 100 Nebstgestaltchen“[3] tummeln, ist man verführt, das Personal in *Zettel's Traum* als „kümmerlich“ zu bezeichnen. Denn selbst wenn man in Rechnung stellt, dass sich die Szene besonders im IV. Buch mit den Badegästen rund um die „Bullenkuhle“ und dann im VII. Buch mit dem fahrenden Jahrmarktsvolk und den Besuchern des Scortlebener Treibens bunt belebt, sind diese vergleichsweise figurenreichen Passagen zu umfangsarm, um nicht überschattet zu werden von der doppelten Zweierkonstellation Daniel-Franziska und Paul-Wilma.[4] Allerdings tauchen auch diese konstant präsenten „4 ‚Einheiten‘“ gewissermaßen vervielfältigt auf, und zwar weniger unter einer „Unzahl von Decknamen“, aber dafür den Tag hindurch in immer wieder grotesk verwandelter Gestalt zumindest bis zu jenem heftigen Nachmittagsgewitter, das Daniel Pagenstechers und Paul Jacobis Spaziergang ein Ende bereitet.

1 Schmidt: *Geheimnis*, S. 34.
2 Ebd., S. 38.
3 Arno Schmidt: *Vorläufiges zu Zettels Traum*, Frankfurt/M. 1977, S. 4.
4 Das dritte „Pärchen“, das Schmidt in *Vorläufiges zu Zettels Traum* erwähnt, nämlich Edgar Allan Poe und Franziskas Freundin Christa Junge, (vgl. ebd.) existiert als solches überhaupt nicht. Wohl sind sie gesprächsweise dauernd präsent, aber weder dies noch ihr leibhaftiger Auftritt im VII. Buch – wenn auch in verwandelter Gestalt – vermag ihnen einen ähnlichen Stellenwert zu verleihen wie den anderen beiden Pärchen.

Verwandlungen als Gestaltveränderungen in literarischen Texten lassen fast reflexartig an die Metamorphosen der antiken Mythologie denken, und dies gilt durchaus auch für die Verwandlungen in *Zettel's Traum*, selbst wenn sie nur zu einem geringen Teil als mehr oder weniger direkte Zitate der griechischen Verwandlungsmythen identifizierbar sind und selbst dann in sehr ambivalenter Weise auf die Mythologie bezogen sind.[5] Deutlicher als auf den *Inhalt* rekurrieren die Metamorphosen in *Zettel's Traum* allerdings – und dies wird im Folgenden zu zeigen sein – auf die *Struktur* des Mythos, wo sie ihn als poetische Fassung einer außerpoetischen Wirklichkeit ausweist, so etwa als Ausdruck „vitaler Grunderfahrungen des Menschen"[6] oder politisch-religiöser Geschichte.[7] Der Mythos übersetzt die prosaische Wirklichkeit, „den natürlichen Versuch des Menschen, zu einer Erkenntnis über sich selbst zu kommen,"[8] in Handlungen, Worte und Bilder, und im Fall der Metamorphosen geht diese Transformation immer mit der Entgrenzung der für gewöhnlich räumlich oder begrifflich begrenzten Bereiche von Mensch und Natur einher.[9] Um Phänomene der Entgrenzung handelt es sich auch bei den Verwandlungen in *Zettel's Traum*, und zwar um Entgrenzungen in einem ästhetischen Sinn. Die Verwandlungsszenen transformieren zwar an der Oberfläche die Körper und Identitäten der handelnden Personen, schaffen also in der Metamorphose von Menschen zu Pferden, Vögeln oder Pilzen „eine Übergänglichkeit"[10] von Mensch zu Natur. Der Wechsel der Gestalt zieht aber darüber hinaus die Transposition des Redegestus nach sich: Der in *Zettel's Traum* wie gezeigt über weite Strecken so dominante prosaische Diskurs, der zunächst einmal darauf zielt, die Befunde der ausgedehnten etym-theoretischen Erörterungen zu *vergegenständlichen*, sie in beständiger Repetition einprägsam, aber nicht anschaulich zu machen, wird in den Verwandlungsszenen nachhaltig umgestimmt in den Modus narrativer Darstellung. Letztere leistet ganz augenscheinlich zunächst einmal die unmittelbare *Vergegenwärtigung* dessen, was auf einer fiktionalen Wirklichkeitsebene[11] als Redegegenstand präsen-

5 Zur Ambivalenz der Mythenbehandlung in *Zettel's Traum* vgl. Karl-Ernst Bröer: *Die Geburt der 4. Instanz aus dem Geiste der Impotenz. Zur ‚Mühdtollogie' in „Zettel's Traum"*, in: *Bargfelder Bote* Lfg. 58-60 (1982), S. 15-27.

6 Hans-K. und Susanne Lücke: *Antike Mythologie. Der Mythos und seine Überlieferung in Literatur und bildender Kunst* (rowohlts enzyklopädie 55600), Reinbek b. H. 1999, S. 7.

7 Vgl. Robert von Ranke-Graves: *Griechische Mythologie. Quellen und Deutung*, 12. Aufl. (rowohlts enzyklopädie 55404), Reinbek b. H. 1999, S. 15ff.

8 Clemens Heselhaus: *Metamorphose-Dichtungen und Metamorphose-Anschauungen*, in: *Euphorion* 47 (1953), S. 121-146, zit. S. 123.

9 Vgl. ebd., S. 121.

10 Ebd.

11 Ich meine damit jene fiktionale Erzählebene, die eine Oedinger Wirklichkeit etabliert, in der dem handelnden Personal ihre menschliche Gestalt gelassen wird.

tiert wird – so etwa Daniel Pagenstechers Überlegungen zur ‚Sexual-Ornithologie' [vgl. ZT 246] oder zur ‚'Phytomorphose' [vgl. ZT 189]; doch bleibt es nicht allein dabei: Die längste und spektakulärste Verwandlungsepisode, die „Bullenkuhle"-Passage [vgl. ZT 555 – 600], vollzieht – so meine These – eine Metamorphose der Ästhetik von *Zettel's Traum*, die auf eine Entgrenzung der Diskurse zielt, indem sie ursprünglich Getrenntes ineins führt.

4.1.1. Irdische und himmlische Reittiere

Die Geschichte der wandelbaren Körper in *Zettel's Traum* beginnt mit einem „Zauber=Kreis", den Daniel Pagenstecher zur Veranschaulichung seiner Thesen zum Werk Edgar Allan Poes während jenes morgendlichen Spaziergangs in den Sand kratzt. [Vgl. ZT 108mm und ZT 109] Die These zur Erläuterung dieser Zeichnung lautet zu dieser frühen Stunde:

> Und als nächst=Unausbleibliches – das Trieb=Werk spuhlt, gummilinsend, zum Detail näher – führt Er [=Poe, D.P.] Uns, einem müde gewordenen männlichen Putzmacher nicht unähnlich, Stück nach Stück Seiner MetamorVHosen vor.-" [ZT 110lm]

Mag der Tag auch gerade erst angebrochen sein und Pagenstecher mit seiner Analyse eben erst begonnen haben, so birgt die These schon jene Überzeugung, die während der nächsten Stunden nur mehr detailreich ausgebaut, grundsätzlich aber nicht mehr verändert werden wird: Poes berühmte Landschaftsbilder, kurz gesagt: „FLORA & FAUNA" sind nicht mehr und nicht weniger als „rein'sDe ‚Verwandlungen' im antiecken Stiel" [ZT 110lu]. Der Verweis auf die Metamorphosen der Mythologie erscheint nicht unplausibel, denn Däns Überzeugung scheint jener Auffassung von Metamorphose zu korrespondieren, die behauptet, dass die Naturerscheinung in der Literatur immer auch „ein verwandeltes Menschliches [sei], ganz in die stumme Gebärde und in das wortlose Zeichen hineingebaut."[12] Allerdings denkt Pagenstecher nicht an das Bewusste menschlichen Seins, an Gefühle und Gestimmtheiten wie Schmerz und Hochmut, sondern allein an das Unbewusste, das sich zum Ausdruck verhilft, indem es sich das scheinbar Nebensächliche anverwandelt – eben die Kulisse samt ihren, auch personalen, Staffagen. In der Kulisse als verwandeltes unbewusstes Begehren birgt sich der eigentliche Sinn, und Pagenstechers Zauberkreis ist das Instrument, das diese Metamorphosen zu enträtseln vermag: es verwandelt die ‚uneigentliche' Bedeutung der Textoberfläche in die ‚eigentliche' Bedeutung des Textes selbst.

[12] Heselhaus: *Metamorphose*, S. 122.

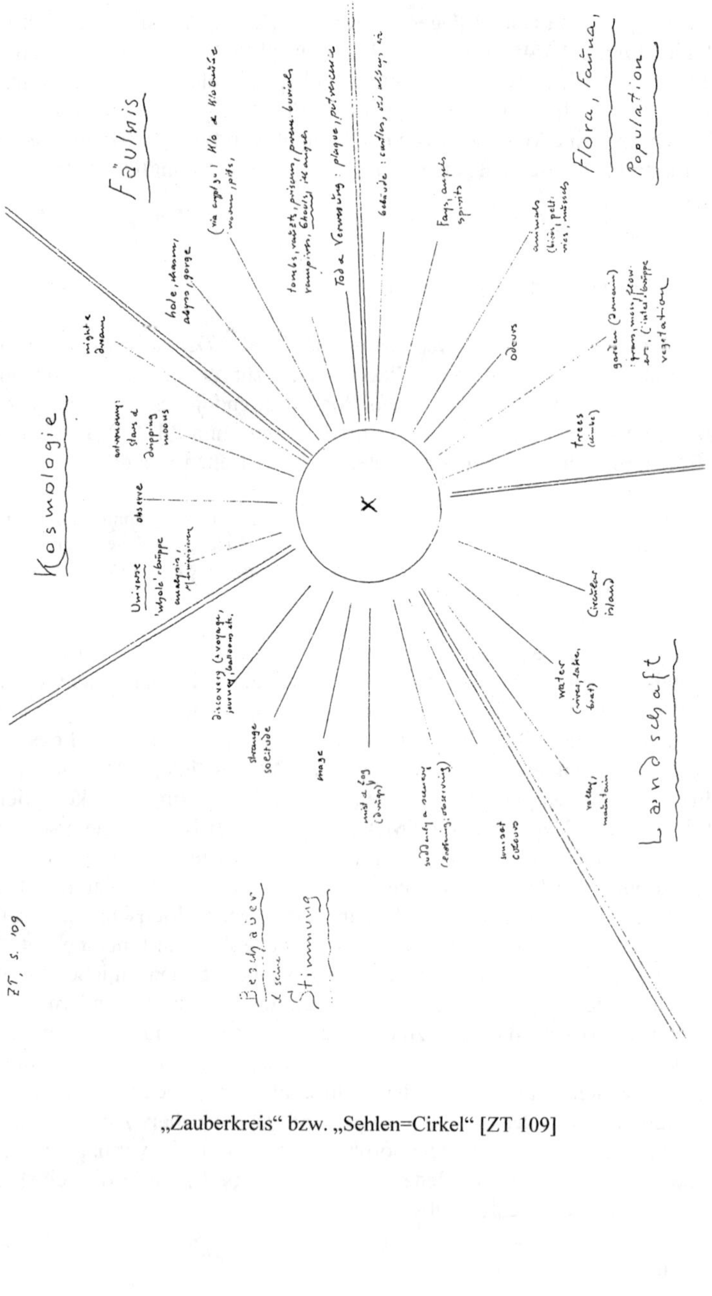

„Zauberkreis“ bzw. „Sehlen=Cirkel“ [ZT 109]

Allerdings beschränkt sich die Wirkung des Zauberkreises nicht auf Poe allein, ja nicht einmal auf (literarische) Texte, denn vom metamorphotischen Zauber sind schließlich auch die vier handelnden Personen betroffen. Pagenstecher weitet die Kunst des Verwandlungszaubers von der Textanalyse auf eine Verzauberung der Menschen aus:

> „Erst n büschn hexn Wilma.“ [...] (Wart nur ab=Dû. (Ich furschpürte, wie 1 Winzstößlein mir aus dem Haar ne Hexergloriole machen wollDte); flettschte also sofort) auch die Arme, und urging Mich umkreis‘:.. [ZT 115mm].

Anstelle eines Zauberspruches rezitiert Pagenstecher seine Übersetzung des Poe-Gedichtes *The Valley of Nis* [vgl. ZT 115mm], aber auch dies verfehlt seine Wirkung nicht, denn mit Ende des Gedichtes sind Wilma und Franziska in Stute und Fohlen verwandelt, Paul ist zum Besitzer der beiden Tiere geworden und Pagenstecher lehnt als interessierter Beobachter am Zaun und betrachtet – durchaus mit Wohlwollen – die Pferde. Tatsächlich enttarnt diese Szene zunächst einmal mehr als sie verrätselt, denn sie gibt ganz unverstellt die wenig freundschaftlichen Gefühle Pauls besonders seiner Ehefrau gegenüber preis, und als die Rollenverteilung später wechselt, Paul und Dän zu Hengsten und Wilma und Franziska zu Reiterinnen werden [vgl. ZT 117rm], behalten die Ausführungen zu den Qualitäten der jeweiligen Pferde den Charakter einer wüsten wechselseitigen Diffamierung besonders der Eheleute Wilma und Paul und verdeutlichen die heimlichen Begierden und Wertschätzungen insbesondere Daniels und Franziskas, die zu diesem Zeitpunkt auf der fiktionalen Realitätsebene jedenfalls noch nicht offen eingestanden sind. Am Schluss der Szene träumt die verwandelte Franziska dann ausgerechnet von „Bellerophons Gaul“ [ZT 119rm], und der ist bekanntlich Pegasus, der seit dem Hellenismus als Dichter- und Musenross über den Himmel der Dichtkunst stürmt und überhaupt für Ruhm und Weisheit steht[13] - ein wahrhaft schmeichelhaftes Kompliment für Pagenstecher. Bellerophon bleibt nicht die einzige Anspielung auf den Mythos in dieser Verwandlungsszene. Die Verwandlung der Frauen in Stute und Fohlen begleitet ein ausführliches Zitat aus Ovids *Metamorphosen*, das die Verwandlung Ocyrhoës, der Tochter des Zentauren Chiron, in ein Pferd erzählt.[14] Mag dieses Zitat zunächst auch ohne besondere Relevanz für die Szene selbst erscheinen und sie jedenfalls nicht weiter erhellen, so ist der mythischen Geschichte letztendlich ein *narratives* Element inhärent, das in der Folge zum eigentlich bedeutsamen *strukturellen* Ele-

[13] Vgl. Lücke: *Antike Mythologie*, S. 624ff.

[14] Vgl. Publius Ovidius Naso: *Metamorphosen. Epos in 15 Büchern*, hg. und aus dem Lateinischen übers. von Hermann Breitenbach, 2. Aufl., Zürich 1964, II, 635ff. bzw. ZT 116lu.

ment[15] dieser und anderer Verwandlungsszenen in *Zettel's Traum* wird: Die sukzessive Transformation der menschlichen Ocyrhoë in die tierische Gestalt passiert nicht willkürlich, sondern ist die Strafe der Götter für deren Bereitschaft, den Menschen ihr Schicksal zu offenbaren.[16]

Entscheidend in der mythischen Verwandlungsszene ist also das Moment der Prophezeiung, und dem korrespondiert in der Schmidtschen Episode das Moment der Vorausdeutung. Tatsächlich stellt die Pferde-Szene Informationen bereit, die für den Leser zu diesem Zeitpunkt noch nicht deutbar sind. So schlägt etwa der Interessent vor, das Fohlen doch „die Haute École“ [ZT 116ru] der Dressur durchlaufen zu lassen; der Besitzer lehnt entrüstet ab: „“Großer Dschigettai!“, rief er beschwörend: „‘s dènkn Se'nn , was das kòstet!?‘“‘ [ZT 116ru] Dies ist dic verschlüsselte Vorausdeutung auf das Franziska drohende Schicksal, noch vor dem Abitur von der Schule genommen zu werden, und die Schilderung der immer empfängnisbereiten Stute [vgl. ZT 116rm] verweist auf Wilmas späte Schwangerschaft. Der Besitzer möchte nichts lieber als die Tiere loswerden, der Interessent hingegen empfindet Zuneigung für das Fohlen und bringt auch der Stute durchaus Sympathie entgegen [vgl. ZT 116ru]; auch dies spiegelt die Situation der fiktionalen Wirklichkeitswelt, d.h. hier der Zuneigung Daniels zu Franziska. Schließlich teilt der Pferdebesitzer dem Interessenten mit, dass er das Fohlen in jedem Fall weggeben würde, und es ihm egal sei, ob es abwechselnd gedeckt oder beschlagen werde [vgl. ZT 117rm]. Erst der weitere Handlungsverlauf auf der Realitätsebene macht deutlich, dass diese Offenbarung Franziskas Zukunft vorweg nimmt, die in ein Schuhgeschäft in die Lehre geschickt werden soll; für diesen Fall prophezeit wiederum Pagenstecher das Ende von Franziskas Jungfräulichkeit.

Die Pferde-Verwandlungsszene nimmt also vorweg, was im Figurendialog im Verlauf des Textes sukzessive deutlich werden wird. Der Vorausdeutung, die sie damit leistet, ist aber gleichzeitig ein Element der Verrätselung eingeschrieben: Mag der Text auch diverse Geheimnisse der vier Personen bergen, so gibt er sie doch nicht voraussetzungslos preis. Damit spiegelt die Pferde-Verwandlungsszene jenes Strukturprinzip, das Pagenstecher für die Texte Poes entdeckt haben will: Prinzipiell ist das eigentliche Geheimnis Edgar Allan Poes – die Inhalte seines Unbewussten –

15 Zur mythischen Struktur der Schmidtschen Prosa seit 1964 und zur Verarbeitung des Mythos in Schmidts Werk überhaupt vgl. Reinhart Herzog: *Glaucus adest. Antike-Identifizierungen im Werk Arno Schmidts*, in: *Bargfelder Bote* Lfg. 14 (1975), [o.P.]

16 Zum Verhältnis von Metamorphose als Strafe, als Erlösung und als Ausdruck des Leidens vgl. Eva Pachale: *Metamorphose als Prinzip*, in: *„Keinem bleibt seine Gestalt“. Ovids Metamorphoses und Christoph Ransmayrs Letzte Welt. Essays zu einem interdisziplinären Kolloquium*, hg. von Georg Kiesel und Georg Wöhrle, Bamberg 1990, S. 5-8, zit. S. 5f.

in den Texten ausgebreitet, wenngleich es nicht in eindeutiger Weise offen liegt, sondern in verwandelter Gestalt präsent ist.

4.1.2. Pflanzenmenschen und Menschenpflanzen

Die grundlegende Funktion der Verwandlungsszenen in *Zettel's Traum* – nämlich die vergegenwärtigende Illustration einer These, die als These allein unpoetisch, da ohne mimetische Anschauungskraft wäre, ist mit dieser ersten Metamorphose festgelegt, freilich ohne dass sie in all ihren Variationen und vor allem in ihrer ganzen ästhetischen Dimension ausgebreitet worden wäre. Schon die nächste Episode, Franziska und Wilmas Verwandlung in Bäume [vgl. ZT 196], die sich nun der Ausstattung der Kulisse widmet, vertieft die Illustrationsfunktion, indem sie die Erörterungen der Realitätsebene schlicht verdoppelt: Wilma und Franziska, von Pagenstecher in der Rolle des Zauberers Merlin in Dattelpalme und Birke verwandelt [vgl. ZT 196mu], werden die Hauptdarstellerinnen in der Inszenierung der „Transformations=Gleichung ‚Pflanzn=Menschn'" [ZT 189mo], die ein weiteres von Dän entdecktes Strukturprinzip offenbaren soll: Die üppig wuchernden Pflanzen in den Texten Poes sind maskierte Frauenkörper. Ihre Plausibilität verdankt diese These der Annahme, dass den Pflanzen eine bestimmte Asexualität eignet, weil ihre Art der Fortpflanzung nichts von der Kreatürlichkeit menschlicher oder tierischer Sexualität an sich hat, und sie insofern prädestiniert sind, gerade das triebhafte Begehren zu verschleiern: „Verunschuldijung durch Phytomorphose" [ZT 189mu] nennt Pagenstecher dieses Verfahren. Umgekehrt jedoch belegen zahlreiche Beispiele aus der Literatur den metaphorischen Gebrauch von Pflanzen zur Veranschaulichung weiblicher Körper [vgl. ZT 189mof.] und die Attraktion, die besonders regelmäßig gewachsene Bäume auf Männer ausüben sollen. [Vgl. ZT 198mu] Diese Erörterungen werden gewissermaßen szenisch kommentiert durch die verwandelten Frauen, deren Transformation sich nicht nur vor unserem inneren Auge vollzogen hat, sondern die wir auf Seite 197 auch als konkretes Baumgebilde vor uns haben, mit seiner weit ausladenden Krone aus wild wucherndem Wortwerk und dem geteilten Stamm in der Mitte der Seite, an den sich auf der Dattelpalmenseite Paul und auf der Birkenseite Dän lehnen.[17]

[17] Das Kauderwelsch, das quasi das Geäst des Baumes bildet, ist eine verdrehte Version des Gedichtes *Fairyland* von Edgar Allan Poe, das im IV. Buch noch einmal in weniger verstellter Art und Weise, dafür aber gleich in zwei Versionen zitiert wird. [Vgl. ZT 522 und ZT 523]

\- zettel 197 -

):" 'chDu: [redacted] -" withperte das Rote Blatt ihrer Zunge.(An [redacted]
Pr's Stamm waren just,(unter meinem Blick) 2 prächtije Adven-('gemmae adventittiae'
tivknospn im Entstehen- ,- ('Die im Holz schlafende Schöne'
übersetzt's WIELAND noch, im 'Neuen Amadis' ...))) ." - (S.37 II, ...

[redacted]'Dämmerschein) wann Schattfluth gehn just mich gleich ob im unverschämt, bricht, damit;schickt Wie rieselt Mondstrahl, / im bewegt, stern=gebannt, wo auf :Taldunkel - kommt vom der Feuchtgras fantastisch Mond und Stolze mir hängt / Grund nur Wunder=Gesicht ? & mir, und Haar Traum ? sie in's die durch : der er das durch / Du das seufzst - zu wieder dies der der Vorhang=Schlisse über sprühte, sieht ? - die Hand Gesicht, sie ?-/ an oh, schallt - Monde der Geäug' Juni=Hauch, Liebste, Laub, so und fort mit Isabel ? zu einem / traf, der Dein Mondstrahl, Thränen. und Sorgen !- Staub, leicht Thal, so, dem rann blättert schwängt hoch, / Spinnweb, auf wolkig= von Liebste, durch Blumen Dich wie sie diesen entzückt, Strahl nicht mit wir / wie'ch anregt, Paradies=Gewand, hier tröpfelt's =wirrer Freude das erkennen Getinkel Du ein Wind, Schmetterling- sieh, ein / sich wie Wald- beständig hinfiel, im Sitz kaum, Hunds=Stern und, : so Der Lied ! sagtest wie allemal /es her, hast, so so Formen liegt, wiegt, bin, eine Feen=Strahl - Und Quitt. werd' Wind; tört - / worauf zitternd kann wähnen, feengleich Du sitz weiß heut der dem sein dieser ein Schell'! daheim / ich her - zier. & nur man dann er ich Wo ist Strahl stets Undank der blies / (dies Morgen ? & schon Dich ich Mond kennst Du so, meine Öffnung - sinken wie und sich / die der lausch', setz wieder - Nacht Isabel, vorbei schmiegt Schwell,schnell, Umhang was daß weißt rufst / Räumelein, fürchtest die wieder - Isabel, Dein Dir Blume wie Du, Lebe=Ding, geschickt, den mit & in / Unerhört- Wie Seel=Vagant. Komm, wieder- nicht Du düsteres ein Drall spiraligen man da ein wie Rose ? - ':!"/- :"Du das sieht rar aus -"[redacted]

:it was a palm !"
(RAGGED MOUNTAINS)

(P, Frank' & square,am derb=fleischigen Stamme herum=lümmelnd. Ein schrecklicher Singgultus,(daß die Dittelpalme hinter ihm erregt bibbte); dann,etwas wehmütig):"Daheim könntn Wir jetzt aufs niedlichste essn."/(Er dankte mit [redacted] Hand & Blick.Legte Sich,das Winzfläschchen tief im Mund, weit zurück -(dumpf rauschte,busich=moosich,der Fächerwipfl über Ihm -:?- Er schlug dem Geräusch ein ehernmännlichen Schnipp):"Wahrlich:kein labbyrijes Zeux! - Aber,lieber=sonderbarer Mann,"fuhr Er musich=boosà'ch fort:"Du,als Meister der Ham&dryadick,mùßtißtiß eigntlich wissn.-:Wir sind zur Zeit notorisch=allein; & dennoch werd'Ich 1 Gephül nich los,das unter die Rubrik 'mattrimoanielle Verschüchterung' fellt:gibt S etwa auch 'Pflanzn=Phobien' !?";(Er schüttelte,'di=wine cunnyng [redacted],das verschmidtsDe Haupt:drüx aber poppjulär aus:!)/

(the squire of squares!)

\+ ham & dick)

MOI am Silberbeinchen;(ch hab ein Tendre für [redacted] Birkn-(Obschon worst medley:gray & green;thut wunderseltn [redacted] gut!(Und sofort das eifrigste Blättchnpfispern [redacted] am Ohr:!:das hab ich gar nich anders erwartet.))[redacted] Aber): "Du meinsD 'trinkn'.-Hier: das Letzte -".(Und sah,zur Gesellschaft,Dä(n)dalustich, bäumchenauf(:Wir LebeWesen, die Wir so seltsam sind, fürchtn Uns nur aus Gewohnheit nich[redacted] gebührend voreinander [redacted]):da=obm,im grün=gepunktütn Blau,kam eine weitere Sorte in Sicht: der RiesnWeiße: [redacted]Petznfìsch.[redacted]/(Ist das Haar nicht wie eine Pflanze auf Meinem Kopf ?;(die, wenn 'ICH' tot bin,ruhich=weiter=wuchert:[redacted]Wir solln ja in den Gräbern liegn:mit solchn Bärtn !)./Das duftije Ungeheuer änderte nur ganz gemächlich [redacted] Zaddeltracht: 'begrinzt=protefsch')./SIE,hintern=Mir,zitterte wie S=Pen Laub : ICH,halb sciewn Diddelus,shakerte zurück :!).Und

FRÜHLINKS ERWACHEN

(S kamen grüne Pögelein/ge-[redacted] flohgen hehr vom Hymel

(diddelistich ? wie ...

('ASPIRA' der Roman einer Wolke./'Die Bildung d Wolken und ihre Bewegung...war höchst interessant,und wir sahen sie so nahe,gleichsam ad Schwelle ünserer Thür,daß sie mir in ihrem Kommen und Gehen wie lebende Wesen erschienen';(SCHMARDA

('Ausnahmen dürftn zahlreich sein' -:FREUD weiß nur von Tier=Foppien

sagte dann:"Du weißD, daß S - außer 'cunt' & 'slang' - auch noch den,imgrunde rührend=hülflosn !, Gebildetn=Slang gibt; präziser : immer gegeben hat..."-/ :"Moment -: Du meinst mit 'rührend',daß die Intellecktuelln ebmso verhemmt=kühl,wie begierig=sublimierend seien, ja ?"./(Ja. Und):"Eine,literarisch ausgiebig=belegbare, Springflut dieser Richtung,war, genau zur POE=Zeit, die sogenannte 'regency';die 'Tom=&=Jerry=days'."/-):"HARRIET WILSON;Memoiren einer Edlnutte;"(P nickend. / [redacted] PIERCE EGAN wäre
(Naja ;

(wenn Du'S 'cul=verhemd't' schreibsD, ja)

(so 181o-(2o)-3o;rund [redacted] GEORG IV;

(so wie 'mann' im 18.Saecul 'Verfäglnliches' galant=französisch sagte; wie FREUD von 'Libido in matrem' (an FLIEß) [redacted] spricht;wie jener (läpp'sche!) VANDER=VELDE vom'Eindringen in einen der Venus noch nicht geweihten Tempel' phaselt : er meint,schlicht,'entjungfern' !...

Textbaum [ZT 197]

Die Reaktionen der Bäume auf die Gespräche der Männer haben etwas durchaus Menschliches und erinnern frappierend an Wilma und Franziskas Verhalten. Paul wiederum fühlt sich, trotz der augenscheinlichen Abwesenheit der beiden Frauen, die eben nur eine scheinbare ist, ständig beobachtet und kann sich dieses Gefühl nicht erklären; und seine Erleichterung darüber, sich in Abwesenheit besonders Wilmas schonungslos offen gemeinsam mit seinem Freund Daniel der Textarbeit widmen zu können, verfliegt, als er sich vom Baumstamm, an dem er lehnt, zu lösen versucht: „(P erstaunt.- Er begann, gedankenvoll, Seinen Hintern anzuhebm -, (fluchte leise -): „Irrndwi -: Hards ausgelaufm -:!"" [ZT 206mu]

Die anthropomorphisierten Bäume haben mit ihrem Auftritt Pagenstechers Theorie zu bestätigen, dass die Poesche Flora weniger ästhetische Autonomie besitzt, als dass sie vielmehr die Zensurbestrebungen des Über-Ich bedient, indem sie nackte Frauenkörper maskiert. In ihrer Kombination von Keuschheit einerseits und Attraktivität andererseits[18] verdeutlichen sie den Zusammenhang von scheinbarer Asexualität und nur oberflächlich kaschierter Weiblichkeitsmetaphorik. Noch die Rückkehr der verwandelten Frauen in die fiktionale Wirklichkeit, die sich gewissermaßen Schritt für Schritt vollzieht, vom bloßen Hörbarwerden der Stimmen „aus dem Unterholz" [ZT 206mu], über das Kenntlichwerden der Gesichter, die „aus der Blättergardinerie" [ebd.] lugen, bis zum vollständigen Erscheinen, nachdem sich die beiden der „Buschreihe" [ZT 207mo] entwunden haben, mutet wie die Umkehrung der Metamorphose der keuschen Daphne in einen Lorbeerbaum[19] an – der letzte Ausweg, um den Begehrlichkeiten Apolls zu entkommen,[20] der daraufhin von Daphne ablassen muss, sich selbst und seine Lyra aber mit dem Lorbeer bekränzt, der schließlich auch zum Schmuck der Dichter wird.[21] Natürlich erwähnt Pagenstecher diese Episode aus Ovids *Metamorphosen* auch in weniger impliziter Weise: Zweimal [vgl. ZT 195ru und 205mu] zitiert sie Dän als ein Dokument für die Komplementarität unbedingter Keuschheit und schrankenloser Begierde, und gleichzeitig wird an diesen Passagen deutlich, wie der Mythos weniger der Erhellung der Wirklichkeit in *Zettel's Traum* dient, sondern selbst entlarvt

[18] „P wies auf die Front der Tännchen): „Mann kann ja sagn was man will – aber Wem hier nich ‚Grüne Spitzn=Kleidchen', ja='Röckchen', einphalln, Dem iss nich zu helfn: [...]."" [ZT 198mu]

[19] Vgl. Ovid: *Metamorphosen*, I, 452ff.

[20] Diesen Typus der Fluchtverwandlung, in der immer auch die Qual der Verfolgten wahrnehmbar bleibt, hat Schmidt schon viel früher poetisch fruchtbar gemacht: „*Neue Metamorphosen* (frei nach Ovid, fiel mir in einem Ruinenfeld ein): Ein Windgott, Flöse, verwandelt eine vor Russen fliehende Berlinerin in einen stöhnenden Schornstein. Oder den von Polypen verfolgten Waffenschmuggler in einen Trampdampfer der Reederei Rickmers." (Arno Schmidt: *Schwarze Spiegel*, BA I/1, Zürich 1987, S. 201-260, zit. S. 224.)

[21] Vgl. Lücke: *Antike Mythologie*, S. 225.

wird als die poetische Maske einer – von Pagenstecher unterstellten – außerpoetischen Wahrheit, nämlich psychischer Sachverhalte.[22]

4.1.3. Mykologisches Intermezzo

Die darauf folgende Verwandlungsepisode, in der Daniel und Paul als Pilze und Wilma und Franziska als Sammlerinnen erscheinen, knüpft methodisch und funktional an die Pferdeszene an. Auch hier geht es vor allem anderen um die Entlarvung latenter Wünsche und heimlichen Begehrens, die in ihren jeweiligen Anverwandlungen einer nur scheinbar unverdächtigen Konventionalität erkannt werden müssen. Noch bevor die eigentliche Transformation stattfindet, hat sich Pagenstechers Hypothese über das versteckte, aber nichts desto weniger deutliche Wirken der Etyms schon bestätigt, und diesmal nicht explizit am Fallbeispiel Edgar Allan Poe, sondern gewissermaßen implizit ausgerechnet an den dozierenden Ausführungen der Etym-Skeptikerin Wilma zum Thema Pilze, und dies gerade *weil* sich Wilma jede etym-theoretische Erörterung verbeten hat: „Ansonstn iss jetz ma für ne Weile Schluß mit Etyms“ [ZT 259mm]; und in dieser Haltung lässt sie sich auch von Däns Warnung nicht beirren: „“(Stichle nich auf die Etyms, Wilma : sie sind rachsüchtich ! (Das einzije was Mir antwortete war ein verächtliches Rücken am Schulter=strap des Büstenträgers.)““ [Ebd.] Tatsächlich folgt die von Pagenstecher prognostizierte Rache auf dem Fuß, und sie könnte erfolgreicher nicht sein: Die Art und Weise, wie Wilma über Pilze doziert, bestätigt nicht nur Pagenstechers Etym-Theorie, sondern sie entlarvt natürlich auch Wilmas sittenstrenges Gebaren schlichtweg als Heuchelei und führt ihre Prüderie ad absurdum; auch in Wilmas „Wortmantel“ [ZT 242mm] lassen sich die „Etymlöcher“ [ebd.] nicht verbergen:

> „Zuerst wieder die allgemeinen Regeln – ss nattürch kein besonders schönes Exemplar hier - : ein krummer blaßgrauer Stiel : der Stiel ist ja immer blasser als die Kappe.“ / [...] „– dennoch ‚ein gestielter Hut‘. Nun ist es ein älteres Stück, schmierig & kahl - ? : den von vornherein Klebrijen begegne stets mit Misstrauen ! Auch narbije Einziehungen am Kappenrand sind kein gutes Zeichen : wenn man die Auswahl hat, sollte man zum Genuß nur solche wählen, deren Hut noch hochgewölbt & festfleischig ist, die Hut=Haut unverletzt & seidig=prall : beim prüfendn Anbiß muß der Kopf semmelartig knirsch’n. - : ? -: Etwas excentrisch=gestielt darf er durchaus sein.“ [ZT 259mm]

Diese Bloßstellung findet dann in der eigentlichen Verwandlungsszene[23] ihre Fortsetzung, und sie zielt auf Wilma und – in einem geringeren Maß –

[22] Zur Frage der entlarvenden Wirkung der Mythos-Zitate in *Zettel's Traum* vgl. Bröer: *Die Geburt der 4. Instanz*, S. 21ff.

auf Franziska, ebenso wie auf die beiden Männer. In Duktus und Aufbau an die Pferdeepisode erinnernd, abstoßend rüde und obszön, diffamiert sie Paul und Daniel einmal mehr als alt und impotent und die beiden Frauen, besonders aber Wilma, als unersättlich in ihrer sexuellen Gier [vgl. ZT 262rmf.]. In der Logik des Textes erscheint dies durchaus folgerichtig: Die Pilzepisode demonstriert und veranschaulicht die Hypothesen der Etym-Theorie gewissermaßen am ‚lebendigen Objekt'. Nur dann kann Pagenstecher wirklich Gültigkeit für seine Thesen beanspruchen, wenn der Mechanismus von metamorphotischer Verlarvung und decouvrierender Entschlüsselung nicht nur am Text, sondern in grundsätzlich jeder Äußerung nachweisbar ist. Die Verwandlungsepisoden transponieren im Zuge dessen den deskriptiven Gestus der fiktionalen Wirklichkeitswelt in den narrativen Gestus poetischer Vergegenwärtigung, eine diskursive Transformation, die sich auch an der nächsten Verwandlungsszene, der Wellensittich-Episode, nachvollziehen lässt.

4.1.4. Exotische Vogelwelt

Auch diese Metamorphose beginnt mit einer harmlosen Äußerung, die sich schließlich als Stichwort gebendes Zauberwort entpuppt. Wilma nennt ihre Tochter, nachdem sie sie „mit einer der längstn & kältestn (ja grausamstn !) Lächelungen bedacht [hat]" [ZT 355mu], „fast ‚mütterlich': Du Kükn" [ebd.], und kommentierend heißt es dazu in der rechten Spalte: „(Wenn Fr n ‚Kükn' iss, bißDú ne ‚Henne'. / ‚Woman into Bird' : P1 hat auch plover, quail, pheasant, poultry'" [ZT 355ru] – und Schmidt hat auch noch ‚Wellensittich', ließe sich ergänzen, denn in denselben verwandelt sich Franziska nur wenig später. [Vgl. ZT 356mo] Ähnlich wie in der Pilzepisode legt auch in dieser Szene der Kontext die neue Gestalt fest, denn Wilma wendet sich, nachdem sie ihre Tochter in die Küche geschickt hat, erklärend an Dän:

> „Entschuldije Dän; das verschtéhsDe nich. – Só=ein albertrotzijes Benehm! Geschwätzich und niederträchtich wie ne Älster. Und inn' noch häßlicher als außn : schmutzich & unkeusch : bei Dir verstellt Se Sich doch bloß !...-...'Ch hab Se forgeschickt, weil Ich Dich was fragen wollte – (wozu Wir die Spatznzunge nich gebrauchn könn : ‚Alles zur rechtn Zeit') – [...]." [ZT 355mu]

[23] Ähnlich wie in den beiden vorangegangenen Szenen ist es eine scheinbar bedeutungslose Bemerkung, hier verbunden mit einer unscheinbaren Geste, die den Verwandlungszauber einleitet: „War'S nich, wie wenn Mein Kleiner Finger sich zu einem ubw=Wink an Sie Hebe'n...)". [ZT 262rm]

Franziska wird vor allem deswegen in die Küche geschickt, weil Wilma von Dän erklärt haben möchte, was sie sich eigentlich unter „Carezza“ [ZT 356mo] vorzustellen habe, und gerade als Pagenstecher zu einer Antwort ansetzt, „schwirrt“ ihm ein Wellensittich „mittn ans Herz“: „(Grasgrünes Gefieder: braunes Köpfchen; Schnabel frischrot; das Auge intelligent & strahlend=blau ...?)“. [ZT 356mo] Das Betragen des Vogels lässt in der Folge keine Zweifel darüber aufkommen, dass es Franziskas Wesen ist, das sich unter dem gefiederten Äußeren des „Franciscaner=Sittich[s]“ [ZT 357mm] verbirgt, und in dieser Gestalt nicht nur zum Ohrenzeugen der Pagenstecherschen Erklärungen wird, sondern ganz unverstellt jene Zärtlichkeiten mit ihm auszutauschen imstande ist, die sie sich in ihrer menschlichen Gestalt versagen muss. [Vgl. ZT 356ro und 357ro] Ganz nebenbei finden auch die immerwährenden Zwistigkeiten zwischen Wilma und Franziska ihre Fortsetzung, in dieser Konstellation noch erbitterter und hasserfüllter als mit der menschlichen Franziska als Widerpart und gipfelnd in Wilmas unsentimentalem Ratschlag an Dän, dem Vogel doch den Hals umzudrehen. [Vgl. ZT 356ru] Diese Bemerkung weist im übrigen auch diese Verwandlungsszene als eine Art Vorausdeutung auf kommendes Geschehen aus. Das innige Verhältnis zwischen Pagenstecher und dem Vogel findet ebenso sein abruptes Ende wie das zwischen Dän und Franziska am Ende des Buches. Wilma, die den Wellensittich durch lautes Klatschen vertreibt, ist daran nicht unbeteiligt, aber auch Pagenstechers Verhalten nimmt die letztlich von ihm selbst gewünschte Trennung von Franziska am Ende des Buches vorweg. Wilmas Kommentar zur Vertreibung des Vogels bleibt von Daniel unwidersprochen: „Dú bisD Mir noch ma dankbar, Dän, daß Ich Dich von der Kreatur befreit hab‘.“ [ZT 358mo]

4.2. Aufgehobene Ordnungskonzepte

Ähnlich wie in der Pferdeepisode gesellt sich auch in dieser Verwandlungsszene zur Funktion einer impliziten Vorausdeutung ein illustratives Moment, das hier die veranschaulichende Darstellung der im II. Buch ausgebreiteten Überlegungen zur ‚sexuellen Ornithologie‘ und zur metaphorischen Darstellung von Menschen durch Vögel leistet. [Vgl. ZT 246mm] Wie in allen anderen Verwandlungsepisoden ist dieser funktionale Aspekt aber grotesk verzerrt durch eine zumindest partielle Entrücktheit der Figuren aus ihrer je spezifischen Wirklichkeit, und dies gilt nicht nur für die jeweils Verwandelten, sondern in modifizierter Form auch für die zumindest körperlich Unversehrten. Wie viel weiß Pagenstecher von diesen Verwandlungen, und warum gibt es von ihm – dem selbst ernannten „Ritter vd Viertn Instanz“ [ZT 1076mm] – keine deutlichen und deutbaren Äußerungen zu diesen Vorgängen, sondern bestenfalls verdächtig distanzlose

Kommentare zum abgelaufenen Geschehen? „Noch ganz ponytroponich“[24] [ZT 119lu] fühlt sich Dän nach der Rückkehr aus der Pferdeexistenz in die Wirklichkeitsebene, und mit diesem Gefühl unterscheidet er sich von den Jacobis, die überhaupt keine Erinnerung an die abgelaufene Transformation zu haben scheinen. [Vgl. ZT 206mu] So weiß Wilma über Pauls und Däns Debatten zum Thema Pflanzen als Stellvertreter für Frauenkörper, die während ihrer Baum-Metamorphose stattfanden, zwar Bescheid, doch ist ihre grundsätzlich logische Erklärung im Kontext der Metamorphose nicht plausibel: „“So ganz=ungefeer bin Ich im Bilde;“ (erklärte Sie): „Euer Gebrülle – (zumal Dän's berüchtigte ‚tragende Stimme‘ : daß Dir die nich selber zu laut am Ohr iss!)““ [ZT 206mu]

Das Erwachen aus der Metamorphose ist mit dem Erwachen aus Schlaf oder Bewusstlosigkeit nicht vergleichbar, weil den Figuren jedes Bewusstsein fehlt, ihren Zustand der Wachheit in einer Wirklichkeitswelt überhaupt verlassen zu haben. Obwohl also fiktionale Wirklichkeitsebene und Metamorphosenebene eng aufeinander bezogen sind, und sich die Verwandlungsepisoden in vielfältiger Weise aus den ‚Wirklichkeitsresten‘ speisen, bleiben sie letztlich ohne referentiellen Boden und damit in mehrfacher Hinsicht autonom. Insofern unterscheiden sich diese Episoden auch von diversen ‚Längeren Gedankenspielen‘ [vgl. etwa ZT 268-270 und ZT 455-457], die ja besonders zwischen Daniel und Franziska immer wieder ablaufen. Letztere sind gewissermaßen gemeinsame Inszenierungen und damit bewusst erlebtes, gestaltetes und letztlich auch erinnertes Gedankentheater, in dem die Figuren zu ihrer eigenen Delektion und nach ihren eigenen Vorgaben agieren. Die Verwandlungsszenen hingegen folgen einer ganz anderen Logik, die nicht im Dienst des handelnden Personals steht, sondern nach eigenen Regeln funktioniert, denen auch die Figuren unterworfen sind. Es ist dies eine Logik, die zwar nicht den von ihr regierten Inhalten, aber der durch sie festgeschriebenen Ästhetik nach quer liegt zum rigorosen Ordnungskonzept der Wirklichkeitslogik. Diese spiegelt nämlich den Realitätssinn von Ich und Über-Ich beziehungsweise das wache Bewusstsein und dessen Arbeit an der Wirklichkeit; mit anderen Worten: Das Diskurstheater, in dem Daniel, Franziska, Paul und Wilma die Hauptrollen spielen, steht unter der Regie des Wirklichkeitssinns. Die Ergebnisse der Poe-Analyse werden vor allem an den Parametern einer historischen, sozialen und biographischen Wahrscheinlichkeit gemessen: Kann Poe diesen oder jenen Autor gekannt haben; kann er dieses oder jenes Wissen gehabt

[24] Däns ‚ponytroponiches‘ Gefühl verweist nicht nur auf seinen kurzzeitigen Gestaltwechsel zum (Pony)Hengst, sondern vor allem auch auf griech. πολυτροπος, das homerische Epitheton für Odysseus (zum ersten Mal gleich in der ersten Zeile des Epos), den „vielgewanderten“ (Voß-Übersetzung), den „wendigen“ (Übersetzung von Anton Weiher), den „vielgewandten“ (Wolfgang Schadewald) und „vielgestaltigen“.

haben; kann er diese oder jene Erfahrungen gemacht haben; und schließlich immer wieder aufs Neue: kann eine Beziehung zwischen einem Mann in den Fünfzigern und einer Sechzehnjährigen gelingen? Die Wirklichkeit Pagenstechers und seiner Freunde ist eine Wirklichkeit als *Ent*wurf und *Aus*wurf der Poe-Analyse, und als solche wird sie dem inszenierten ‚Längeren Gedankenspiel', wie es zwischen Dän und Fränzel unzählige Male abläuft und das Glück allein zu zweit insinuiert, zum Korrektiv.

Anders in den Verwandlungsszenen: Wenngleich sie in vielem nur das verdoppeln, was schon auf der Wirklichkeitsebene ver- und gehandelt wurde, ist ihnen ein ungebärdiges Element inhärent, das jenseits aller Wahrscheinlichkeiten und des Wirklichkeitssinns liegt, ja diese schlichtweg transzendiert und eine „kontinuierliche Verflüssigung"[25] der dort getroffenen Festlegungen bewirkt: Es sind die Verwandlungspassagen, in denen Daniel Pagenstecher *zuerst* seiner Rolle als allwissender ‚Herrscher der Wortwelten' enthoben ist; dort ist er plötzlich dem übrigen Personal – egal ob nun gerade verwandelt oder nicht – gleichgestellt. Die hierarchischen Strukturen samt den klar umrissenen und zugestandenen Wissenspotentialen sind nun verschoben, immer neu zusammengesetzt, uneinheitlich und vor allem nicht eindeutig festgelegt. Fiktionale Wirklichkeit und metamorphotische Gegenwelt scheinen trotz ihrer thematischen Homogenität nicht kompatibel, weil sich ihre jeweilige Logik und Ästhetik widersprechen. Die Figuren verwandeln sich zwar äußerlich, doch betrifft die Metamorphose nicht nur ihre Gestalt, sondern eben die Struktur des Textes selbst. All das, was auf der fiktionalen Wirklichkeitsebene des Buches fein säuberlich auseinandergehalten und aufgedröselt wird, erscheint in den Verwandlungsszenen in einem produktiven Ineinander. Das handelnde Personal ist von jener Regentschaft des Über-Ich, die Pagenstecher als den Impetus zu Maskierung und Verwandlung begreift, ebenso befreit wie von den Zwängen einer äußeren Realität und insofern hemmungslos in der Offenbarung seiner Zuneigungen wie seiner Aversionen, und dies nicht zuletzt deshalb, weil auch die rigiden diskursiven Vorgaben außer Kraft gesetzt sind: Wird auf der Realitätsebene noch geschieden zwischen der These als Redegegenstand und ihrer jeweiligen argumentativen Fundierung, fallen in den Verwandlungsszenen These und Veranschaulichung ineins. Im Falle der Verwandlung Franziskas in einen Wellensittich bedeutet dies, dass die im II. Buch von Pagenstecher präsentierte These, dass „Mann & Frau in der Weltliteratour durchaus als Fögel auftreten..." [ZT 246mm], in der Verwandlungsszene als Figurenaktion gegenwärtig und damit unmittelbar anschaulich wird. Etym-theoretische Darlegungen zu literarischen Texten als „blank[e] Stücklein S=Ornithologie" [ZT 249lm],

[25] Siegfried J. Schmidt: *Friederike Mayröcker Metamorphosen Friederike Mayröcker*, in: *Diagonal* 1995, H. 2, S. 91-95, zit. S. 91.

die Überlegungen zur metaphorischen Bedeutung der Vögel in der Weltliteratur [vgl. ZT 246mu] und der diese Thesen illustrierende antike Mythos[26] sind nicht länger geschieden, sondern amalgamieren zu einer Groteske um einen erstaunlich zutraulichen Wellensittich mit menschlichem Habitus und seiner harschen Vertreibung aus dem selbstgewählten neuen Heim.

Trotz dieser diskursiven Gemengelage bewahren die Verwandlungsszenen umgekehrt eine Kontinuität, die sich als „Kontinuität der Wesenheit in der sich wandelnden Form“[27] begreifen lässt. Ähnlich wie im Mythos und im Märchen „die verwandelte Gestalt bei unverändertem Wesen“[28] zur conditio sine qua non der Metamorphosen geworden ist, so sind es auch in *Zettel's Traum* die Verwandlungen, die das wahre Wesen der handelnden Personen nicht verbergen, sondern erst zur Gänze enthüllen,[29] und dies heißt: neben ihren bewussten Wünschen auch das unbewusste Begehren unmittelbar anschaulich machen. Für die vom Gestaltwandel Betroffenen bei Schmidt gilt daher Gleiches wie für jene bei Ovid: „[E]rneuert wird nur der Körper, die Seele bleibt unverändert.“[30] Die ‚Janusköpfigkeit', die Pagenstecher den Etyms bescheinigt [vgl. ZT 27lo], manifestiert sich dergestalt auch in den Metamorphosen selbst: Sie entziehen sich einerseits einer diskursiven Einstimmigkeit ebenso wie einer personalen Einheitlichkeit, doch sind sie andererseits gerade in ihrer halluzinatorischen Entrücktheit von unübertroffener Klarheit und Eindeutigkeit in der Veranschaulichung der Begehrlichkeiten von Daniel, Franziska, Wilma und Paul. Ausgerechnet in verwandelter Gestalt sind die Personen in *Zettel's Traum* also von der Not zur Maskierung und Verlarvung enthoben: es sind die Metamorphosen, die eine „Beweglichkeit und Freiheit der Person“[31] garantieren, die die Existenz im starren und homogenen Alltagskörper nicht hergeben kann.

[26] Dän unterstreicht seine These von den Menschen in Vogelgestalt in der Literatur mit einem weiteren Zitat aus den *Metamorphosen*, in dem Ovid über die Verwandlung der Getreuen Inos, der Königin Thebens, in Vögel durch die rachsüchtige Hera berichtet: „Vögel sind manche geworden, und heute noch streifen die Töchter / Thebens die Wogen der Brandung dort mit den Spitzen der Flügel.“ (Ovid: *Metamorphosen*, IV, 561f. und ZT 246mm.)

[27] Gabriele Brunner-Ugricht: *Die Mensch-Tier-Verwandlung. Eine Motivgeschichte unter besonderer Berücksichtigung des deutschen Märchens des 19. Jahrhunderts*, Bern 1998, S. 29.

[28] Pachale, *Metamorphose als Prinzip*, S. 5.

[29] Anders als im Mythos und Märchen, wo sich in dem zum Wolf verwandelten Lykaon etwa das Wölfische seiner Existenz manifestiert oder dem ‚Kleinen Muck' Eselsohren wachsen, weil er sein Glück wie ein Esel getreten hat, veräußerlicht in *Zettel's Traum* der verwandelte Körper allerdings *nicht* das Innere der Verwandelten im Sinne einer Veranschaulichung einer Eigenschaft oder eines Charakterzuges.

[30] Sabine Weihrauch: *Metamorphosen und Metamorphosenschreiber*, in: *„Keinem bleibt seine Gestalt“*, S. 9-13, zit. S. 10.

[31] Siegfried J. Schmidt: *Metamorphosen*, S. 201.

Dort sind die Figuren wohl in einem physischen Sinn ganz bei sich, doch sind sie gleichzeitig auch festgelegt auf das starr Maskenhafte ihrer Existenz, auf das Versteckte, Verdrängte und unbewusst Begehrte.

4.3. Die düpierte Zensur in der „Bullenkuhle“: Kontinuität und Identität in der Auflösung

Es mag auf den ersten Blick einiges dafür sprechen, dass Schmidt in diesen befremdlich visionären Szenen seinen recht vage gebliebenen Vorstellungen vom Prosamodell „Traum“[32] am nächsten kommt und seinen Beitrag zu den von ihm bewunderten „Traumkunstwerken“[33] leisten wollte, entspricht es doch den gängigen Vorstellungen vom Traumerleben, in einen sonderbar anderen Zustand verwandelt und in eine eigentümlich verwandelte Welt geraten zu sein.[34] Und schließlich kommt hinzu, dass etwa am Beginn der Pilzepisode Dän und Paul in den Schlaf sinken: „(Auch Paul begann settling his account with Morpheus)“ [ZT 262mm], und an deren Ende Paul von Dän geweckt wird und undeutlich einen Traum erinnert: „((‚n Knuff am Platz was?-:!.-:!!-.../(Und Er erwachDe, diszipliniert; das einzije was an Ihm auf=fuhr, waren d Lider: `-´?): „,... von Überziehern-“ (undäutlich zu Mir.) / (Ergänze ‚geträumt‘?-))“ [ZT 264mo].
Einer Mischung von Erinnerungen, Erlebnissen, freien Einfällen, Ungereimtheiten und Improvisationen“[35] scheinen diese Szenen tatsächlich recht

[32] Vgl. Arno Schmidt: *Berechnungen II*, in: BA III/3, S. 275-284, zit. S. 275f.: „Der Unterschied zwischen Traum und Gedankenspiel liegt bekanntlich darin, daß zwar die objektive Realität (eben die »Unterwelt«; oder, wie ich sie im Folgenden nennen werde, die Erlebnisebene I, abgekürzt E I) bei beiden annähernd die gleiche ist; die subjektive Realität (Oberwelt; Erlebnisebene II = E II) beim Traum jedoch in ausschlaggebendem Maße passiv erlitten wird (wir erfahren darin oft unerwünscht=empörendste Rücksichtslosigkeiten, Alpträume, mythisches Grauen); während beim Gedankenspiel das Individuum wesentlich souveräner, aktiv=auswählend, schaltet (natürlich ebenfalls »konstitutionell beschränkt«).“

[33] Vgl. Arno Schmidt: *Traumkunstwerke*, in: BA III/3, S. 198 – 199. In einem anderen ebenfalls 1955 entstandenen Aufsatz zum Thema Traum (vgl. Arno Schmidt: *„Sind Träume Schäume?“*, BA III/3, S. 269-271) denkt Schmidt darüber nach, ob es angesichts der zahlreichen Zeugnisse von „Wahrträumen“ (S.269) überhaupt noch vernünftig sei, von Willensfreiheit zu sprechen. (Vgl. S. 271) Mit der Kenntnisnahme des Unbewussten hat Schmidt die in diesem frühen Aufsatz noch ganz naiv gestellte Frage gewissermaßen neu formuliert und mit der Entwicklung des Etym-Verfahrens und seiner Anwendung gleich auch beantwortet.

[34] Vgl. Wilhelm Richard Berger: *Der träumende Held. Untersuchungen zum Traum in der Literatur*, hg. von Norbert Lennartz, Göttingen 2000, S. 7.

[35] August Strindberg: *Erinnerung. [Vorbemerkung zu Ein Traumspiel]*, aus dem Schwedischen übers. von Emil Schering, in: A. St.: *Werke. Deutsche Gesamtausgabe*, unter Mitwirkung von Emil Schering als Übersetzer vom Dichter

nahe zu kommen, in denen die Personen in befremdlicher Art und Weise zerfließen und sich wieder sammeln[36], Kennzeichen, die alle das Konstruktionsprinzip eines traumartigen Gewebes nahe legen. Doch wie fast immer im Falle von Schmidts poetologischen Ausführungen auch zu anderen „Prosaformen“[37] wie dem „Prozeß des „Sich=Erinnerns““[38], dem „löcherige[n] Dasein“[39] (später dann von Schmidt „Musivische[s] Dasein“[40] genannt) oder dem „Längeren Gedankenspiel“[41] kommen auch hier seine eigenen, zugebener Maßen rudimentär gebliebenen Überlegungen der ästhetischen Komplexität des Textes nicht bei. Auch Gregor Stricks ambitionierter Versuch[42], der „Bullenkuhle“-Passage [vgl. ZT 555-600], dieser längsten Verwandlungsszene in *Zettel's Traum* mit einer Traum-Grammatik Freudscher Prägung zu Leibe zu rücken, die gewissermaßen die Ordnung der Etyms in die Ordnung des Traumes überführt, scheint mir Funktion und Struktur speziell dieser merkwürdig versponnenen Passage nicht klären zu können. Mag Stricks Studie auch verdeutlichen, dass Schmidt mit den Erzählungen des Bandes *Kühe in Halbtrauer* oder eben in besonderer Weise mit der „Bullenkuhle“-Passage Literatur vorlegt, „in der die Strukturen des unbewußten Denkens, wie Freud sie beschrieben hat, als formale Muster konstruktiv integriert sind,“[43] um deren Rekonstruktion sich Strick in seinen Ausführungen bemüht, so bleibt seine semiotische Lesart die Antwort auf die ästhetische Herausforderung gerade der „Bullenkuhle“-Szene schuldig. Natürlich stimmt es, dass „die kausale Logik raumzeitlicher Vorgänge, die Dynamik von Figur, Ort und Handlung, die lineare Bewegung erzählerischer Sukzession“[44] in der „Bullenkuhle“-Passage außer Kraft gesetzt ist, doch bedeutet dies nicht, dass damit die Mimesis der Poesie abgelöst wäre von „Semiosis, Verfolgen von Zeichenveränderungen, die durch die Eigenlogik sprachlicher Prozesse bedingt sind.“[45]

Begreift man die Verwandlungen hingegen als Phänomen sui generis, und das heißt: als ästhetisches Phänomen, dann drängt sich gerade die mi-

selbst veranstaltet, Abteilung: Dramen. Bd 8: Märchenspiele. Ein Traumspiel. 9. Aufl., München und Leipzig 1917, S. 144.

[36] Vgl. ebd.

[37] Arno Schmidt: *Berechnungen I*, in: BA III/3, S. 163-165, zit. S. 164.

[38] Ebd.

[39] Ebd., S. 167f.

[40] Schmidt, Berechnungen II, S. 275.

[41] Ebd., S. 275ff.

[42] Vgl. Gregor Strick: *Strukturen des Traumes in Zettel's Traum. Freuds Traumdeutung in Schmidts Prosapraxis, gezeigt an ZT 555-600 („Bullenkuhle"-Passage)*, in: *Zettelkasten* 12 (1993), S. 187-228.

[43] Ebd., S. 188.

[44] Vgl. ebd., S. 193.

[45] Ebd., S. 194.

metische Dimension dieser Szene in den Vordergrund. So wie „der Traum als Form betrachtet Ausdrucksakt ist, der seine Bedeutung in sich selber hat“,[46] ist auch im Falle der „Bullenkuhle“-Passage die konstruierte Formlosigkeit des Diskurses und die Auflösung einer einsinnigen diskursiven Ordnung als bedeutungsstiftend zu verstehen. Die anarchische Mehrsinnigkeit der Verwandlungsszene steht in Kontrast zur analytischen Strenge der prosaischen Passagen, und schon im Vorfeld der eigentlichen Verwandlungen ist alles auf die Aufhebung der Zensurschranken angelegt: Dän und Paul haben die Damen in den Liegestühlen vor „Dän's Cottage“ zurückgelassen und frönen jetzt allein der Forscherleidenschaft, die sie an den nahe gelegenen Badeteich führt, der bevölkert ist von leicht bekleideten Badegästen und insofern prädestiniert, die Studien zu einem pathologischen Fall von Voyeurismus gewissermaßen am lebendigen Anschauungsobjekt fortzusetzen. Als Daniel und Paul dann auch noch die Bekanntschaft einer recht merkwürdigen Gesellschaft rund um einen geheimnisvollen „Gelben“[47] machen [vgl. ZT 547mm], der die beiden Freunde auffordert, von einem unbekannten Getränk zu probieren, dem Paul dann wenig später noch einmal kräftig zuspricht mit dem Hinweis, dass Dän als „Sonntags-Kind becunntlich ohnehin nüchtern Geister=sehen“ könne [ZT 555mo], scheinen alle Voraussetzungen gegeben für eine halluzinatorische Belebung und eine sinnliche Steigerung einer nüchternen Forschertätigkeit. Tatsächlich verschwindet Paul wenig später[48] – er gibt vor, sich „[b]loß ma den altn Äpplkahn ankuckn“ [ZT 555mm] zu wollen –, und dies ist der Auftakt für die folgende Verwandlung, in deren Verlauf sich der Teich samt seinen Badegästen zu einem Hafenbecken voll ankernder Schiffe und seemännischem Publikum verwandelt. Paul taucht als „alter SehBär“ [ZT 555ru] wieder auf, die Abenteuer des Arthur Gordon Pym wie ein Logbuch studierend, und Pagenstecher im „Matrosnanzug aus Dreadnought, den Kieker keck=um“ [ZT 555ru] – vom „old salt=water Paul Pry“ [ZT 556rm] nach seiner Profession gefragt – stellt sich als „NUDIAN GEOGRIFFER“ [ZT 556rm] vor. Später gesellt sich auch die verwandelte Wilma zu den beiden. Sie erscheint als sexuell freizügige Orakeldame[49] und etym-sichere

[46] Elisabeth Lenk: *Die unbewußte Gesellschaft. Über die mimetische Grundstruktur in der Literatur und im Traum*, München 1983, S. 13.

[47] Zur Begegnung mit einer rätselhaften Gesellschaft an der „Bullenkuhle“ und ihren Folgen vgl. Jan-Frederik Bandel: *Donners Tage. Zum Geisterpersonal eines wahrlich seltsam angezettelten Märchenbuches*, in: *„Des Dichters Aug'“*, S. 150-168.

[48] Wir kennen das von anderen Verwandlungsszenen wie der Baum-, der Pilz- oder der Wellensittichepisode, wo die physische oder psychische Absenz der Impetus für die jeweilige Metamorphose ist.

[49] Natürlich liegt die Assoziation zu Apolls Pythia in Delphi nahe, wenngleich Wilmas Orakelspruch – anders als es den Gewohnheiten der mythischen Apollpriesterin entspricht – für Pagenstecher wenig Deutungsspielraum offen lässt: „NEVERMORE“. [ZT 560ru]

Poe-Kennerin und wird von Pagenstecher als Unparteiische angerufen, um im Streit zwischen ihm und Paul um die eigentliche Bedeutung des *Arthur Gordon Pym* zu vermitteln. In diesem Punkt liegt auch der ästhetische und strukturelle Unterschied zu den vorangegangenen Verwandlungsszenen begründet. Denn trotz der auch in dieser Szene expliziten Veranschaulichung von Pauls ungezügelten Appetit auf üppige Formen und der ebenso offenherzigen Darstellung der die sexuelle Potenz der beiden Kontrahenten taxierenden Orakeldame, trotz der ebenso persiflierend wie assoziativ eingesetzten Verwendung des Mythos bleibt in diesem Fall irritierend, dass Poe und sein unvollendeter Roman zunächst einmal auch in *expliziter* Weise Gegenstand der Unterhaltung bleiben. Anders als in den vorangegangenen Szenen wird in der Hafen-Szenerie wohl das Personal verwandelt, die Redesituation aber ist von dieser Metamorphose *jedenfalls zu Beginn* nicht betroffen. Sie bleibt anfangs auch in längeren Passagen ganz der prosaischen Vergegenständlichung eines Falles von ‚Dichterpriestertum‘ und „DP=Textflickung“ [ZT 564rm] verpflichtet, und dies in einer Ausführlichkeit, die das Moment der metamorphotischen Irrationalität in genau jenen analytischen Textteilen vergessen macht [vgl. etwa ZT 565f. oder ZT 570ff.], denn selbst die äußeren Kennzeichen der Verwandlung geraten in den analysierenden Passagen aus dem Blick. Die erste längere Poe-Analyse in verwandelter Gestalt wird erst durch je einen Schluck von dem geheimnisvollen Gesöff [ZT 573mu] unterbrochen und unmittelbar im Anschluss daran durch das Auftauchen einer Gruppe von Piratinnen [ZT 574ro], unter ihnen Franziskas nun Gestalt gewordene Freundin Christa als „Miss Admiral“, die bald zur Wortführerin unter den Versammelten wird, und auch die verwandelte Franziska wird gesichtet, natürlich vom verwandelten Daniel Pagenstecher, der unter all den „‘Mädchen=Schiffen‘“ [ZT 574rm] „die elfmbeinbraune Baby=Jolle hier, (verankert an einer dickn=nacktn Boje, (wie’n auftauchnder Frau’nPOPO !))“ [ebd.] entdeckt und als „die Hübschte“ [ebd.] auserwählt.

Trotz des Umstandes, dass sich die Akteure in der „Bullenkuhle“-Passage nicht der weitschweifigen Poe-Analyse enthalten, ist aber gerade dort mit der Engführung von Textdeutung und -konstruktion und deren Veranschaulichung in einem märchenhaften supranaturalen Raum „die prinzipielle Trennbarkeit der analytischen und der konstruktiven Texte in ZT“[50] – wie dies Reinhart Herzog in seiner instruktiven Studie zur Verarbeitung der Antike in Schmidts Werk konstatiert – bald schon nicht mehr möglich. Was in *Zettel’s Traum* über weite Strecken nach Pagenstechers strengen und kaum verborgen gehaltenen Inszenierungsvorschriften abläuft – das Hin und Her von Poe-Analyse und ihrer szenischen Veranschaulichung sowohl auf fiktionaler Wirklichkeitsebene als auch im Phantastisch-Imaginären

[50] Herzog: *Glaucus adest*, [S. 22].

einer verwandelten Welt und der Illustration der „Bildungsprinzipien“ am jeweiligen Stück Weltliteratur –, läuft in der „Bullenkuhle“-Passage stetig aufeinander zu und erzeugt jenes Element einer visionären Formlosigkeit, das besonders dieser Episode ihre spezifische Ästhetik einschreibt: Sie ist Mimesis des von Pagenstecher diagnostizierten Produktionsmechanismus von Literatur und damit Mimesis des Stimmengewirrs im Instanzenwettstreit von Unbewusstem und Über-Ich, die Dän – analog zum vorästhetischen Sinn der Traumdeutung – für die Entstehung eines literarischen Textes verantwortlich macht:

> [...]; das UBW con'mann'deared: Find Ø schön!.- Das ÜI entgegnet steiff=darauf: ‚schön?‘: iss der Dräsdner Zwing'r ! Und das arme=ICH steht, eye'nge'clam't, in der Mitte. Ich will gar nich, überflüssIch=redTorisch, fragn, ‚was nun wohl zu geschen habm=werde?‘ – die Antwort, Ich=aus, lautet: ä Con'pro'mies=halt!- Folglich ‚Bildungen‘, die sowohl den (oberStudienRätlichn) Anforderungn des ÜI entsprechen; als=auch den $\mathrm{gr}^{a}/_{ö}$bblichn=$\mathrm{r}^{ed}/_{öt}$lichn UBW=RüllpZungn gerecht werdn. [ZT 922ro+mo]

Soll die Mimesis eines solchen Prozesses überzeugend sein, dann muss der Text hier jene formale Souveränität und Solidität aufgeben, die der Autor – in jedem Fall aber der „Dichter=Priester“ – eben nicht hat, und für die Pagenstecher als Herrscher im Reich der Wortwelten sorgt, freilich um den Preis einer Rückübersetzung der spezifisch poetischen Form ins Prosaische der analytischen Zergliederung. Allein die Metamorphosenszenen leisten den umgekehrten Prozess: Sie verwandeln zwar nicht die Texte Poes zurück in die ästhetische Autonomie der Poesie, aber sie sind *Mimesis* dessen, was die Etym-Theorie nur deskriptiv zu vergegenständlichen vermag, und transponieren *Zettel's Traum* damit in den Gestus vergegenwärtigender Narration.[51] Gleichzeitig macht diese Transposition mimetisch anschaulich, wie Pagenstechers Theorie der „4. Instanz“ [vgl. ZT 912mmff.] als literarischer Gegenentwurf zum unbewusst erlittenen „schöpferischen Anfall“ [ZT 119lu] der „Dichter=Priester“ ästhetisch wirklich werden soll: Die Metamorphose der prosaischen Deskription in poetische Narration überwindet den bewusstlos widerfahrenen Kampf von Über-Ich und Unbewusstem zugunsten eines bewusst komponierten, „hell=zersprungen klirrende[n] Gelechta[s] der 4.Instanz“. [ZT 916mo]

[51] Bernd Rauschenbach hat für Schmidts *Seelandschaft mit Pocahontas* überzeugend nachgewiesen, wie diese Erzählung „die von den Mythen und Religionen gewußte und von der Psychoanalyse beschriebene untrennbare Verflechtung von Liebe und Tod, von Libido und Thanatos“ nicht einfach nur illustriert, sondern sie „in ihrem eigenen Geflecht aus offen erzählter Liebesgeschichte und […] assoziierter Gewalt/Tod-Thematik“ mimetisch vergegenwärtigt. Vgl. Bernd Rauschenbach: *...a very mad affair... Liebe und Tod am Dümmer See*, in: *Teiche zwischen Nord- und Südmeer* (Hefte zur Forschung 2), Bargfeld 1994, S. 55-74, zit. S. 71.

Diese Poetisierung ist die Folge der Auflösung von Kontinuität und Identität, ein Prozess, der die Figuren ebenso betrifft wie die Diskurse, und dies wird nicht zuletzt am Umgang mit dem Mythos deutlich, der auch hier als Mythos-Zitat auf etwas verweist, „das hinter den Erscheinungsweisen der erfahrbaren Welt liegt“,[52] auf einen Bereich der subjektiven Innenwelt also, den die Figuren wohl sinnlich erfahren und noch erleben werden, den sie aber nicht deskriptiv erörtern. Anders als in den vorangegangenen Episoden verwandeln sich die Figuren in der „Bullenkuhle“-Passage in persiflierender, aber deutlich erkennbarer Form in mythische Gestalten, hinter denen natürlich das fiktionale Personal kenntlich bleibt. Der „mythische Überschuß“[53] jedoch erweist sich als Vorausdeutung auf das Schicksal der Figuren: Die Metamorphose der Beteiligten in das Personal des Glaukos-Mythos initialisiert einmal mehr ein Schluck aus der sattsam bekannten, geheimnisvollen Flasche[54] und ein von der Orakeldame Wilma gemurmeltes „mutabor“[55] [ZT 577rm]. Daraufhin wechselt die Hafenszenerie in eine Meergöttergesellschaft, in der Dän die Rolle des Glaukos übernimmt, Franziska zu Skylla verwandelt wird, Paul zu Nereus und Wilma zu dessen Meergötterfrau werden – auch in der Verwandlung in ihrer Elternrolle verharrend. [Vgl. ZT 577ru] Trotz dieser grundsätzlich offensichtlichen Identifizierungen wird „das Potential der mythischen Geschichte [...] nur gestreift“[56], bleibt gewissermaßen schablonenhaft im Hintergrund, ohne in einem strengen Sinn zur narrativen Vorlage zu werden. So schreibt das Mythos-Zitat zwar die Geschichte der unerfüllten Liebe zwischen Daniel und Franziska fort, doch ist es im Mythos Skylla, die die beständigen Werbungen des Meergottes Glaukos so lange zurückweist, bis sie von der eifersüchtigen Kirke, die ihrerseits unerwidert Glaukos liebt, in das menschenfressende Meeresungeheuer verwandelt wird.[57] Allerdings fügen sich die mythologischen Attribute der mythischen Göttergestalten wunderbar persiflierend in den stimmenreichen Abgesang auf ein nicht gelebtes Leben: Glaukos ebenso wie Nereus, vom verwandelten Dän als „Meergreis“ [ZT 577rm] bezeichnet, sind im Mythos mit dem Beinamen „the old

[52] Merkel: *Erzählen, Spielen, Phantasieren*, S. 322.

[53] Herzog: *Glaucus adest*, [S. 22].

[54] Claude Riehl ist überzeugt, dass es sich bei dem Getränk, das Paul und Dän zu sich nehmen, um den Dichtermet aus der germanischen Mythologie handelt, der jeden, der davon trinkt, zum Dichter verwandelt. Vgl. Claude Riehl: *„He drew in SILENCE. & put himself upon his defence :!-/“*, in: *„Des Dichters Aug‘“*, S. 97-110, zit. S. 107.

[55] Zur Bedeutung des Zauberwortes „mutabor“ vgl. Rudi Schweikert: *Aus Arno Schmidts Bildergalerie: Schaukelmotiv und ‚Pygmalionismus‘. Kreuz- und Querzüge durch Zettel's Traum*, in: *„Des Dichters Aug‘“*, S. 119-149, zit. S. 128ff.

[56] Herzog: *Glaucus adest*, [S. 23].

[57] Vgl. *Der kleine Pauly. Lexikon der Antike in fünf Bänden*, hg. von Konrat Ziegler, Walther Sontheimer und Hans Gärtner, Bd. 5, München 1979, Sp. 238f.

man of the sea"[58] ausgestattet und gelten immer schon als Greise,[59] entsprechen damit also der Selbsteinschätzung Pauls und besonders der Pagenstechers. Anders aber als es in der profanen Wirklichkeit etwa Paul ergeht, vermag im Mythos selbst das greisenhafte Alter Nereus nicht an einem erfüllten Liebesleben zu hindern.[60] Sowohl Glaukos als auch Nereus kennt der Mythos als orakelsprechend, und beiden bekundet er die Fähigkeit zur Verwandlung – Eigenschaften, die ganz offensichtlich in einem engen Funktionszusammenhang stehen: Um von den Meergöttern die Zukunft prophezeit zu bekommen, ist es notwendig, sie so lange festzuhalten, bis sie sich nach zahlreichen Verwandlungen, mit denen sie sich dem menschlichen Zugriff zu entziehen versuchen, in ihrer wahren Gestalt zeigen.[61] Die prophetische Kunst scheint also ein mühsames Geschäft zu sein, und auch Glaukos wünscht sich, von allen Wahrheitssuchenden unbehelligt zu bleiben: „- hoffntlich kommt heut ma Keener mehr wegn ner Profezeihung; andauernd dies ewije Weissagn!..." [ZT 577ruf.]

Eine weitere Figur der griechischen Mythologie taucht auf als das Resultat einer Verwandlung, und mit ihr verstärkt sich – wiederum persiflierend – die Aura der Vergeblichkeit und des Lebensüberdrusses, die in der Figur des melancholischen Glaukos angelegt ist, durchaus aber auch von Nereus mitgetragen wird: „die Unsterblichkeit hängt Ei'm ganz schön zum Halse raus!-" [ZT 578ro] Es ist Charon, der unschwer als die Metamorphose eines anderen Boten aus dem Jenseits kenntlich ist, nämlich jenes mit grüner Lederjacke und brauner Cordhose ausgestatteten Wiedergängers des einst am Schauerfeld erschlagenen unliebsamen Dichters – so erzählt es jedenfalls der Mythos in *Zettel's Traum*. Auf Charon jedenfalls, der „die ihm von Hermes Psychopompos zugeführten Toten über die Unterweltströme an das Tor des Hades bringt",[62] sind die Meergötterkollegen wenig gut zu sprechen:

> /auch das ältliche Paar nébm=Mir, (‚fette Würde & verschlag'ne Kreuzlahmheit') moquirte sich über den klein'Angeber;/ sicher: war doch bloß ÖTV !; mittSammet seiner Grün'n Ledajakke & glitschijen Schtange. Der modrije Trottl merkte, daß er beobachtet wurde; & tat sofort mehr, als müßt'er noch mit=redn wie'n leBändijer!) [ZT 577rm]

[58] Vgl. P.M.C. Forbes Irving: *Metamorphosis in Greek Myths*, Oxford 1990, S. 174ff.
[59] Vgl. *Der kleine Pauly*, Bd. 2, Sp. 810.
[60] Nereus zeugt mit der Nymphe Doris die fünfzig Nereiden, die zu den Begleiterinnen der Meeresgöttin Thetis werden. Vgl. Ranke-Graves: *Griechische Mythologie*, S. 112. Diese Nymphen bevölkern im übrigen auch Schmidts Meergöttermenagerie. [Vgl. ZT 577mm]
[61] Vgl. Forbes Irving: *Metamorphosis*, S. 174f.
[62] *Der kleine Pauly*, Bd. 1, Sp. 1138.

Wenig später gesellt er sich noch einmal zur Runde, ausgerechnet als die Versammelten das Thema „‘jung gestorbm‘“ [ZT 582ru] bei Edgar Allan Poe erörtern, und er hat das Seine dazu beizutragen: „(:„Jung gesterbt hat nie gereut!-“; brüllte Charon herüber: er stakte, prüfnd, mit sei’ner altn Gondl in’n Lagûn’n rum...))“. [ZT 582mu] Zeit für derart launige Kommentare und Reparaturarbeiten am eigenen Nachen hat Charon, weil er sich für die „Kundschaft aus Viet=nam“ [ZT 582ru] aus konfessionellen Gründen nicht zuständig fühlt: „“Das Heidnvolk geht mich nyx an-“ (erwidrigte er, verdrossn): „wenn nicht ab & zu n Greiser Professor abschrammt; oder n Student der Archäologie...: [...].““ [ZT 582ru] Mit der mehr oder weniger expliziten Thematisierung des Todes[63] und seiner gleichzeitigen bitter-ironischen Verlachung fügen sich auch die Szenen um Charon in ein Bild, das die vorausdeutende Funktion der Verwandlungsszenen in den Vordergrund spielt. In diesem Fall prophezeien die mit der Gabe der Wahrsagekunst ausgestatteten Meergötter ihr eigenes, insbesondere Daniels und Franziskas Schicksal – freilich nicht in Form eines Orakelspruchs, sondern als Ergebnis des unablässigen Dialog- und Redeflusses der agierenden Figuren. In ihm verdichten sich die Befunde der Poe-Analyse und die Befindlichkeiten des hinter den Metamorphosen verborgenen Personals zu einer unauflösbaren Einheit von der Vergegenständlichung einer Theorie und ihrer unmittelbaren Veranschaulichung.

Zur neuen Wortführerin – allwissend um die Verhältnisse der Versammelten wie als Poe-Interpretin und intime Kennerin der Etyms[64] – wird schließlich die in die Sirene Ligea[65] verwandelte Christa Junge, die Busenfreundin Franziskas, ihren Angaben zufolge in geradezu beängstigender Weise in sexuellen Belangen erfahren und unbestechlich in ihrem Urteil

[63] Dän selbst reflektiert im inneren Monolog unzählige Male seinen angegriffenen Gesundheitszustand, deutet dies auch Franziska gegenüber des öfteren an und teilt ihr nach seinem Ohnmachtsanfall [vgl. ZT 751muf.] mit: „Ich bin praktisch=tot, weißDu? (:aber es soll noch so 1=2 Jahre Geheimnis bleibm : bewahr’s bitte etwas).“ [ZT 752mm]

[64] „“Absurd & indecent. GlaubSDu etwa auch an Etyms?“; (die Dicke)./-: „Ich glaube nicht daran : Ich àrbeite damit!-“; (erwiderte die Hohe Herrin erstaunt): „Sowohl um meine liebm Gescheitertn zu verstehen; als auch, um Mich ihnen – (& zwar auf die zücht=x=te Weise!) - tröstnd zu widmen... (?)-: nu, wenn so ein ganz=schüchterner Erschöpfter, (& grad die feinstn Intellecktuell’n sind=so: große geistije Con=Zentration ist immer von wahren Libido=SturmFlutn begleitet !); ja wenn Der dann so an mei’m Riff lehnt, verschemt, verlegn wie ’n Jüngling – (‘sss ja mannchMa zû=süß!) – und Mir’S dann anvertraut: er seye Allt=Philologe; und ‘the fullest account of the Amazons is to be found in Diodorous Siculus‘ – und schon wieder schämich den Mund schließt... ja dann erfordert doch aber die Menschlichkeit – (was sag’Ich ‚Menschlichkeit‘: Mein Beruf erfordert’S schlicht!) – den Mann auf der Ställe & umfassnd zu verstehen.-““ [ZT 581rm]

[65] Vgl. Benjamin Hederich: *Gründliches mythologisches Lexikon*, [Nachdruck der Ausgabe Leipzig, Gleditsch, 1770] Darmstadt 1996, Sp.1468.

über Männer. Die Gestalt der Sirene passt in den Kontext von Tod und sexueller Begierde: Allwissenheit und die betörende Anziehungskraft ihres Gesanges sind die Attribute, die der Mythos diesen rätselhaften Gestalten zwischen menschlicher und Vogelexistenz zuschreibt, sie gelten als Todesdämonen, „gierig nach Blut und Liebesgenuß“[66], mit Hades und Persephone, den Herrschern der Unterwelt, in enger Verbindung stehend. Als „dürre Hohe Herrin“ [ZT 579ro] leitet die verwandelte Christa in der Folge die Poe-Analyse, und wie sich bald herausstellt, etabliert sie sich nicht zufällig als Wortführerin: Sie ist nicht nur Sirene, sondern auch die aus dem einen Werk herausgetretene und ins andere Werk hinübergewechselte Frauengestalt Ligeia, eine Schlüsselfigur im Werk Poes, wie ihre Analyse der eigenen poetischen Existenz veranschaulicht. [Vgl. ZT 583ru] Ihr Auftreten verdeutlicht die ins Poetische gesteigerte Ästhetik, die in den Verwandlungsszenen der rigiden Ordnung der fiktionalen Wirklichkeit kontrastiert: Das strenge Rollenspiel des fiktionalen Personals untereinander ist ebenso aufgehoben wie die grundsätzliche Trennung in die Ebene der fiktionalen Wirklichkeit, die Ebene der Poe-Welten und einer imaginierten Phantasiewelt. In der Verwandlungsgroteske tönen vielmehr die Diskurse in einem dissonanten Sound, dessen basso continuo als die beständige mehrstimmige Revolte gegen eine konturierte und einsinnige Festlegung von Identitäten und Realitätskategorien wahrnehmbar wird. „Der Wunsch, vieles zu sein, die Lust an Partizipation und seliger Verwandlung“,[67] von Elisabeth Lenk als die Wesensmerkmale des Phänomens Traum wie der Poesie gleichermaßen begriffen, prägen auch die Struktur der Metamorphosen rund um die „Bullenkuhle“.

Natürlich rückt bei all dem die Poe-Analyse nicht völlig aus dem Blick; sie bleibt quasi als Projektionsfläche präsent, auf die jener ästhetisch differente Diskurs geworfen ist, der versucht ineins zu führen, was die Paten von *Zettel's Traum* – in dieser Szene der Meergöttin Wilmas Einschätzung nach – separat und ohne das jeweils andere zu leisten imstande waren: „Unser Jahrhundert hat 2 Geister hervorgebracht : 1 analytischn: FREUD; 1 sündthéthischn, JOYCE;“ [ZT 585ro]. Die Verwandlungsszenen – und besonders das Metamorphosenspektakel im IV. Buch – legen es merklich darauf an, die Synthese beider Geister zu vollziehen, und ihre Personifizierung ist die zunächst nur in Franziskas Berichten existente, ab Seite 573 dann aber in wechselnder, nicht festlegbarer Gestalt auch materiell anwesende Christa/Ligea/Ligeia: als mythologisches Wesen, versehen mit den Insignien des Todes und des sexuellen Begehrens, vereint sie die Vorausdeutung auf das Schicksal der Beteiligten mit der Offenbarung ihrer geheimen Wünsche; als Double der poetischen Ligeia ist sie gleichzeitig die

[66] *Der kleine Pauly*, Bd. 5, Sp. 79.
[67] Lenk, *Die unbewußte Gesellschaft*, S. 18.

unmittelbare Veranschaulichung der eigenen analytischen Ergebnisse. Sowenig dieses Wesen festlegbar ist auf eine wahrhaftige Gestalt und immer alles zugleich ist: Franziskas erfahrene Freundin, allwissende Sirene und Gestalt aus der fiktionalen Welt Poes, sowenig lässt sich *Zettel's Traum* in diesen Passagen auf einen homogenen oder auch nur einsinnigen Gestus festlegen. Wie das Personal wechselt auch der Text seine Gestalt, und dies so, dass er stets dem einen Diskurs verpflichtet ist, ohne den anderen aufzugeben: Poe-Analyse, ihre unmittelbare Vergegenwärtigung, die decouvrierende Darstellung latenter Wünsche, die mythologisch gebrochene Vorausdeutung des Figurenschicksals werden als die komplementären Teile eines synthetischen Ganzen zur Mimesis des Werdens von Literatur, die in ästhetischer Opposition steht zum analytisch zergliedernden Gestus der *prosaischen* Seite von *Zettel's Traum*. Der antike Mythos, der jedenfalls in der „Bullenkuhle"-Passage „Darstellungsrahmen" und „inhaltliches Identifikationsobjekt"[68] zugleich ist, fungiert gleichsam als Katalysator dieser Synthese: Es ist seine Struktur der poetischen Vergegenwärtigung einer außerpoetischen Wirklichkeit, die ihn zur Folie für die ästhetischen Metamorphosen in *Zettel's Traum* werden lässt.

4.4. Metamorphosen: Entlarvungen im Umkehrverfahren

Die „Bullenkuhle"-Szenerie wechselt schließlich noch einmal ihr Setting, denn nach einem kräftigen Schluck vom „PROTEUS REDIVIVUS; (von 1675!))" [ZT 589ro] – angeboten von der spendabeln Ligeia – finden sich Paul und Dän alias Nereus und Glaukos als Muschelforscher im „süßn Schlick" [ZT 589ro] wieder und besehen sich „lustmolchich=leuchtaugich den köstlichn Ebbeschleim: [...]." [ZT 589rm] Alles in allem nimmt die Muschelforscherszene Gestus und Thema der Pilzszene wieder auf: Konzentrieren sich dort die Sammlerinnen Franziska und Wilma auf die Pilze als Penisstellvertreter, so richtet sich das Interesse der Muschelforscher jetzt auf die Muscheln als Äquivalente des weiblichen Geschlechtsorgans. In beiden Szenen wird hinter den pseudowissenschaftlichen Erörterungen mykologischer und konchologischer Fragestellungen das unverblümte und in radikaler Weise reduzierte Interesse am jeweils anderen Geschlecht(sorgan) sichtbar [vgl. ZT 591ff.], und sowohl Pilze als auch Muscheln sind letztendlich als die Metamorphosen von Daniel, Paul, Wilma und Franziska identifizierbar: So freut sich etwa Paul alias „Doctor (Baden) POWELL" [ZT 589mm] über den Fund der besonders seltenen Muschel „THE PEARL OF GREAT PRICE" [ZT 593ru], hinter der unschwer Wilma auszumachen ist, und auch Pagenstecher als der „Pagane

[68] Herzog, *Glaucus adest*, [S. 8].

Ste(sie)cheros“ [ZT 589mm] findet Franziska in der lange gesuchten „Spiel= oder Francisc'anerMuschl“. [ZT 595rm] Im Gegensatz zur Pilzszene steht die Muschelszene allerdings in engerem Bezug zur Poe-Analyse [vgl. ZT 594ru]; sie ist vor allem auch die poetische Veranschaulichung der Thesen zu Poes Beschäftigung mit Muschelkunde, die Pagenstecher schon vorher, wenngleich mit der gebotenen Vorsicht vor allem Wilma gegenüber, zumindest in Andeutungen präsentiert hat. [Vgl. ZT 228mm und ZT 510mm] Der Muschelforscher jedenfalls erlaubt sich dann das, was sich Dän die ganze Zeit über trotz des dringenden Wunsches verbietet. Er liebkost die Muschel, so dass sich selbst sein Kollege Powell eines Kommentars nicht enthalten kann: „‘DEMENTIA PRINCOX. Im leckSDänn Stadium: Freund, was soll das 21. Jahrhundert von Ihn'n denkn?‘“ [ZT 595ru] Selbst unter der schützenden Maske der verwandelten Identität darf – ganz im Sinne einer Wirklichkeitsvorausdeutung – das aufs Äußerste Begehrte nicht zur Erfüllung kommen, denn die Muschelforscher wechseln noch einmal recht unvermittelt ihre Gestalt und werden zu „Doctor Juckobi“ [ZT 595ru] und seinem Gehilfen „Watson“ [ZT 597ro], die jenen an der „Bullenkuhle“ Erste Hilfe leisten, die sich in der Hitze der vergangenen Stunden allzu sehr verausgabt haben und der Liebe zum Opfer gefallen sind. [Vgl. ZT 596ro]

Die letzten beiden Verwandlungen haben allen Beteiligten ihre menschliche Gestalt zurückgegeben, und damit ist der Wechsel zurück in die fiktionale Wirklichkeit eingeleitet. Der Übergang vollzieht sich fließend, denn die Verrichtungen und Beobachtungen des Arztes und seines Gehilfen führen thematisch und intentional dorthin zurück, wo Paul und Dän vom ersten Metamorphosenzauber der „Bullenkuhle“-Szene überrascht wurden: Paul absentiert sich – wir erinnern uns – ins Gebüsch, angeblich um „den altn Äpplkahn“ anzuschauen; die eigentlichen Absichten Pauls (und natürlich auch Pagenstechers) entlarven dann freilich der letzte Satz der Verwandlungs- und der erste der Wirklichkeitsebene: „“-Komm The, Watson; Hahn in Ruh‘: lassn Se das Stückl Schoschanna im Bade liegn...“ - /? – (Rief da nich schon ein Jüngling was=wie; ‚Seht ma die altn Bökke!‘/): „Komm Paul; - : durchs Laubwe(r)g; the fleeing Ditchmen.““ [ZT 597ro+mo]

Dän und Paul tauchen am Ende also wieder auf aus einem Spektakel der wechselnden Körper und Identitäten, in dem es ihnen ähnlich wie den diffamierten „Dichter=Priestern“ während ihrer ‚schöpferischen Anfälle‘ ergangen ist: die von Pagenstecher eingemahnte analytische Distanz zum Dargestellten war dahin, sie selbst aber hatten sich verwandelt in Mimen der eigenen Theorie. Damit aber werden die Metamorphosen der Entlarvungsstrategie Pagenstechers zum Korrektiv. Natürlich tragen auch sie – wie gezeigt – dazu bei, das ‚wahre Gesicht‘ der handelnden Personen zu verdeutlichen, doch vollzieht sich diese Profilierung in den Verwandlungsszenen in einem dem prosaischen Entlarvungsdiskurs gegenläufigen Prozess. In letzterem wird das Unbewusste als geheime und im Verborgenen agierende Kraft aus der produktiven Dunkelheit einer unterstellten Irrationalität und mythischen Verschwommenheit an das Licht einer analytischen Bewusstheit gezerrt, die die Uneigentlichkeit der Poesie als ungewusste und/oder verstellte Artikulation der seelischen Innenwelt missversteht. Anders in Metamorphosenszenen, obwohl auch sie ein Gestaltungsprinzip etablieren, dass das Unbewusste freilegt; doch geschieht dies nicht, um es zergliedernd einem Entlarvungsprozess anheim zu stellen, sondern um es als Teil jener inneren Gestimmtheit anschaulich zu machen, die in den Verwandlungen erzählend nach außen gekehrt wird und als solcher autonomer und genuin poetischer Ausdruck bleibt.

Die Gestaltwechsel in und rund um die „Bullenkuhle“ sind nicht die letzten Verwandlungen, die sich in *Zettel's Traum* ereignen. Genau genommen nehmen die Metamorphosen hier erst ihren Ausgang, wenngleich sie sich auch in der Folge immer weniger als Verwandlungen des Körpers bemerkbar machen, sondern – grundlegender – als Transformationen ontologischer Kategorien: „(:‘Ich werde dem Stoffe=gleich, in dem Ich arbeite‘, (Herr MILLEANGELO))“ [ZT 1030ru], bekennt Pagenstecher am Ende, und dies ist als Befund eindeutig: Poesie und Wirklichkeit fallen aufeinander zu, und in der Folge möchte ich zeigen, was als die Synthese einer derartigen wechselseitigen Anverwandlung entstehen kann. Die „Bullenkuhle“-Passage jedenfalls bereitet diesen Prozess vor und leitet ihn ein; ihre Metamorphosen als die unmittelbar vergegenwärtigende Mimesis einer postulierten außerpoetischen Wirklichkeit entlassen die Literatur aus der vorästhetischen Verrechnung mit psychoanalytischen und positivistischen Deutungsmustern und geben ihr damit zu aller erst ihre ästhetische Autonomie zurück.

5. Eine Eskalation des Erzählens

5.1. Die Zusammenführung des Geschiedenen

Die Unterscheidung in Informationsprosa und poetische Fiktion sowie die Etablierung der Verwandlungsszenen als eigenständiger, die vorangegangene Unterscheidung integrierender und zugleich transzendierender Erzählgestus legt eine Dreiteilung des Buches nahe, die Arno Schmidt selbst – wenn auch in anderer Gewichtung und unter anderen Aspekten – in seinen Erläuterungen *Vorläufiges zu Zettels Traum* insinuiert:

> In ZETTELS TRAUM sind es nun sogar *drei* große TextSträhnen. Nicht daß ich den Ehrgeiz hätte, möglichst viele Handlungen nun durcheinander zu wirren diese SpaltenTechnik hat ohnehin ihre Höchstgrenze nämlich bei vier.
> JOYCE in FINNEGANS WAKE zum Beispiel, was ja auch eigentlich ein MehrspaltenBuch ist, hat sich's natürlich leicht gemacht und alles freiweg durcheinandergedruckt. Er hatte nun mal Spaß an Geheimnistuerei. Ich denke da immer noch etwas anders. Ich erschwere dem Leser das Verständnis nicht mutwillig. Infolgedessen habe ich die 3 großen TextStränge -- auseinandergerückt, daß der Leser immer sofort weiß, wo er ist.[1]

Nun hat schon Horst Denkler darauf hingewiesen, dass die unterschiedlichen Handlungsfelder in *Zettel's Traum* „äußerlich" wohl voneinander geschieden, „romanimmanent" jedoch deutlich miteinander verschränkt seien;[2] und auch Robert Weninger betont, „dass es die Aufgabe eines jeden Lesers von *Zettel's Traum* sein müsste, die drei Stränge wieder zueinander und ineinander zu führen",[3] eine Herausforderung, die freilich an der „prinzipiellen Unerreichbarkeit der nachträglichen Herstellung von Gleichzeitigkeit"[4] scheitern muss. Tatsächlich lässt sich eine Aufgliederung des Buches in drei Ebenen – mag die äußere Gestalt sie auch nahe legen – bestenfalls aus heuristischen Gründen rechtfertigen, denn die sich wandelnde ästhetische Organisation des Textes hat mit Fortdauer des Buches eine Verwischung und Amalgamierung der Ebenen zur Folge, und dies auch ganz dezidiert trotz der bis zum Schluss beibehaltenen Segmentierung in Spalten, die allerdings auf den letzten 300 Seiten vielleicht wirklich mit

[1] Schmidt: *Vorläufiges*, S. 3.

[2] Vgl. Denkler: *Die Reise des Künstlers*, S. 158.

[3] Robert K. Weninger: *Von Kreisen, Zylindern und Spiralen. Der lange Tag von „Zettel's Traum" als hermeneutisches Gleichnis*, in: *„Des Dichters Aug'"*, S. 221-236, zit. S. 231.

[4] Ebd.

größerer Willkür gehandhabt wird als auf den 1000 Seiten davor.[5] Doch ist dies eine Äußerlichkeit, die letztlich nicht bedeutungsstiftend ist und nicht zuletzt deshalb den Verdacht nährt, dass auch Schmidt selbst die von ihm in *Vorläufiges zu Zettels Traum* in den Vordergrund gespielte Bedeutsamkeit der „*drei* große[n] TextSträhnen“[6] überschätzt. Fest steht jedenfalls, dass unabhängig von der jeweiligen äußeren Gliederung der Seite die von Robert Weninger eingeforderte Zusammenführung der äußerlich unterschiedenen Ebenen tatsächlich möglich wird, und zwar in einem grundsätzlich veränderten Erzählmodus, wie er in *Buch IV: Die Geste des großen Pun* in der großen Verwandlungspassage, der „Bullenkuhle“-Szene, schon einmal kenntlich wird, um in *Buch VII: The* $T^{w}/_{o}$*ilit of the* $G^{od}/_{ut}$*s* dann in den Szenen am und rund um den Scortlebener Jahrmarkt erneut einzusetzen und die Metamorphose des Personals und damit verknüpft die Präsentation des Geschehens im Gestus einer gesteigerten Anschaulichkeit und Unmittelbarkeit der Darstellung fortzuführen.

Die Verwandlungsszenen in den Büchern I - IV deuten es schon an: Die Grenze zwischen jener Textebene, auf der *über* Poesie gesprochen wird, und der Poetisierung des Geschehens selbst wird in den verwandelten Körpern des handelnden Personals zunehmend durchlässig, doch bleibt sie kenntlich, solange Schmidt dem Wandel der Diskurse im Fluss der deskriptiven Etym-Analyse eine eigene Insel einrichtet und insofern eine neue Fiktion entwirft: die der wandelbaren Gestalten, die wie auf einer Bühne unter der Regie der Etyms in die jeweiligen Rollen schlüpfen und so gewissermaßen eine Theorie zur Aufführung bringen. Die Grenze verschwindet allerdings gänzlich dort, wo diese Metamorphosen nicht mehr quasi exterritorialisiert im überzeitlichen Raum des Mythoszitates ablaufen, sondern die fiktionale Wirklichkeit und das dort agierende Personal betreffen und es zwar äußerlich unverändert lassen, ihrer inneren Disposition nach und vor allem hinsichtlich ihrer personalen Prägnanz viel tiefgreifender als bisher verwandeln. Mit der Verflüchtigung der Grenzen zwischen Deskription und Narration, zwischen psychologischer Vergegenständlichung und mimetischer Vergegenwärtigung, zwischen Informationsprosa und poetischer Fiktion verwischen sich auch die Konturen ursprünglich geschiedener Lebenswelten, denn im Verlauf der Nacht, in der sich Daniel Pagenstecher und Paul Jacobi immer stärker mit Edgar Allan Poe identifizieren, bringen sie in immer weitreichenderem Maß dessen psychischen Dispositionen und Züge, zu denen sie offensichtlich disponiert sind, unfreiwillig hervor. Nicht umsonst erkennt Paul sichtlich fassungslos weitreichende Übereinstimmungen zwischen der eigenen und der Existenz Poes: „“wie merkwürdich -

5 Vgl. Marius Fränzel: *„(wie die Theatermänner das machen, bin ich selbst neugierig)“. Erzählformen im Spätwerk Arno Schmidts*, in: *Zettelkasten* 14 (1995), S. 219-244, zit. S. 232f.

6 Schmidt: *Vorläufiges*, S. 3.

“ (sagte Er betroffn): „Alles kommt wieder; alles findet sich bei POE -:?“““ [ZT 954mm] Und selbst Wilma muss sich am Ende des nicht enden wollenden Tages eingestehen: „“Tz, die Litteratur wirkt’och beträchtlich auf Unser Lebm ein-“ (seufznd): „der ganze Tag kommt Ma vor, wie’n wüster Alp -: Ch hab zu=viel gelebt heute.“““ [ZT 1328mm] Pagenstechers theatralisch anmutende und längst in Vergessenheit geratene Prophezeiung vom Tagesbeginn scheint sich jedenfalls nun, mit Einbruch der Dunkelheit, bewahrheiten zu wollen: „(Jetz auch noch die Auflage : EDGAR POE zu sein.! Wenn man über 50 noch etwas Mittelgroßes leisten will, muß man sein Leben aufs Spiel setzen.“ [ZT 20ru]

5.2. Transformationen von Lebenswelten

Die Verwandlung des prosaischen in einen poetischen Diskurs, in dem ersterer immer schon aufgehoben ist, bringt ein sukzessives Engagement der Figuren als Handlungsträger in der agierenden Vergegenwärtigung der Umstände und Bedingungen von Edgar Allan Poes Existenz mit sich; und komplementär dazu scheint sich der Status von Pagenstechers (meta)literarischem Unternehmen zu wandeln von einer diskursiv ausgebreiteten Theorie zu einer die eigene Existenz und die eigenen Lebensumstände affizierenden und formenden Größe, die sich ihre Protagonisten *an*verwandelt, indem sie diese *ver*wandelt. Das Handeln, Sprechen und Denken der Figuren ist damit ihr eigenes und das eines Fremden zugleich: es steht, von den Figuren weitgehend unbemerkt, unter der Regentschaft der Etym-Methode. Für die ästhetische Geltungshinsicht des Unternehmens bedeutet dies, dass sich Pagenstechers revolutionäres, analytisches Vorhaben mit dem sich ändernden Diskurs und mit der funktionalen Diversifikation der Figuren modifiziert, und diese Modifizierung lässt sich, wie in der Folge zu zeigen sein wird, als voranschreitende Poetisierung von *Zettel's Traum* begreifen.

Ähnlich wie auf ihrem Spaziergang rund um die „Bullenkuhle“ in Buch IV machen sich auch am Ende von Buch VI beziehungsweise am Beginn von Buch VII Daniel Pagenstecher und Paul Jacobi allein auf den Weg zum Scortlebener Jahrmarkt. Wilma und Franziska werden erneut in „Dän‘s Cottage“ zurückgelassen, und dies ist nur oberflächlich als Rücksichtnahme auf die Frauen motiviert, denen die rauen Sitten der exaltierten und moralisch entfesselten Landbevölkerung vorgeblich nicht zuzumuten sind. Tatsächlich – so stellt sich bald heraus – scheinen die Dorfbewohner den Jahrmarkt zum Anlass genommen zu haben, sich samt und sonders in eine hemmungslos der sexuellen Ausschweifung ergebene Blocksberggesellschaft zu verwandeln, und mitten unter ihnen besehen sich Pagenstecher und sein Freund Paul das Spektakel, wobei sich besonders letzterer der fragwürdigen Attraktion dieses Sexualpandämoniums kaum zu entziehen vermag:

> (Komm bloß mit): „Du weißD, Ich will – (muß) – noch Einijes erledijn.- (:?-Mensch bisDu so erotisch=wohlaffektioniert, daß De an dem bissl MiederWaren=exhibition nich vorbeikommSD?)-" / -: getüpflter Schôfel maid in Germany, filfädig=phülFältig. DamenReitKnieHosn aus VulveTon; […] Auf dem Con'firmanndinnenNachthemd das Freche ? -: ein solangwiebreiter, blauroter SchlipS ?-/-: „Je länger man lebt, desto mehr überkommt Ein' der Eindruck : daß diese Decorateure derleye ubw=geil produzieren. – Obwohl diese neu'n CunStFasern ja was ganz=köstliches sind -", (fügte Er, träumerisch, hinzu): „ – siehma den BH -: der könnte doch genausogut aus Glas sein;-:?" / [...] / Als ein Junge vom Rade flankte; das Gesicht an die Scheibe kwettschde; (und sich ein paar Secunndn an den schwarz=stylisiertn Tittchen ergeilte:! – [ZT 979 mof.]

Auch während der Streifzüge durch den Jahrmarktsrummel bleibt es nicht einfach nur bei der Demonstration des grundsätzlichen pansexuellen Tenors in Poes Texten; vielmehr veranschaulicht in Buch VII Daniels und Pauls Erlebnisgegenwart das so oft vorgeführte Strukturprinzip von der funktionalen Äquivalenz der Sexualität und den unterschiedlichsten Themenkomplexen wie Topographie, Botanik oder Vegetation, doch verschiebt sich die Darbietung zunehmend von der vergegenständlichenden Deskription dieser Phänomene auf ihre vergegenwärtigende Narration in der Wahrnehmung der Figuren selbst. So wird Pagenstechers Einladung an Paul, sich doch endlich „ma richtich=SATTTT!!!" zu essen, „biß nysht=mère reingeht!" [ZT 1037mm] und seine Gedankennotiz zur Überfülle des Nahrungsangebots am Jahrmarkt „Fût, matsch Fût" [ZT 1036mu] zum Startzeichen für eine Fressorgie, die den Zusammenhang diesmal von Sexualität und Essen beleuchtet und zugleich den Blick der Figuren kenntlich macht, dem nichts mehr unterscheidbar ist, sondern dem sich orale, anale und sexuelle Bedürfnisse vermischen und eins werden[7]:

> „Ein ‚glücklicher Traum'? -: da bin Ich im Freß=Keller von KARSTADT, halb GarKüche halb VenisonBerg, und kau' & schnäble satt : die fleischlichstn Büchsn !, (und spice'tn se noch so nach Hardseir & KnobLoch)- -…:?…:Ou !, das'ss gut !" [ZT 1037mo]

Weder Daniel noch Paul bleibt der Zusammenhang von Geschlechtlichem, Kulinarischem, Fäkalem und der Literatur verborgen: „DIE-WURST=DERKOT=DERPEN=DERPHALL" [ZT 1037mu] kommentiert Pagenstecher im Geiste das Schauspiel der (Fr)Essenden am Jahrmarkt,

[7] Zum ‚verworrenen Bündel' von Sexualität, Analität und dem Organischen der Nahrung vgl. Kurt Jauslin: *Der magersüchtige Leviathan. Essen und Trinken im Werk Arno Schmidts – ein Versuch zur Mythologie des Alltagslebens* (Schriftenreihe der Gesellschaft der Arno-Schmidt-Leser 4), Wiesenbach 1998, S. 202ff.

und Paul, endlich einmal satt, merkt zu seinem eigenen, kaum zu stillenden Heißhunger an:

> „Hat FREUD nich ma gesagt: ‚an der FrauenBrust hingen Hunger & Liebe zusamm‘? ‘ch möchte mein’n : das träfe noch weit mehr bei ‚Warmen Würstchen‘ zu:?. Rot=warm; blutgephüllt; das phormidable PenisFormat, tritt als ‚Büchsn’Wurst auf, als mettlereiche; die Damen enthäutn sie gern &steckn sie in’S Mäulchen; für Koprofile ississ die warme Kostange mit (durchfallfarbenen) Senfen ‚beschmiert‘ – [...]“ [ZT 1038muf.]

Wie zur Bestätigung von Pauls Freud-Kritik findet sich an der nahen Würstelbude die rechte Gesellschaft ein, die Pauls Thesen gleich in Praxis anschaulich macht:

> (Drübm, an der WürschtlBude, ging es weit=munt’rer her! – 2 DianenElevinnen, zur Jagd gesattlt, coiTiertn sich die RundMäuler mi‘‘m dikkn=warm Ende Wurscht:‘‘‘!- (die Aine krisch & beklhexde sich=obm : mitt=Mo(r)strich:! – Während die Andre (=Källtere), ziehnisch, ihrem Stück die Pelle tiefer kremplte, (& dazu, halblewd, ins HüftHorn stieß : Fftt); sie aßn wie die Wahnsinnijn, so häßlich & so=viel -:?) [ZT 1037mm]

Überhaupt ist es nicht nur der sexuelle, sondern auch der Appetit aufs Essen, der auf dem Jahrmarkt orgiastische Züge annimmt. Wenngleich die beständige Versorgung der Jacobis durch den Gastgeber Daniel Pagenstecher mit Kulinarien diverser Art den ganzen Tag über mit soviel Nachdruck betrieben wurde, dass Kurt Jauslin zu Recht den Verdacht äußert, dass sich Pagenstechers Gäste während der 24 Stunden eigentlich zu Tode hätten fressen müssen,[8] wird das Angebot an Nahrung und deren Zufuhr in den Jahrmarktsszenen ebenso mühelos überboten und gesteigert wie sämtliche Aspekte des Sexuellen, und stets ist das eine untrennbar mit dem anderen verbunden:

> (komm Lieber=Paul): „AtmesDu nich mit Mir die Süßn Düfte ?-“; / nämlich Schmauch & Faum von KußKußu ! -: sanftsiednde Pfann’n voller Lungen-Mus;Riga’sche Butte & Könichsberger=Klopps; goldgelber StûtnKäse zu Sülz-Futch’n; der denkende Ketchup=Tunker vorm Labskaus; PraterKartoffln tief i^{n}/$_{m}$ Borscht; geknôflte TomatnFar^{c}/$_{tz}$e über vergoldetn Pomme=Früchtchn; Pielaw unter BullenDödln, (‚Zahnklapp & Grausn gepaart‘: in éwijer Gesellichtheit)…/:?- Er (Paul) griff mit beidn Händn in den Ruach,-,& zog=ihn, schnuppernd, auf=Sich=zû:??…“ [ZT 1036mm]

Nachdem die wechselseitigen Zusammenhänge verdeutlicht sind, ist auch geklärt, warum allen voran Paul das ganze Buch hindurch nicht satt zu kriegen ist, Wilma und besonders auch Franziska mit einem Appetit aus-

[8] Vgl. ebd., S. 93.

gestattet sind, den man nur untertreibend als ‚gesund' bezeichnen kann, und Pagenstecher selbst nicht nur was den Alkohol betrifft praktisch abstinent ist, sondern sich auch bei den zahlreichen gemeinsamen Mahlzeiten auffallend zurückhält: Wer nicht mehr triebhaft umgetrieben wird, braucht auch nicht mehr zu essen; umgekehrt kommt eben aber auch der Appetit mit dem Essen, und deswegen ist Paul kaum mehr zu bremsen, sowohl in seiner sexuellen als auch in seiner Gier zu fressen und zu saufen. Die beständige Zufuhr an Alkohol wirkt in diesem Reigen des Fleischlich-Kreatürlichen gleichsam als Katalysator. Er garantiert den Blick auf den latenten Pansexualismus der Welt, so dass es für Paul gar kein Entrinnen geben kann aus Pagenstechers Inszenierung der Poeschen Schattenwelt.

Natürlich hat das Thema Sexualität in allen nur erdenklichen Varianten auch schon das ganze Buch über und vom Morgengrauen an eine alles beherrschende Rolle in den Gesprächen der vier gespielt, doch liegt eben gerade darin der Unterschied zu den Jahrmarktsszenen in Buch VII: In den endlosen Stunden bis zum Aufbruch von Dän und Paul nach Scortleben wurde hauptsächlich *über* Edgar Allan Poe und damit *über* Sexualität gesprochen;[9] nun aber erweist sich nicht mehr der *Text* des anderen, i.e. Edgar Allan Poes, als verstecktes Protokoll sexuellen Begehrens, sondern die eigene jeweilige Umgebung präsentiert sich den beiden Etym-Analytikern Daniel Pagenstecher und Paul Jacobi nur noch vollständig sexualisiert und triebhaft entfesselt. Die dörflichen Ereignisse mutieren unter ihrem Blick endgültig zum „sexuellen Globalgeschehen"[10], das in den Erörterungen davor als die eigentliche Bedeutung von Poes Textwelten identifiziert und zu früherer Stunde gar noch als phylogenetisches a priori begriffen wird: „Der [=Magnus Hirschfeld, D.P.] sagt jedenfalls irgndwo: ‚daß die Urwesen, und wohl auch die Ur=Menschen, alle Dinge um sich mit erotischer Unterströmung wahrnahmen': ‚der=die=das' : warúmm iss Alles mit ‚Geschlecht' versehen?!" [ZT 192mu]

Ohne „erotische Unterströmungen" ist jetzt auch für Dän und Paul nichts mehr wahrnehmbar, und mit diesem Perspektivenwechsel ändert sich nicht nur ein Darstellungsmodus vom Sprechen über Sexualität zur Sexualität im Sprechen sowie zu ihrer Darstellung und Veranschaulichung im sexualisierten Blick auf die Außenwelt, sondern auch die Funktion der

9 Vgl. dazu Jörg Drews' spöttisches Resümee, dass „bei Poe und bei anderen einfalls- und anfallsweise herangezogenen Autoren kein Moos und kein Busch vorkommen [kann], die nicht als Schamhaar, keine zwei Bergrücken, die nicht als Busen oder Hintern, keine Quelle, die nicht als ausfließender Urin, und kein Vulkanausbruch, der nicht als sich entladende Blähung entlarvt würden; Poe kann auch nie mehr beteuern, etwas sei „true" (wahr), ohne daß darin ein französisches „trou" (das Loch) über die fast alles mit allem verbindende Klangähnlichkeit gehört werden muß." Drews: *Momentaufnahme*, S. 118.

10 Denkler: *Die Reise des Künstlers*, S. 161.

Etym-Theorie, die bisher vor allem der analytischen Vergegenständlichung eines Bewusstseins diente. Nun beginnt sie ihre Wirkung quasi in entgegengesetzter Richtung zu entfalten, wenn sie zwar erneut die wechselseitige Anverwandlung von fiktionaler Wirklichkeitswelt und der Lebenswelt Poes in Gang hält, sich dabei allerdings nicht mehr ausschließlich auf das Unbewusste Poes konzentriert, sondern in immer deutlicherer Betonung das der nur mehr scheinbar souverän agierenden Poe-Forscher fokussiert, ohne es allerdings in bewährter Manier und nach dem Vorbild der Poe-Analyse zu sezieren. Vielmehr scheint sie Paul Jacobi und Daniel Pagenstecher Zug um Zug überhaupt erst mit Personalität und einem Unbewussten auszustatten, von dem die beiden selbst naturgemäß keine genaue Kenntnis haben.

5.3. Streifzüge ins Blaue

Die Voraussetzung für einen derartigen Wechsel ist die Internalisation der Theorie durch ihre Protagonisten – ein Prozess der Anverwandlung, den offensichtlich jene endlosen Etym-Zerlegungen zur Folgen haben, die insbesondere Buch VI über weite Strecken zum kaum mehr lesbaren Katalog[11] einer Unzahl hauptsächlich in Poes Werk versteckter sexueller Anspielungen machen,[12] für die beiden Etym-Ritter Daniel und Paul aber zu einer Art Initiation in die höheren Weihen einer zur spezifischen Weltsicht ausufernden Texttheorie werden. Die volle Wirkung entfaltet die verinnerlichte Etym-Methode dann wenig verwunderlich im ohnehin schon zur Etym-Einsicht fähigen Pagenstecher und erst recht in Paul, der schon zu Beginn des Jahrmarktsausfluges dermaßen trunken ist, dass sich selbst sein Freund Daniel besorgt über seinen Zustand zeigt, wenngleich er andererseits sorgsam darauf bedacht ist, die stete Alkoholzufuhr nicht abreißen zu lassen:

> „-?:‘schon=wieder Durst? Tz, Du säufsD entschiedn zu viel Paul.“ / : „Entschiedn; - aber es schmeckt“; (versetzDe Er behaglich): „O Du viel=lieber Alkohol!“ / (Und Du erblicksD nicht das spitalich=weißlackierte GitterSterbebette): „mit der Inschrift ‚del. trem.‘ am Kopfende? – Nun, an Mir soll es nicht scheitern: siehsDu da=drübm?; zwischn den friedlich=grünen LindenHäuptern, das Hohe Dach?: dies ist der hiesije Tempel der Unenthaltsamkeit. (Den auch=Wir

[11] Bemerkenswert genug, dass Pagenstecher die ästhetischen Gefahren einer solchen endlosen Aufzählung durchaus bewusst sind. So warnt er etwa Paul davor, die Ergebnisse der Etym-Analyse im Zuge seiner Poe-Ausgabe nicht einfach nur „nackt [zu] serwiren“, denn „das wäre dann so intressant wie der Homerische Schiff=Katalog…“ [ZT 952mm] Im Falle von *Zettel's Traum* freilich wünscht sich der Leser oft genug die Spannung des homerischen Schiffskatalogs herbei.

[12] Vgl. in beliebiger Auswahl etwa ZT 780, 799, 808f., 833, 836f., 842, 848, 862, 872, 884ff., 896ff., 919f., 924f., 940f.

> noch besichtijen werdn; nur keine Furcht, daß Ich dies Bündnis breche)." [ZT 974mm]

Tatsächlich hat Pagenstecher dieses „Bündnis" wenn schon nicht gestiftet, dann doch von den frühen Morgenstunden an mit großem Eifer gefördert, wenn er einerseits Paul selbst in seiner Neigung bestärkt: „(ein Übersetzer muß trinkn: ‚translated=very drunk, intoxicated'; (P1) – das iss nich anders, Paul ..." [ZT 433rm]; und andererseits schon von Beginn an quasi programmatisch auf die strategische Funktion[13] des Alkohols verweist, die insofern von großer Bedeutung ist, als nicht der Magen das Ziel des Trinkens ist, „sondern das Projektionssystem im Kopf"[14]:

> „Ich glaub, wir sollten ma, und sei es noch so unzulänglich, über die Rolle des Alkohols beim Gehirntier reden, Wilma. Speziell ein Schriftsteller, wie Paul: bekommt dadurch Zutritt zu der Stelle, wo die Worte lagern – wie JOYCE es ausdrückte : Wer nich arbeitet, soll auch nich trinkn; und=umgekehrt." [ZT 12mm]

Damit ist Paul von Beginn an eine Rolle zugewiesen, die er auch den ganzen Tag hindurch konsequent erfüllen wird: Der beständige Nachschub an Alkoholika diverser Art macht ihn zunächst einmal zu Pagenstechers Instrument während seiner diagnostischen Reise durch das Unbewusste Poes. Das von Wilma phrophezeite und ihrem Gatten möglicherweise drohende Delirium tremens wird von Dän gar zu den „HülfsWissenschaftn" [ZT 1113mm] der Poe-Philologie gezählt: „Wie willsDe den Großn Mann denn wohl versteh'n!?: Indem Du den ÜbersetzungsAuftrag unterzeichnetesD?: hasDu, gleichzeitich, die Verpflichtung auf Dich genommen : zu Saufen; zu Voyieren; und; unermüdlich, Nachzudichtön. [...]" [ZT 1113mm] Dieser Überzeugung entsprechend wird Pagenstecher von Anfang an nicht müde, den Alkoholkonsum Pauls als strategische Notwendigkeit gegenüber Wilmas beständiger Nörgelei zu verteidigen: „Ich empfahl Deinem Gatten vorhin ‚Alkohol in kleinen Gaben'; als 1 der Führer zu den Orten, wo die Worte lagern – ich berichtige mich : wo die at=him's hausen!" [ZT 28lm] Damit ist die bereits oben formulierte Begründung präzisiert: Pagenstecher verschafft Paul Zugang zur Welt des Unbewussten, der ihm ansonsten verwehrt bleiben würde. Freilich ist dies nicht ganz uneigennützig, wird Paul doch so zum Reflektor und Medium einer fremden, i.e. Poes Lebenswelt, die ganz im Zeichen des beständigen Einflusses von Rauschmitteln diverser Art gestanden haben soll. Die Wirkungsweise des Alkohols hinsichtlich einer etym-sprachlichen Befähigung dokumentiert dann schon früh am

[13] Zur Funktion des „strategischen Saufens" in Schmidts Werk allgemein und in *Zettel's Traum* im Besonderen vgl. Jauslin: *Der magersüchtige Leviathan*, S. 55ff.

[14] Ebd., S. 59.

Tage das Treffen von „PAUL STÜRZEBECHER“ [ZT 88mu] mit „Frau Schurzfleisch“ [ZT 89mu], in dessen Verlauf Pauls Wahrnehmungsfähigkeit derart vom Alkohol beeinflusst ist, dass eine andere als eine triebhafte, seine Umgebung sexualisierende Wahrnehmung nicht mehr möglich ist:

> (Na, alter Spermatikuß ?)/ ihm schien es ins Glied gefahren -)/: „-?: EntScheide Dich Paul: nàckt oder ausgezogn?-“./: „Adwhorable Krietscher !“; (flüsterte Er; dann, erschüttertEr) „n Dink wie Ginnungagap. : Sô=Eine muß doch sein wie Zwei, was?-“, (und seine Wollung wurde noch sichtbarer)./: „MöchtzDe Dich zu Ihrer Cuntschaft zähln, Paul ? (A‘so Mir schaudert die Vorhaut, wenn ich nur daran denke : ‘t would take a bigger man.)“ / : „It would take the tongue of an arch=angel !“, (versetzte Er begeistert): „Mensch, d’ss ne=Wolke! Sweat=Pfiffty: Die muß doch vörmlich photsvoreszieren vor Unschlitt. Sie‘ doch ma die Hüftgestik, den Hintern! (: up der echt iss ?)“ / (Hypo bottom=us !: Mensch, bedenke Dein ‚Ende‘ !:) / (Aber Er war alltonah von Steifsucht bephallen.) [ZT 89muf.]

Es ist dies eine Erfahrung, die den leidlich ernüchterten Paul wenig später zu der treffenden Feststellung veranlasst: „[J]e dämmrer der Zustand, desto etymlicher der Text.-“ [ZT 122lm] Und dies wiederum ist eine Replik auf Pagenstechers Erklärung, dass sich das Unbewusste grundsätzlich einer Bildersprache bediene und nur unter extremem Artikulationsdruck – wie er etwa bei den „Dichter=Priestern“ vorliege – „Etyms zu lallen“ beginne. [ZT 122lm]

Zu so früher Stunde sind dies aber erst die Aufwärmübungen, die Paul zu absolvieren hat, um abends dann, als es gewissermaßen wirklich zählt und er selbst der Alkoholvergiftung nahe ist, Poes im Delirium des Alkohol- und Drogenrausches durch die Halbwelt der amerikanischen Ostküstenstaaten unternommenen Streifzüge zur Befriedigung der sexuellen Neigungen nachzuleben. Damit ist Paul funktionales Äquivalent des saufenden Poe und alkoholisch manipulierter Etym-Produzent gleichermaßen, eine ihm von seinem Freund Daniel zugedachte Erfahrung und Rolle, der er sich nur allzu willig fügt. Es passt geradezu perfekt in Pagenstechers Dramaturgie, dass Paul, noch bevor die beiden in den eigentlichen Jahrmarktsrummel eintauchen, bekennt, dass er „einen himmlischn Brand“ habe, den er aber nicht „mit Kleinichkeitn verthun möchte“ [ZT 1017mo], worauf Dän wenig später Rücksicht zu nehmen weiß. Endlich in der Dorfkneipe angekommen, ordert er für seinen Freund Paul „ein‘ großn Gilka“ [ZT 1017mm], woraufhin der das Dreifache von einem „Saft“ bekommt, „der eilichtrunkn macht.“ [ZT 1017rm] Dies sind die besten Voraussetzungen für die Anverwandlung eines spezifischen Blicks, und Paul ist alles andere als gewillt, sich dieser Metamorphose zu entziehen: „Saufn ‘ss Mein hobby-“ [ZT 1123mo], bekennt er offenherzig, und Dän selbst darf mit seinem Freund zufrieden sein, denn: „Er las, - (wunderbar ‚rollende' mE-ty$^{m}/_{l}$=Aussprache!" [ZT 1125lm]

5.4. Eine Schule des Sehens

Gespiegelt in Pauls Funktionalisierung als Poes Alter ego offenbart sich dann der eigentliche Grund für Fränzels und Wilmas Abwesenheit gerade immer dann, wenn die Ödinger Heidewelt sich zu verwandeln beginnt in eine merkwürdig überzeitliche Welt,[15] die räumlich und zeitlich nur schwer den durch das erzählte Geschehen nahegelegten Vorgaben zu folgen vermag: Wilmas nicht zu unterlaufende Skepsis und Fränzels Jugend im Verein mit beider Alkoholabstinenz lassen selbst das in Buch VI nieder gegangene Etym-Bombardement seine Wirkung verfehlen; Mutter und Tochter Jacobi werden davon im Gegensatz zu den Männern nicht ‚besoffen'. Der Blick der beiden Frauen bleibt gewissermaßen nüchtern, jedenfalls in dem Sinn, dass er sich nicht Pauls alkoholisiertem Blick angleicht und damit auch den delirierenden Blick Poes vermeidet; und dass den beiden damit auch der schwindende Scharfblick Pagenstechers erspart bleibt, wird sich noch herausstellen.

Vor dem verwandelten Blick[16] behütet die beiden in letzter Konsequenz – Pagenstechers Theorie zufolge – ihr Geschlecht und die damit verbundene grundsätzliche Unfähigkeit zur Ausbildung der „4. Instanz", die wiederum die Voraussetzung zur Einsicht in das Funktionieren der Etyms ist: „-: nee Wilma. (‚s klingt unfreundlich;aber): ‚Frauen' werdn se nie kriegn;: weil Ihr=ja praktisch nie=imp werdet !…" [ZT 914mu] Und dazu heißt es als Draufgabe und kommentierend am rechten Rand: „(Jaja: ‚Fraun ‚können' immer!-; (und ihr ÜI iss unvollkomm' ausgebildet (vglFREUD)))". [ZT 914ru] Anders bei den beiden Männern: Pagenstechers Impotenz und Paul Jacobis Alkoholismus sind nicht zufällig die besten Voraussetzungen für die Beherrschung der Etyms; unter beiden Beeinträchtigungen hatte –

[15] Dies gilt sowohl für die sich stets wandelnde Szene rund um die „Bullenkuhle" wie für das freakige Gruselkabinett menschlicher Perversionen, in dem Daniel und Paul landen, als sie zum Scortlebener Jahrmarkt mit all seinem seltsam anmutenden und dort zur Schau gestellten Personal aufbrechen.

[16] Der richtige Blick wendet sich bei Schmidt offenbar immer schon nach innen. Bereits für den frühen Schmidt aus der Zeit von *Brand's Haide* und der Fouqué-Biographie konstatiert Hans-Georg Pott, dass „schlechte Augen […] den Geisterblick schärfen." (Pott: *Neue Theorie*, S. 210.) Später schärfen sie dann auch den Blick für die Etyms. Beide – Paul und Dän – sind Brillenträger, und Pagenstechers massive Kurzsichtigkeit ist oft genug Gesprächsthema der vier. Wilma und Franziska hingegen sehen auch ohne Brille scharf, doch erweist sich diese Normalsichtigkeit in Pagenstechers Schule des Sehens lange Zeit als der eigentliche Fehlblick.

wir wissen es längst – auch Poe zu leiden,[17] und der Tatsache, dass sie unbewältigt blieben, verdanken wir Pagenstechers Ausführungen nach Poes Werk. Kein Wunder also, dass die zunächst äußerliche Angleichung der Dispositionen schließlich dazu verhilft, die Umgebung so zu sehen, wie sie zu sehen Poe unterstellt wurde: als durch und durch sexualisierte Jagdgründe, die der Voyeur auf der Pirsch nach potentiellen Opfern durchstreift.

Es leuchtet ein, dass unter diesen Prämissen ein ganzes Dorf und der dort stattfindende Jahrmarkt nicht anders als eine Hölle des Lasters und Stätte der aberwitzigsten sexuellen Ausschweifungen gesehen werden können, doch ist dies nicht die Wahrnehmung des nur scheinbar nach außen gerichteten Blickes, sondern es ist die Projektion des internalisierten Etym-Apparates, der nur noch *eine* Blickrichtung und *eine* Perspektive, nämlich die der verborgenen Sexualität, zulässt. Schon ganz früh, in den 1940 und 1941 entstandenen *Dichtergesprächen im Elysium*, lässt Schmidt Cervantes einen quasi ‚konstruktivistischen' Blick auf die Welt werfen, der nicht nur erklärt, warum sich dem Herrn von La Mancha die Dorfspelunke samt dem dort versammelten Gesindel zur prächtigen Burg nebst ehrbarer Gesellschaft verwandelt, sondern der auch verdeutlicht, dass Paul nicht zufällig seinen Freund Dän als „Über=DON QUIJOTE"[18] identifiziert: „Für jeden

[17] Auf den engen Zusammenhang von Alkoholismus und Impotenz bei Edgar Allan Poe freilich unter ganz anderer, dafür aber umso originellerer Perspektive hat schon Albert Ehrenstein hingewiesen, der Poe als „asexuelle[n] *Kant* unter den Dichtern" [S. 396] verstanden wissen will, als „Poet des Gedankens, des Gehirns, der entkörperten Seele" [ebd.], der sich nicht zufällig am Beginn seiner literarischen Laufbahn an „ein Kind" [ebd.] band, und der nach Virginias Tod immer dann in den Alkoholexzess flüchtete, wenn eine neuerliche Heirat unausweichlich schien: „Es klingt natürlich übertrieben, wenn ich behaupte: *Poe* trank fast nur, wenn ihm wieder einmal eine Heirat bevorstand. Er war keineswegs ein Quartalssäufer, eher ein Polterabendsäufer, der sich – er kannte seine Insuffizienz – vorsichtshalber durch Trunkenheitsexzesse und Lärmszenen rechtzeitig unmöglich machen wollte. Es war höchste Zeit, wenn er das vor der Hochzeit tat. […] Nach dem Tod seiner Frau bewarb sich *Poe* um jede Frau, die seinen Weg kreuzte; sie beschwörend, ihn zu „retten" – wovor, wußte er nicht! Kam aber die Zeit: ein Abend der Verbindung, heran, tauchte dieser arme Heilige mit der Regelmäßigkeit eines Uhrwerks, die er bei einem seiner automatischen Gespenster bewundert hätte, sternhagelvoll als Ehehindernis auf – mit der Absicht, seine Heirat zu hintertreiben – so sehr fürchtete er die Symplegaden oder das Prokrustesbett der ersehnten Hochzeitsnacht. Sein altbewährtes Radaumittel, Geheimpatent und Anti-Aphrodisiakum „Alkohol" hat ihn nie im Stich gelassen, das goldene Vlies keines seiner Literaturschäfchen nahm ihn beim Wort." Albert Ehrenstein: *Das Martyrium des Edgar Allan Poe*, in: *Internationale Zeitschrift für Individualpsychologie* 8 (1930), S. 389-400, zit. S. 397. (Der Aufsatz ist wiederabgedruckt in: A. E.: *Ausgewählte Aufsätze*, hg. von M. Y. Ben-Gavriêl, Heidelberg und Darmstadt 1961, S. 32-50.)

[18] „(Er [=Paul, D.P.] schüttelde den Kopf; Er murrte): „'bisD immer noch der alte weltfremde Über=DON QUIJOTE. Präziser: einheimisch in Andern Weltn; (von

gibt es nur eine Welt; die, welche er eben sieht und diese allein ist für ihn wirklich. Nun kommt es freilich ganz auf die Augen an."[19] Dass Pagenstechers Augen von ganz spezieller Natur sind, wurde bereits erwähnt, und wenn sich die Augen auch nicht beliebig tauschen und weiterreichen lassen, so lässt sich doch der Blick derer trainieren, die nicht von Anfang an die entsprechende physiologische Ausstattung mitbringen. Für den Fortgang der Poe-Analyse ist eine solche Manipulation des Blickes natürlich von größter Bedeutung. Paul, aus seiner Poe-Ausgabe rezitierend, sieht plötzlich völlig klar: „‚I LONGED BUTTE WAS IMPOTENT'! : nu da hättn Wa'S ja=wörtlich! (Dänk ma: da hab'Ich glatt drüber=weg gelesn. Mir iss wie ei'm StaarGestochnen, (wird Dir schein'n), der sich wortreich wundert, wie es möglich sey, nicht zu sehen?!)" [ZT 1003lu u. ZT 1004lo] Die etymistische Brille und der verwandelte Blick erlauben es Paul, nun mühelos und auch ohne Pagenstechers beständige Anleitung die Texte Poes bzw. deren ‚eigentlichen' Sinn zu entziffern. Allerdings hat soviel philologische Scharfsicht auch ihren Preis. Die Etym-Brille lässt sich – anders als herkömmliche Brillen – nicht so ohne weiteres wieder abnehmen, und so demaskiert und entwandelt sie nicht nur die Texte, die durch sie betrachtet werden, sondern auch ihre Träger. Davon ist Paul ebenso betroffen wie in zunehmendem Maße auch Daniel Pagenstecher selbst, der nicht nur „Herr der Wörter und Subjekt seiner Theorie [ist], sondern, wie Poe, auch ihr Objekt."[20] In drastischer Weise wird dies kenntlich, als Daniel und Paul die Probe des Scortlebener Mädchenchores und des Orgel spielenden „CuntorS" Faber [ZT 1012mo], deren Darbietungen sie im Zuge ihrer Kirchenbesichtung auf der Empore lauschen, zum sexuellen Pandämonium gerät, und fast hat es den Anschein, als erführen die Mädchen, Pauls lasziven Blicken ausgesetzt, ihre sexuelle Initiation – ganz so, wie Pagenstecher den lüstern voyeuristischen Blick Poes auf anonymisierte und gewissermaßen auf die Geschlechtsmerkmale reduzierte Körperteile stets imaginiert hat.[21] Aus Pagenstechers und Jacobis Perspektive jedenfalls – und dies sei ausdrücklich betont, denn ihre Wahrnehmungen sind es, die uns zu Augen- und Ohrenzeugen des Geschehens auf der Empore machen – löst sich der sittsam Bach-Kantaten intonierende Chor auf in einen triebhaft undisziplinierten Haufen von Gören mit sehr einseitigen und nur bedingt der Kirchenmusik zugewandten Interessen:

den'n De Uns natürlich de dollstn Probm gegebm bzw. mitgebracht hasD)...)" [ZT 1134mm]

19 Schmidt: *Dichtergespräche im Elysium*, in: BA I/4, S. 275.

20 Voigt: *In der Auflösung begriffen*, S. 60.

21 [Paul:] „"versteh Ich Dich recht, wenn Ich Mir notiere,wie beim ‚fortgeschrittnen Voyeur', die ihm=unintressantn Teile des Weibes zunehmend weg=gelassn werdn ?". / (Du verstehsD Mich vollkomm'): „Das störendste ist der ‚Kopf'; […]." [ZT 541lm]

> „Lohnt sich's dänn wirklich, daß Wir da=rauf klettern ? Was wird sich Unsern Blickn darbeten?: Junge Huren; oder alte BettSchwestern?"./ (Theo=Gammlerinnen auf jedn Phall): „Setz Du lieber Dein tartüffiSantestes Gesicht auf: die MädchenKöre der Umgebung tränieren für irgndn Jehova=Cup; und wir müßtn eintlich (teoretisch) die nettestn pus^{e}/$_{y}$ll's zu erschauen bekomm"'/ [ZT 1012 mm]

Für die beiden Freunde Dän und Paul wird die Probe mehr und mehr zur verführerischen Show eines „Engel=Clubb[s]" [ZT 1012mu]:

> „-hauch=dünne Nackthemdlein, (frech=knöchllank!). An allen Schuldtern glitzernde Flüglchn. (Die 3 St^{i}/$_{e}$mmGewalttichSdn noch'n (zusätzliches) nimm-Bus'chen). Hymme^{l}/$_{n}$sBrätleyn, sämtlich coischhüstlnd; [...] [ZT 1012mu]
> [...]
> (Er befingerte, in die Richtung der englischen Nieserin, eine imaginäre Block-Flöte:``!-/?/ (und kein Wort davon, daß diese alleluia=lass ihn etwa nicht=verstandn hätte; sie errötete erneut & so=lieb:!- (und steckde sämmtliche Andern an; die auch errötetn, (& zu riechn begann!...)) [ZT 1013mo]

Diese und die sich an den Kirchenbesuch anschließenden Jahrmarktsszenen sind dann auch die anschaulichsten Beispiele dafür, wie die explizierenden Erörterungen *über* Sexualität mehr und mehr verstummen und mit der Sexualisierung der Handlungsebene selbst abgelöst werden von der impliziten Veranschaulichung einer Theorie des Pansexualismus, die gerade die Aufgabe ihrer bewussten Handhabung zur Voraussetzung hat, dafür aber die unmittelbaren Manifestationen einer als allgegenwärtig, wenn auch großteils als verdrängt angenommenen Sexualität in der spezifischen Weltwahrnehmung gegenwärtig macht. Die deskriptive, gleichsam aus der Außenposition auf andere zur Anwendung gebrachte etymistische Methode verliert mehr und mehr an Bedeutung, und die Etyms plaudern jetzt auch ohne Pagenstechers beständige Anleitung und Explikation ihre Geheimnisse aus. Damit entsteht im strengen Kontrast zur weitgehend prosaisch nüchternen Stimmung der vergangenen Stunden an jenem hereinbrechenden Sommerabend ein Zustand atmosphärischer Entrücktheit, der das Scortlebener Jahrmarktsspektakel über weite Strecken seltsam konturlos und unscharf erscheinen lässt, als eine in schattiges Zwielicht getauchte, sexuell pervertierte Wahnwelt, in der sämtliche Akteure wohl zielstrebig scheinbar immer nur das Eine wollen, aber in letzter Konsequenz dennoch eine ganz „unbegreifliche Rolle spielen."[22]

[22] Die Traumwelt, in der wir uns allnächtlich zu bewegen versuchen, ist auch zu begreifen als „Wahnwelt, in der wir als Handelnde und Mithandelnde, als Täter, Opfer oder Zuschauer eine uns letztlich unbegreifliche Rolle spielen." (Berger: *Der träumende Held*, S. 7.)

Der Text folgt damit einem Gestaltungsanspruch, der gewissermaßen implizit in Pagenstechers Vorstellungen von der „4. Instanz" angelegt ist, jener exklusiven und nur Genies männlichen Geschlechts jenseits der Fünfzig vorbehaltenen Dimension der Persönlichkeit, die Daniels Ausführungen zufolge aus „große[n] Portionen" [ZT 912mu] von Über-Ich und Unbewusstem besteht und sich insofern über letztere Persönlichkeitsinstanzen erhebt:

> „Daß dem ubw Macht=entgehen werde, leuchtet ein -: da die Drüsn schrummpln, nimmt die Triebstärke ab; [...] Mit andern Wortn : infolge der immer=abnehmendn HormonIntoxication, krickt man wieder n klareren Kopp; die Banalität der betreffendn Leibesübung wir gut=sichtbar; das S=Gebrälle des ubw, entpuppt sich, nüchtern betrachtet,als simpl lächerlich=smellfungisch. Ergo wird mann ooch seine (dh des ubw) S=Machnschaftn weit=laichter durchschau'n; aMorS Tricks, der aus Männern Rammen, aus Weibern Schubkarren macht..." [ZT 913mo]

Und auf Pauls insistierende Frage – „Was soll deine 4.I. denn nu leisten ? – Oder halt:wieso wird se vom ÜI gespeist?" – gibt Dän zur Anwort:

> (Weil das ÜI in jenem Alter (unter gewissn Voraussetzungn) ebenfalls abgebaut, ausgehöhlt wird.): „und zwar berechtigterweise. Hat sich doch im Laufe der Jahrzehnte die Erkenntnis eingestellt,: daß sowohl seine ‚Ideale' als auch seine ‚Verbote' recht fragwürdig sind." [ZT 913mm] [...] „Durch solche Erkenntnis des ÜI als eines (im Positiven wie im Negativn) philiströs=Beschränkten,erfolgt eine Aushöhlung dieser (unangemessn)anspruchsvollen Instanz – FREUD würde (?) sagn : dem ÜI und dem ubw wird Libido entzogn; wird ‚frei'; und für die Bildung der ‚VIERTEN INSTANZ' eines fleißigen=Genialen verwendet. Das entspricht, wie Ihr seht, dem ‚Siege' des Ich über die,es bisher aufs UnfairSde behindert habenden ubw & ÜI – [...]." [ZT 914mo]

In der Vorstellung von der Beherrschbarkeit dieser „souverän=geistreich=lächernDän 4. Instanz" [ZT 914mm] und ihrer bewussten Funktionalisierung im Schreibprozess, die „aus dem körperlichen Defizit eine psychische Grundlage der Kreativität"[23] macht, gründet nichts anderes als das ambitionierte Vorhaben einer unmittelbar mimetischen Darstellung des Unbewussten, und dies auf eine Weise, die nicht nur ein explizierendes Sprechen über dieses Unbewusste ausschließt, sondern darüber hinaus auch noch eine etwaige bloß unbewusste, also nicht vom Autor gesteuerte Darstellung als ästhetisch defizitär einschätzt. Damit liegt freilich das Paradoxon auf der Hand: Schmidt versucht nichts anderes als die bewusste, unmittelbar mimetische Vergegenwärtigung von unbewussten Wünschen und Befindlichkeiten; und weil das Unbewusste per definitionem latent ist

[23] Sabine Kyora: *„Freud hat doch Recht!" Arno Schmidts Freud-Rezeption*, in: *Bargelder Bote* Lfg. 162-163 (1993), S. 11-26, zit. S. 24.

und nur in vielfacher Weise ent- und verstellt manifest wird, muss Schmidt versuchen, in seiner Darstellung genau diesem Mechanismus gerecht zu werden und den sich vollziehenden Prozess der Artikulation latenten Begehrens in seiner manifesten Gestalt anschaulich zu machen.

Arno Schmidt glaubte wohl, dieses Ziel mit der Demonstration der Etym-Sprache und ihrer praktischen Anwendung in *Zettel's Traum* und auch mit der dort immer nur *Orpheus* genannten Erzählung *Caliban über Setebos* erreicht zu haben,[24] doch steht außer Frage, dass dieser Anspruch, „den etymaren Urtext der Sprache in einer absoluten Sprache einsehbar machen zu können",[25] die quasi „alle Bedeutungen, auch die unbewusst liegenden, wiedergibt",[26] nicht zu erfüllen ist. Tatsächlich erzeugt Schmidts Gestaltungsanspruch keine Etym-Sprache, die ein „authentischer Ausdruck"[27] des Unbewussten wäre. Allerdings veranlasst ihn sein Bemühen dazu, die unterschiedlichen Darstellungsmodi von der Vergegenständlichung einer Theorie, ihrer Demonstration am Text und ihrer Poetisierung in den Metamorphosen zusammenzuführen in einen Modus der impliziten, narrativ-veranschaulichenden Darstellung der Etym-Theorie und den dort dargelegten Verfahrensweisen des Unbewussten, der nun der Poesie in *Zettel's Traum* wieder ihren Platz einräumt. Denn dies lässt sich als ganz grundlegende Tendenz für die Fortdauer des Buches konstatieren: eine immer nachhaltigere Poetisierung im Sinne einer Betonung der mimetischen Vergegenwärtigung des bisher Erläuterten, die die Figuren selbst trifft, die agierend nicht nur sich selbst unmittelbar anschaulich und dafür personal prägnant machen, sondern natürlich auch Edgar Allan Poe selbst, der nun in den Aktionen und Wahrnehmungen von Paul Jacobi und Daniel Pagenstecher am Scortlebener Jahrmarkt quasi Gestalt gewinnt und nicht länger auf die Rolle des Opfers auf der Couch reduziert bleibt. Es ist dies der entscheidende Schritt zu einer sukzessiven Poetisierung des Unternehmens als Ganzes, weil die Etym-Theorie immer weniger als zu explizierende Theorie von Interesse ist, sondern mit Fortdauer des Buches eine ästhetische Produktivität entwickelt, die zu einer vollständigen Veränderung der fiktionalen Welt führt. Nicht mehr Pagenstecher leuchtet uns den Weg durch den Text und durch das Unbewusste Poes; vielmehr fällt das Etym-Licht nun auch auf ihn selbst, doch zerlegt es ihn – anders als Poe – nicht in die Summe seiner psychischen Befindlichkeiten, sondern das Etym-Verfahren

[24] Vgl. dazu auf ZT 915mu die „Tabelle" „mit praktische[n] Beispiele[n], […] wo diese komische 4.I. sich gegebmninfalls manifestiert hätte", [ZT 915mu] die Paul von Dän einfordert. Die Tabelle nennt dann neben Sterne, Smollett, Caroll, Freud und Joyce auch ein „Ich" und als dessen „Buch=Beleg" „Orfeus/Zettel".

[25] Strick: *An den Grenzen der Sprache*, S. 79.

[26] Ebd.

[27] Ebd., S. 80.

stattet ihn erst einmal mit Personalität aus, indem es ihn nach seinen Gesetzen agieren lässt.

Die Poetizität von *Zettel's Traum* verdankt sich dergestalt einer aus dem Ruder laufenden und sich nun verselbständigen Methode der Textinterpretation, die in Umkehrung ihrer Intention nun den poetischen Text erst zu schreiben beginnt. Obwohl also gerade in Buch VII im Vergleich zu anderen Büchern wenig *über* Poe im Sinne der etymistischen Zerlegung seiner Texte gesprochen wird, ist er in diesem Buch in besonderer Weise lebendig, und dies nicht nur deshalb, weil er dort das erste und einzige Mal leibhaftig als fiktionale Figur auftaucht. Zwar resultiert seine spezifische personale Prägnanz zu einem nicht geringen Teil aus diesem kurzen, jedoch umso aufschlussreicheren Auftritt; entscheidender dafür ist jedoch die besondere Qualität von Däns und Pauls Wahrnehmungen, die ihre Umgebung ununterbrochen ins sexuelle Zwielicht tauchen, weil sie diese Außenwelt nicht mehr anders denn als ein sexuelles Pandämonium perzipieren können. Die beiden werden Teil ihres eigenen Analyseunternehmens in genau jenem Ausmaß, in dem die reflexive Distanz dazu schwindet. Däns Poe-Interpretation bleibt nur solange ein von ihm selbst geleitetes Verfahren, solange es Gegenstand der Unterhaltung – Redegegenstand – bleibt.

Pagenstechers Bemühen um eine dergestalt reflektierte und distanzierte Position folgt der Einsicht, dass sich eine wie auch immer gerichtete philologische Interpretation wohl auf die Besonderheiten des zu untersuchenden Werkes einlassen und doch gleichzeitig seiner unmittelbaren Wirkung widerstehen muss, wenn sie Erkenntnis gewinnen will.[28] Lange genug vermag sich vor allem Pagenstecher dieser Wirkung zu entziehen, doch mit dem Einbruch der Nacht und dem Transfer der Ödinger Heidelandschaft in eine Bordell- und Nachtstadtumgebung werden die Verlockungen des ‚eigentlichen' Poeschen Textes offensichtlich für beide zu groß, um ihnen ausschließlich in hehrer Erkenntnisabsicht zu begegnen. So schreiben Dän und Paul in ihren Interpretationen nicht nur die Werke Poes als Psychopathographie des Autors weiter, sondern leben sie letztlich auch als das eigene Leben. Schon Horst Denkler fiel auf, dass Daniel Pagenstecher mit Fortdauer des Geschehens von jenen Etyms eingeholt wird, „die er selbst aus Poe herausklaubt",[29] doch relativiert er diesen prekären Befund mit der zuversichtlichen Einschätzung, dass Pagenstecher „im Gegensatz zu Poe selbstironisch Herr seiner Triebe und Taten"[30] bliebe, ein Befund, der – wie ich noch zu zeigen hoffe – sozusagen zu optimistisch ist. Tatsächlich holt Pagenstecher und, in anderer und weniger spektakulärer Weise und geringerem Ausmaß, auch Paul das Poe unterstellte Triebschicksal ein, und es ist

[28] Vgl. Schlaffer: *Poesie und Wissen*, S. 191.
[29] Denkler: *Die Reise des Künstlers ins Innere*, S. 159.
[30] Ebd.

dies geradezu die Voraussetzung für die ästhetische Profilierung von *Zettel's Traum* als poetischem Text. Die beiden verlieren damit ihren Beobachterstatus, der sie bisher dazu privilegiert hat, quasi vermittelt über die Werke Poes „ein stellvertretendes Leben in gesteigerter Gestalt“[31] zu betrachten, ohne „am eigenen Leib die Folgen eines derart extremen Daseins [zu] erfahren.“[32] Insofern nimmt insbesondere Pagenstecher den Texten Poes gegenüber lange genug die Position eines quasi außerliterarischen Betrachters ein,[33] wie sie im eigentlichen Sinn typisch ist für das Verhältnis von Rezipient und Kunstwerk, ein Zustand, der nicht ohne Auswirkung auf die Ästhetik des Textes bleibt und in entscheidender Weise mitverantwortlich ist für seinen über weite Strecken prosaischen Gestus. Nun wird allerdings gerade in den letzten beiden Büchern deutlich, dass die ehemals nüchternen Betrachter ein dergestalt extremes Dasein, wie es die voranschreitende Interpretation von Edgar Allan Poes Werk zutage förderte, sehr wohl am eigenen Leib zu erfahren beginnen – ein Kennzeichen nicht nur eines Distanzverlustes den Texten Poes gegenüber, sondern auch ein Verlust jener bevorzugten Stellung, aus der der Voyeurismus des fremden Lebens möglich ist, ohne sich den Gefahren und Risiken, die diese Neigung mit sich bringt, auszusetzen.

Vor diesem Hintergrund wird auch deutlich, warum die beiden Herren ausgerechnet einen Jahrmarkt besuchen, dessen Attraktionen den Damen vorenthalten werden müssen: In der Veranschaulichung der Poeschen Lebensumstände kann Schmidt gerade auf jene Halbwelten nicht verzichten, die der Dichter Pagenstechers Analyse zufolge als seine bevorzugten Jagdgründe für die Befriedigung seiner sexuellen Neigungen angesehen hat. Es entspricht der Pagenstecherschen Logik und den Vorgaben der Etym-Theorie, dass dies keine Örtlichkeiten gehobenen sozialen Standards gewesen sein können, sondern Orte von offen zur Schau gestellter Freizügigkeit, und wenn Daniels Verwandlung des Blicks funktionieren soll, dann muss eine Umgebung ihren Teil dazu beitragen, die den Horizont entsprechend beschränkt: „(Er [=Paul, D.P.] war unter 1 der (erfreulich unhäufijn) BognLampm steh'n gebliebm; und grüblte im ALLEN rum:...?) -/- (na''llso wenn dir jetzt, die genau=adäquate Umgebung, das Verständnis nich aufschließD!) -...(?)-: […]“ [ZT 1099lo] Dän kann ganz beruhigt sein. Die ‚adäquate Umgebung‘ verfehlt ihre Wirkung nicht, zumal das Treiben am Jahrmarkt immer hemmungsloser und grotesk-ausschweifender wird, je länger es dauert. Ganz Scortleben und Umgebung gleicht einem riesigen Bordell, und die Scortlebener Bevölkerung scheint in ihrer Gesamtheit

[31] Schlaffer: *Poesie und Wissen*, S. 219.
[32] Ebd.
[33] Ein Grund mehr, warum die Trennung von Autor und Ich-Figur, von Arno Schmidt und Daniel Pagenstecher, über weite Strecken so schwer fällt. Vgl. dazu auch das Kapitel 1 in dieser Arbeit.

entweder dieses Etablissement zu frequentieren und/oder zum Personal desselben zu gehören. Die Sexualisierung des Blicks strebt damit einem Höhepunkt entgegen, der nur den Analyseergebnissen von Pagenstechers Textexegese entspricht, die im Zuge der Textanalyse von Poes *The Man of the Crowd* das ganze Ausmaß seiner perversen Vorlieben noch einmal umfassend und in einer bis dahin noch nicht erreichten Detailfülle präsentiert. [Vgl. ZT 1096luff.] Damit veranschaulicht das Jahrmarktstreiben in Scortleben genau jene Szenerie, die Pagenstechers Auffassung nach der bevorzugte Aufenthaltsort Poes gewesen muss: Es ist eine Welt der Bordelle und der Huren, der verruchten Stadtviertel, der hemmungslosen sexuellen Ausschweifungen und der ungezügelten Perversionen. Wenn Pagenstecher zur Bestätigung seiner Lesart aus Pierers Enzyklopädie eine Stadtbeschreibung Londons zu Beginn des 19. Jahrhunderts zitiert, dann könnte die grotesker Weise auch auf das Heidedorf Scortleben zutreffen:

> ... ungeheuer ist die Prostitution in London: man rechnet über 30.000 Freudenmädchen… 60 bis 80.000. Scharenweise kommen die Straßendirnen mit einbrechender Dunkelheit zum Vorschein, u. besonders aus den ‚Lanes' in die größeren Straßen heraus, reden den Vorübergehenden an, gehen wohl eine Straße lang mit ihm ... [ZT 1096/2ro]

Außer von Huren unterschiedlichster Art und Provenienz und ihrer variantenreichen Tätigkeit ist in Pagenstechers Etym-Analyse besonders vom Voyeurismus und seinem Komplementärphänomen Exhibitionismus die Rede, und wenig überraschend sind dies genau jene Spielarten der Sexualität, die in den Schilderungen des Jahrmarktstreibens in den Vordergrund treten: Die Jahrmarktsbesucher stellen sich reichlich ungeniert in ihren sexuellen Betätigungen zur Schau ebenso wie die professionellen Akteure des Jahrmarkts, und Paul und Dän kommen ihrerseits aus dem Beobachten und Beschauen nicht mehr heraus, ganz dem triebhaften Begehren Poes verpflichtet, dessen voyeuristische Streifzüge durch die Nachtstadt anschaulich werden, indem wir Pagenstecher und seinem Freund Paul auf ihrem Rundgang durch das nächtliche Scortleben auf den Fersen bleiben: Ihr Blick auf das Geschehen ist der Blick Poes, so wie ihn die Etym-Analyse der vergangenen Stunden in allen Details beschrieben hat.

5.5. Kuriositätenschau in sexualibus und eine Begegnung mit der anderen Welt

Der Scortlebener Jahrmarkt ist in seiner grotesken Steigerung zum Sexualpandämonium also nur in sehr eingeschränkter Weise als Jahrmarktszitat zu verstehen; auch dann, wenn man sich weniger Jahrmärkte als Folie vorzustellen hat, wie sie vielleicht in den sechziger Jahren am Land typisch waren, sondern eher an Vergnügungen denken sollte, die auf öffentlichen Festen im 19. Jahrhundert angeboten wurden[34]:

> Zu den Personen, die zur Schau gestellt werden oder sich zur Schau stellen, gehören die Riesen oder Zwerge, die Rumpfmenschen ohne Extremitäten, die entweder Arm- oder Beinlosen oder die Siamesischen Zwillinge, als körperliche Abnormitäten bei Menschen. […] Zu diesem Bereich gehören noch die Haarmenschen mit einer ganzkörperlichen Behaarung, die Bartfrauen oder die Albinos. Hier können auch die Personen genannt werden, die eine körperliche „Abnormität" erst im Laufe ihres Lebens bewußt erwerben, etwa die Tätowierten, oder die Degen-, Feuer- oder Allesschlucker, die kleine Tiere, Glasscherben u.ä. verspeisen.[35]

In *Zettel's Traum* ist es aber die amerikanische Nachtstadt- und Bordellviertelkultur des 19. Jahrhunderts, die man als eigentlichen Bezugsrahmen für die Jahrmarktsszenen annehmen muss. Schließlich ist es ja Pagenstechers Intention, Paul jene Realien vor Augen zu führen, die die empirische Grundlage der Etym-Theorie bilden. Allerdings entpuppen sich diese Realien bereits als in spezifischer Weise verwandelt; sie sind nur mehr so wahrzunehmen, wie sie von Pagenstecher als Wahrnehmungen Poes unterstellt wurden: reduziert auf die Suche und das dauernde Bestreben nach Befriedigung eher ausgefallener sexueller Bedürfnisse. Däns und Pauls Blick ist also auch der Blick Poes, und deshalb sind sie am Jahrmarkt permanent mit Umständen konfrontiert, die die Situation des impotenten, koprophilen, durch Drogen aller Art berauschten Voyeurs illustrieren. So versteht es sich von selbst, dass der fahrende Händler, auf den die beiden stoßen, Haushaltswaren der besonderen Art anbietet. Es sind samt und sonders Hilfsmittel für den Geschlechtsverkehr, von „ÜberzieherKassetten" mit den „niedlichstn BrunstStrümpfchn" [ZT 1039mm], über das „DreiGreisnPulwer", das „KraftTörtchen aus BullenEiern" [ebd.] und das „CunnStglied PUSSYMOCK" [ZT 1041mu] bis hin zur „vollständije[n] V=Ausrüstung": „HalbMaske & Schwarzes Cape, (wie'n Abbé im Carneval!); zu'n GummiGaloschn das Nachtglas, (ein sauberes Zeissig!); selbst das Leiterchen fehlte nicht; als Alibi immer der mock=turd, (aus braungefleckter Hohlplastik, mit echtem DarmGas gefüllt) – [...]." [ZT 1041mm]

[34] Einen groben Überblick über die Attraktionen, die auf Messen, Festen und Jahrmärkten Ende des 18. Jahrhunderts und im Laufe des 19. Jahrhunderts angeboten wurden, gibt Florian Dering: *Volksbelustigungen. Eine bilderreiche Kulturgeschichte von den Fahr-, Belustigungs- und Geschicklichkeitsgeschäften der Schausteller vom 18. Jahrhundert bis zur Gegenwart*, Nördlingen 1986, bes. S. 17ff. Dering konzentriert sich in seiner Darstellung vor allem auf die Beschreibung der Fahr-, Belustigungs- und Geschicklichkeitsgeschäfte, doch erwähnt er auch die Schaugeschäfte, bei denen außergewöhnliche Menschen oder Tiere präsentiert werden.

[35] Ebd., S. 17.

Doch dies ist längst noch nicht alles an Sensationen auf dem Scortlebener Blocksberg. Die Bordell-Besitzerin Dr. Li Gäa gibt Daniel Pagenstecher auf seine Frage nach weiteren empfehlenswerten Attraktionen zur Antwort: „“WillSDu zum Zwerg? -: oder zum DopplKopf ? – Der Stachelschweinmensch‘ ss gefälscht.- (?): A es gibt durchaus echte; wo die ganze Haut-Oberfläche mit einer Art kurzn=weichn IglStachln besetzt iss : unheilbar; erbt sich in Familjen fort – (Lambert).“ [ZT 1982mo] Dän und Paul entscheiden sich in der Folge für einen Besuch beim ‚Doppelkopf‘ Ira & Gesine. [Vgl. ZT 1084ff.] Dieses Wesen sowie „Freßkahle“ – („Kann, auf 1 Sitz 8 Schock Pflum’m fressn nebst 1 Scheffl Kirschn, Kerne eingeschlossn. Zerkaut Kieselsteine... (?) -: nee; schluckt’se auch runter; ebmso irdene Teller, Ofenkachln, ein blechernes TintnFaß samt Sandbüchse &‘m federmesser – einmal hat er n ganzn Dudelsack gefressn! An Victualien lebmde Vögl, 3 Spanferkl; einen Hammel mit Haut & Wolle.“ [ZT 1027mo]) – könnten also entsprechend poetisch gesteigert einer jener Freak- und Monster-Shows entsprungen sein, wie sie auf Veranstaltungen im 19. Jahrhundert zu sehen waren. Von fahrenden Bordellen weiß Dering allerdings nichts zu berichten, und auch die Waren, die seinem Bericht nach von den Verkaufsgeschäften feilgeboten werden – Imbisse, Süßigkeiten, Spielzeug, Scherzartikel, Lose[36] – haben wenig gemein mit dem beinahe schon bedrohlich wirkenden Sammelsurium an Erotik- und Sex-Behelfen, die von jenem geschäftstüchtigen Händler in Scortleben unters Volk gebracht werden.

Die heimliche Herrscherin im und über das Sexualpandämonium residiert – wenig verwunderlich – im mobilen „FreudnTempl“. Es ist jene bereits erwähnte „Frau Doctor Gäa“ [ZT 1049mo], mit vollem Namen Li Gäa, „ne echte Sexualforscherin, von beträchtlichem Range [...]. Die hat dissertiert über den ‚Fall eines Knaben, der den Irrigator seiner Tante liebte‘ – [...].“ [ZT 1049mo] Pagenstecher stellt sie Paul außerdem vor als „bedeutende FallSammlerin; und sozial=hochwitije Retterin in Minnetroublen“. [ZT 1049mm] Sie ist nicht nur die Erfinderin des von Paul erworbenen „Pussymock“, sondern handelt zusätzlich mit „Pornografica aller Art“. [ZT 1049mm] Darüber hinaus ist sie die Besitzerin eines „elfenbeinfarbnen Klo=Wagn[s]“, der „nicht=nur ‚Klo‘ [ist]: da macht, unter jeglicher Brille, ne Art ‚Photomaton‘ laufnd Aufnahmen...“ [ZT 1049mu], und das Angebot ihres Bordells ist ganz grundsätzlich auf „‘Schräge‘“ [ebd.] ausgerichtet: „Koprophile & UrinTrinker, (die hier ‚Kot satt‘ kriegn); V=Leute & Exhibitionisten.“ [Ebd.] Paul wird nur wenig später diesen Angeboten nicht widerstehen können, als ausgerechnet die probeweise in Li Gäas Diensten stehende Christa ihre Chefin davon in Kenntnis setzt, dass „[b]ei’n Voyeur’n [...] grade 2 Sitze frei gewordn [sind]“. [ZT 1068mo]

[36] Ebd., S. 9.

Dän schlägt dieses Angebot aus, aber Paul findet Gründe genug, die einen derartigen Besuch rechtfertigen: „''weißnich..: was meinsDu=Dän? – ‚An sich' sollt'Ich doch wohl ma so=was ä=ansehn, wie?; -: ä=wegn POE, weg'm Po.-"; (Er hob (erneut lecker=Mäulich!) die Hand:?-): "- um Mich so=recht=ä -: experimäntell auf den Standpunkt des V versetzn zu könn'..." [ZT 1068mu] Beide haben sich aber auch schon vorher in Praxis darüber verständigt, wie man sich in der Rolle eines Voyeurs zu fühlen hat, als sie nämlich durch die in Li Gäas Bordell „überall angebrachtn Löcher" [ZT 1057mm] einem ahnungslosen Pärchen beim „allerallererstnMal" [ebd.] zusehen.

Nicht nur der Name, besonders auch das Äußere der Frau Doktor identifiziert sie im übrigen rasch als alte Bekannte: „Lang wie Wir & schwindsuchtdürr; Täng heut Blaß=weizngelb, (AugenBrauen, LidRänder, wie auch sämtliche FingerNägl schwarz bemalt); der schwere=schwermütije Kopf ganz auf Blessèd Damozel..." [ZT 1049mo] Damit erinnert sie nicht nur an Mutter und Tochter Heinemann, sondern ist als die erneute Personifikation von Ligeia kenntlich gemacht, einer der besonders bedeutsamen Frauengestalten in Edgar Allan Poes Werk. Wir erinnern uns: Es ist dies nicht Ligeias erster Übertritt aus der einen Fiktion in die andere bzw. aus der Fiktion Poes in die fiktionale Wirklichkeitswelt ihrer Interpreten, und in beiden Fällen wird sie zum Indikator für einen Zustand, in dem die eine Welt von der anderen nicht mehr zu trennen ist. In jenen Szenen im Buch VII wird dies zusätzlich verdeutlicht durch lange Zitate aus Poes Text selbst, die gewissermaßen kommentierend Dr. Li Gäas Auftritt begleiten [vgl. etwa ZT 1049lo und ZT 1050lo] und damit eine Identifikation, genauer: eine Überblendung nicht nur nahe legen, sondern geradezu erzwingen. In beiden Büchern erfüllt die Gestalt aus Poes Werk die Aufgabe, Pagenstechers Thesen über Poe und seine Texte zu bestätigen, sie gewissermaßen leibhaftig anschaulich zu machen. In den Jahrmarktsszenen bekommt Li zusätzlich Unterstützung von ihrer erfahrenen Mitarbeiterin Mary, „in ihrer Jugnd ne Bessere Hure – (villeicht gar schon Mätresse?) – itzt ‚Frau WARREN'. Sie iss [...] intressant vor allem da=durch : daß sie mehrere Jahre in Klein=&=Großbritannien in ihr'm Gewerbe tätich war: [...]. [ZT 1037mm]. Mary beherrscht also die englische Sprache, und sie beherrscht vor allem jenen rüden und vulgären Jargon auch in der Fremdsprache, von dem Pagenstecher behauptet, dass Poe mit ihm als Folge seiner zahllosen Besuche in den entsprechend übel beleumundeten Etablissements vertraut war. Kein Wunder also, dass Mary neben Li Gäa zur gefragten Auskunftsperson wird und bald schon jenes Urteil über den ihr unbekannten Dichter fällt, das sich Pagenstecher von ihr erwartet hat: „– einfache Diagnose: ‚pervers & impotent' : unangenehm für'n müdes=ehrliches Mädch'n." [ZT 1053lu]

Li Gäa wird also – in Buch VII gemeinsam mit Mary – ähnlich dem Wechselwesen Christa/Ligeia/Ligea in Buch IV – die Rolle zugedacht, Pagenstechers Spekulationen über Poe, gewissermaßen als interesselose Außenstehende und insofern vorgeblich objektiv, zu verifizieren, und deutlicher noch als in Buch IV wirkt ihr Auftreten auf die Ästhetik des Buches, indem die von ihr bestätigten Thesen Pagenstechers immer stärker auch Handlungselement des Buches werden, ja die Figurenaktionen geradezu vorschreiben und vorweg nehmen und Dän und Paul damit immer deutlicher zu Spiegelfiguren der – unterstellten – Poeschen Lebenswirklichkeit machen. In diesen Jahrmarktsszenen allerdings fügt das Auftauchen Li Gäas/Ligeias und – späterhin – Pononners/Poes und die von ihr übernommene Rolle einer Poe-Exegetin diesem Prozess einer voranschreitenden Anverwandlungen einer fremden Identität eine weitere Dimension hinzu, treibt die Poetisierung des Erzählens voran und unterläuft damit einstmalige Orientierungen, gerade weil die Figuren in diesen Jahrmarktsszenen ihrer Gestalt und ihren äußeren Umrissen nach deutlicher voneinander abgegrenzt und geschieden sind, als sie dies in den Metamorphosenszenen des IV. Buches noch waren. Dort sind die Figuren in ständiger Transformation begriffen, ganz ins Phantastisch-Imaginäre des Mythos-Zitates und seiner Persiflage transponiert und damit deutlich von der fiktionalen Wirklichkeitswelt abgesetzt; und so wandelbar sich das Personal rund um die „Bullenkuhle" auch zeigt, zu interagieren vermag es nur mit seinesgleichen, mit den dieser mythisch-phantastischen Welt anverwandelten und aus ihrer ursprünglichen Welt – der Fiktion Poes bzw. der Heidedorf-Fiktion – heraus verwandelten Figuren.

Dies ändert sich in den Jahrmarktsszenen: Im Gegensatz zur „Bullenkuhle"-Passage in Buch IV und dem dortigen Changieren der Körper scheinen die Figuren in Buch VII festgelegt auf ihre jeweilige Gestalt, doch hindert sie dies keineswegs an einer viel weiterreichenden Auflösung von personalen Fixierungen, als dies in den „Bullenkuhle"-Metamorphosen je der Fall gewesen wäre, wo sich zwar die Körper ändern, die Identitäten aber quasi konstant bleiben. Die Eindeutigkeit der Identitäten stellt sich bald schon als nur vordergründig heraus, besonders wenn man die polymorphe Gestalt von Christa/Ligeia/Ligea aus der „Bullenkuhle"-Passage in Erinnerung behält und sie mit Li Gäa, ihrem wissenschaftlichen Assistenten Dr. Pononner und einem merkwürdig aufdringlichen Freudenmädchen in Li Gäas Diensten im Zusammenhang sieht. Wie sich noch zeigen wird, fällt es zunehmend schwer, im schummrigen Scortlebener Zwielicht speziell die weiblichen Personifikationen von Tod und sexueller Verlockung auseinanderzuhalten, und ganz hat es den Anschein, als hätte diese zunehmende Konfusion etwas mit der Orientierungslosigkeit der beiden Jahrmarktsbesucher zu tun, die sich nicht mehr zurecht finden in einer Welt, die ja nicht die ihre ist, sondern die Edgar Allan Poes. Deutlich wird dies etwa an der permanenten Anwesenheit von Franziskas Freundin Christa in Gestalt einer jungen Prostituierten, die sich in unterschiedlichen Masken immer aufs Neue Dän und Paul präsentiert und von den beiden lange genug unerkannt bleibt. Schon ihr erster Auftritt, verkleidet als Pythia, in deren Rolle sie „mit SirenenStimme WildeWorte [runte]“ [ZT 1050mu] und dem völlig geschockten Paul prophezeit, dass er Vater von Zwillingen werden würde [vgl. ebd.], stellt erneut die assoziative Verbindung zur mythologischen Sirene Ligea und damit auch zur Poeschen Ligeia her. In den darauf folgenden Auftritten behält sie stets die Rolle einer Allwissenden bei, die bis ins Detail über die Verbindung zwischen Dän und Fränzel Bescheid weiß [vgl. ZT 1051mm-mu und ZT 1068mu], Paul die Vaterschaft von Zwillingen prophezeit[37] und – seltsam genug – vor allem von Pagenstecher immer nur als die Hure Pythia, nicht aber als Christa erkannt wird: „(? - :!!: da erkannt'Ich Sie doch auch wieder!): „Li's ‚Kleine Pütia‘?! – Sagn Sie: wieso komm‘ sie eintlich zu Ihrem ‚Wissen‘; von Paul & Mir:?.-“; (d‘‘‘s ging ja beträchtlich über das hinaus, was man auf Prospectn oder in Nachschlagewerkn...)“ [ZT 1105mu]. Der Umstand, dass hinter dieser Maske Christa zumindest für den Leser meist kenntlich bleibt und ihre Informationen über Paul Jacobi und Daniel Pagenstecher damit erklärbar werden, dass sie von Franziska beauftragt wurde, Daniel zu beschatten und seine Treue zu testen, wirkt als rationale Erklärung gewissermaßen nur an der Oberfläche der Figur, ändert aber im Kontext der halbschattigen Jahrmarktsszenen nichts an ihrem grundsätzlich geheimnisvollen und schwer fasslichen Status, der sie ähnlich wie Ligeia/Li Gäa oder den Gelben und seine Freundesschar in eine Sphäre jenseits einer vollständigen Verrechenbarkeit mit der Wirklichkeitsebene entrückt. So kann das rationale Wissen um die eigentliche Identität der jungen Hure[38] die geheimnisvolle und be-

[37] „Zuerst trat P an. (Er senkDe den Kopf; und con'scentrierte Sich, wie vorgeschriebm,auf das gravierendsDe Anliegn:...:?...:!! -): „Wär keene schlechte Probe-“ (hörte Ich Ihn knurr'n. Er verfügte Sich an das,Ihm hoch=entgegn gekippte Ohr / der Kleinen :?- (Die Hände allahsfynx=endzücknd steiff zu stell'n wußDe :?! -) / (Indeß:Li & Ich, (: ‚human once,butte now invisible to humanity‘);...) / -:!-:!!!): „Bestia quadrata !-“; (schrie'zDe Er :!): „-: t w i n s ? ! ! - “ -/ (:‘of Leda‘ :die hat demnach Deine POE=Beschäftigung gewittert, Paul :?)-/ Aber er winkte, verstört, :AB!-/“ [ZT 1050mu]

[38] Dass sich Christa hinter der Maske der jungen Prostituierten verborgen hält, wird jedenfalls Pagenstecher erst viel später klar, als er in sein Haus nach Ödingen zurückgekehrt ist, mit den beiden Frauen und Paul Dias betrachtet und auf einem davon Franziskas Freundin Christa als ihre ständige Begleiterin während des Jahrmarktsausfluges identifiziert: „PAUL !!! -:Mensch das iss doch-!...“/- (da Fr schon kicherte.)/- (Und P verdrossn...)./: „Wilma ! -:Wer iss'nn Die=da? -: lynx von Fränzi; in der rosa=Hosn, & der d'blau'n Jakke. -:?-“ /: „Nu ebm jener Genius der Verkomm'heit;von dem Wa andauernd redn ! -: ‚Die Augin stehen Ihr starr ?: denn Sie sinned auf die Lüge ! –Sie beißt die Lippm ? : das Böse iss beschlossn !‘ (SALOMO 16=30 !).“ [ZT 1208mm]

sonders Pagenstecher rätselhaft bleibende Erscheinung nicht überblenden, die als Li Gäas Angestellte und trotz ihres offenbar wenig attraktiven Äußeren („ein überlanges schmierijes GlattHaar;um ein HottnTottenGesicht. Das matte=freche KazznAuge; (zu veilchenfarbijn GhoulLippm)“ [ZT 1100mo]) besonders auf Paul eine ebenso geheimnisvolle wie unwiderstehliche Anziehungskraft ausübt, der er schließlich auch erliegt – der Assoziationszusammenhang mit der mythologischen Gestalt der Sirene Ligea ist auch hier nur allzu offensichtlich. (Nur Pagenstecher widersteht der Sirene und bricht damit ihre verführerische Macht, doch nur weil er da schon drauf und dran ist, einer anderen Versuchung zu erliegen.) Darüber hinaus erinnert auch die Beschreibung Christas, die „ganz=lautlos“ [ZT 1069mo] zu erscheinen vermag und von Paul als „Du=Dürre“ [ZT 1100mo] angeredet wird, an die hohe und schlanke Frauengestalt der Ligeia aus Poes gleichnamigem Text[39] und damit selbst wiederum an Dr. Li Gäa, die ja von ähnlichem Äußeren ist.

Tatsächlich lösen sich in den Jahrmarktsszenen die bislang immer noch klar zu differenzierenden Bereiche von Ödinger Wirklichkeitswelt, den Fiktionen aus Poes Werk und dem als historisch gedachten Oststaatenmilieu des 19. Jahrhunderts auf, und mit ihnen auch die ursprünglich geschiedenen Diskurse. Dieser Prozess der Auflösung, der ein Prozess der Verwandlung ist, weil er alles bisher Getrennte in eins führt, bewirkt die Poetisierung von *Zettel's Traum*: die Vergegenständlichung einer Theorie ist nun endgültig abgelöst von ihrer veranschaulichenden Darstellung in der Jahrmarktsfiktion. Die handelnden Personen, allen voran Daniel Pagenstecher, legen davon Zeugnis ab, indem sie – den Vorgaben der eigenen Theorie entsprechend – ihr Handeln und ihre Wahrnehmungen ganz in der Manier der „Dichter=Priester“ nicht mehr vollständig kontrollieren und damit Teil dieser Veranschaulichung werden. Ihren Höhepunkt erreicht diese Entwicklung mit dem Auftritt von Edgar Allan Poe selbst, der Paul und Dän von Li Gäa als ihr Mitarbeiter und Assistent Dr. Pononner vorgestellt wird. Spätestens jetzt kennt *Zettel's Traum* jene Kategorien nicht mehr, die von seinem Protagonisten Pagenstecher so lange mit so großer Verbissenheit geschieden wurden und die er immer noch glaubt unterscheiden zu können, als er längst und ohne es selbst zu bemerken zum Mitspieler in dem von ihm inszenierten Etym-Theater und damit zur Funktion

[39] Ihre „halblaute Stimmmusik“ ist von „verhexende[r] versklavende[r] Überredsamkeit. […] Sie war hoch von Wuchs, etwas sehr schlank, ja in ihren letzten Tagen ausgesprochen mager. [...] Sie kam und sie schwand wie ein Schatten. Nie bin ich ihres Eintretens in mein abgesondertes Studio gewahr geworden, ehe die teure Musik ihrer süßgedämpften Stimme anhub, und sie mir ihre Marmorhand auf die Schulter legte.“ Edgar Allan Poe: *Ligeia*, in: E.A.P.: *Das gesamte Werk in zehn Bänden*, hg. von Kuno Schumann und Hans Dieter Müller, Bd 2: Arabesken. Detektivgeschichten, Herrsching 1979, S. 610-634, zit. S. 610f.

seiner eigenen Theorie geworden ist. Edgar Allan Poe alias Dr. Pononner wird von Pagenstecher im Verlauf ihrer Begegnung „rabiat abgefertigt“[40] werden, ein untrügliches Zeichen dafür, dass „auch Pagenstecher nicht immer auf der Höhe des Geschehens ist“,[41] denn dass sich hinter der Maske Dr. Pononners die Identität Edgar Allan Poes verbirgt, bleibt von ihm unerkannt:

> (da ein MittlGroßer, würdich, hereinglitt – (die Müllone tief ins Gesicht gezogn; (n Hitler=)Bärtchen über dem hohen (auch hochgeschlossenen) HemdnKragn; die SeitnNaht seiner Breeches schien geplatzt?) -/ (Li, flüchtich): „Doctor Pononner; Mein Assistent... (:!-:!)-. [...] ä=Unser Doktor ss SpähziaList für 1800-50, Dän: weiß sicher noch=was...“ [ZT 1063mm]

Dieser Assistent weiß tatsächlich einiges, etwa über Geschlechtskrankheiten und die Behandlungsmethoden der damaligen Zeit, doch will das Gespräch zwischen dem Doktor, Paul Jacobi und Daniel Pagenstecher nicht so recht in Gang kommen, denn „[j]ener sahte=drein:! / ‚fremd & feindselich‘?.../“ [ZT 1063rm] Es folgen jene grotesken Szenen, in denen sich Dän im Wissen um Person und Werk Edgar Allan Poes mit einem anderen konkurriert, der nicht nur bis ins Detail dem Äußeren Poes entspricht, wie Pagenstecher selbst es immer wieder beschrieben hat, sondern dessen Auftritt als Ganzes überdeutlich auf seine Identität mit Poe verweist. Daniel Pagenstecher ist dafür nicht nur blind, er vermag im Übrigen auch die Kompetenz des anderen nur widerwillig anzuerkennen: „wenn Sie sich vielleicht etwas wenijer=schneidend ausdrückn könntn; verehrter Freund!... (?)-: nich=doch: ‚unfehlbar‘ bin Ich=selber; (da brauch Ich=Sie nich)... (?)-: na da fragen Sie doch mal!-:?!-“ [ZT 1063mu] Es versteht sich, dass Pagenstecher auf alle Fragen Dr. Pononners eine Antwort hat: „(: na komm=nur, frag=nur! Ich bild mir ein,: mehr von POE zu ‚wissen‘, als Er=selber))))“ [ZT 1064rm], und dieses Selbstbewusstsein gründet im Wissen um einen Informationsvorsprung, den Pononner trotz aller Detailkenntnisse nicht aufholen kann: selbstredend verfügt er eben nicht über die „Etym=Methode“, „[e]in (allerdings kompliz’iertes) Verfahren der Text-Untersuchung; aufgebaut auf BuchstabmVerschreibbarkeiten einer=, auf statistischen Häufungen von starren Bilderfolgn andererseits...“ [ZT 1064mu] Es kann kaum überraschen, dass Pagenstecher Dr. Pononner von seiner Methode nicht überzeugen kann, ja dass letzterer sie sogar bestreitet, erst „dumpf“ [ZT 1065mm], dann „hitzig“ [ZT 1065lm], so dass ihn auch seine Chefin nicht mehr beruhigen kann. Am Ende hat er den etym-fundierten Ausführungen Däns, die zum wiederholten Male Poe als koprohilen

[40] Gregor Strick: *Gespräche im Schatten. Zu Arno Schmidts Dialogizität*, in: *Zettelkasten* 17 (1998), S. 31-64, zit. S. 61.

[41] Kyora: *„Ist das nicht Maskeraden Spott“*, S. 168.

Voyeur outen, nichts mehr entgegenzusetzen: „“Das ‘ss eine...: Niedrije UnterStellung‘ !-“; (merkwürdich=schwache (vergaumte?) Stimme hatte das Wesn.)“ [ZT 1066lu] Freilich hat er genau damit seine Rolle erfüllt. Als Spezialist für die Verhältnisse der ersten Hälfte des 19. Jahrhunderts hat er die notwendigen Fakten bereit gestellt, die Pagenstecher helfen, jenes Urteil zu fällen, das Poe/Ponoнner natürlich – wenn Däns Theorie der unbewusst schaffenden „Dichter=Priester“ stimmen soll – bestreiten muss:

> „[...]: Der Herr befindet sich, (glaub nich, daß‘ ch Mich irre), noch unter=halb der Schranke, jenseits deren mann den Krach bei Etyms=nebman überhaupt erst vernimmt; (so=Ende=30 weiß man noch nich alles). – Außerdem habm Sie mehr=geliefert, als Ich erwartet hätte: ist S doch eine Regl, daß der bw=Abstreitnde, (der ubw sehr wohl weiß, daß der beGegner Recht=habe), sein Einverständnis, verballhornig, auf bestenS=Etymsch eingesteht.“ [ZT 1066mu]

Zu guter Letzt bekommt er noch einmal präsentiert, dass sein Protest in Wirklichkeit ein lückenloses Geständnis gewesen ist: „-: ‚das ist eine niedrije Unterstellung habm Sie (etwa) gesagt-:?-:!-: GENAU!-: um den vorgetragenen Text zu verstehen, muß man sich, ‚niedrich‘, ‚unter‘ was ‚stellen‘:!? [...] (dh ‚Klovoyeur werdn...“ [ZT 1066mu+ru]

Tatsächlich trägt Pagenstecher mit dieser auftrumpfenden Demonstration seiner Etym-Methode den Sieg über Poe davon, doch ist es ein Pyrrhus-Sieg, der unter Beweis stellt, wie sehr Pagenstecher selbst schon mit jener ‚dichter-priesterlichen‘ Blindheit für die wesentlichen Dinge des Lebens geschlagen ist, die er Poe den lieben langen Tag nicht müde wird vorzuwerfen. Sabine Kyora haben ähnliche Beobachtungen dazu veranlasst, Pagenstechers Verhalten insbesondere im VII. Buch als „gespalten“[42] zu charakterisieren:

> Während seine Wahrnehmungen und Interpretationen weiter die Perspektive auf die fiktive Realität und Poes Texte vorgeben, ist sein Handeln von Verkennung geprägt. […] Im Ganzen ist Däns Verhalten also gekennzeichnet durch das Auseinanderfallen von Selbstinszenierung und dem, was der Text mit ihm macht.[43]

Im Rahmen der Pagenstecherschen Selbstinszenierung hat Dr. Pononner mit diesem Auftritt seine Schuldigkeit getan; er und seine Arbeitgeberin samt Gefolge können im Anschluss daran abtreten, wenngleich die Scortlebener Freakshow zur Implementierung der Etymistik nicht nur als Theorie oder hermeneutische Methode, sondern gar als Ordnungsprinzip nicht mehr einer außerliterarischen, sondern – entscheidender – diesmal der eigenen poetischen Welt weitergeht. Pagenstechers Rolle als auftrumpfender Poe-Exeget einerseits und mit Blindheit geschlagene Marionette seiner eigenen

[42] Ebd., S. 176.
[43] Ebd.

Theorie andererseits dokumentieren im Zuge dessen die Eingeschränktheit des von ihm selbst als besonders scharfsichtig gepriesenen Etym-Blickes. Der lässt Daniel Pagenstecher und Paul Jacobi wohl sehen, wie Poe gesehen hat, doch macht er gleichzeitig blind für jede andere Wahrnehmung; entgegen aller Intention sehen die beiden nur die Maskierung, doch die Gestalt dahinter bleibt ihnen verborgen. Deshalb erkennt Pagenstecher in der jungen Hure nicht Franziskas Freundin Christa, und aus demselben Grund bleibt die eigentliche Identität Dr. Pononners, der Edgar Allan Poe in so vielem gleicht, unbemerkt. Nur Paul wundert sich einmal: „Ds Gesicht hab Ich doch schon ma...?“ [ZT 1063rm] Alles – so scheint es – spitzt sich zu auf eine Frage des Blicks; und es ist der spezifische Blick der Etym-Helden Dän und Paul, der dieses Verwirrspiel in Jahrmarktsumgebung in Szene setzt und in Gang hält.

5.6. Eintritt in die Poesie

Ausgerechnet jener Blick, der die Wahrnehmung für Eigentliches und Uneigentliches schärfen soll, inszeniert also ein Paradox: Wohl vermag er an der Oberfläche alle Beteiligten immer klar zu unterscheiden, doch verkennt er sie in letzter Konsequenz trotzdem. Die etymistisch geschärfte Wahrnehmung, die so selbstbewusst allen Figuren klare Attribute zuzuordnen imstande ist, vermag nicht zu erkennen, dass sich die getroffenen Differenzierungen in die rekonstruierte Lebenswirklichkeit Poes, in seine Fiktionen und die sie bevölkernden Figuren sowie in die Ödinger Heidekrautidylle und die dort umgetriebenen Personen längst aufgelöst haben: So ist Dr. Li Gäa immer auch Poes Ligeia, die Sirene Ligea und – vergleicht man ihren eigenen beruflichen Werdegang [vgl. ZT 1049mo-mm] mit der von ihr selbst prognostizierten Karriere der in ihrem Etablissement probeweise arbeitenden jungen Hure [vgl. ZT 1070mo] – auch die erwachsen gewordene Christa, deren zukünftige Betätigung in diesem Gewerbe von Wilmas und Franziskas Erzählungen quasi vorweg genommen wird, und die nach ihrer Spitzeltätigkeit für Franziska, während der sie Däns und Pauls Gespräche über Poe belauscht hat, verkündet, dass sie „Litteratur=Psychologin“ [ZT 1208mm] werden wolle. Es ist dies eine Profession, der sie ja bereits in Gestalt der Nymphe Ligea im Rahmen der „Bullenkuhle“-Metamorphosen nachgegangen ist, als sie der verwandelten Wilma gegenüber bekennt, sie würde nicht nur an die Etyms ‚glauben‘, sondern auch mit ihnen ‚arbeiten‘, nicht zuletzt um erschöpfte Intellektuelle in ihren Liebesnöten besser zu verstehen. [Vgl. ZT 581rm] Und Dr. Ponnoner ist natürlich auch Poe, weshalb auch Christa und Poe ein Pärchen sein können, wie Schmidt selbst in *Vorläufiges zu Zettels Traum* nahe legt,[44] sofern Li Gäa und Dr. Ponnoner eines sind, wie es ihr gemeinsamer Auftritt und Li Gäas Zuspruch nach Pagenstechers schwerer Kränkung nahe legen. [Vgl. ZT 1065lu]

Dass ausgerechnet die Figur der Ligeia aus Edgar Allan Poes schwarz humoriger ‚Arabeske' zum Bindeglied zwischen den ursprünglich geschiedenen Diskursen wird, hat selbst etwas Groteskes, ja geradezu etwas makaber Lachhaftes. Bekanntlich ringt die geheimnisvolle Lady, deren Herkunft derart im Dunkeln liegt, dass der Ich-Erzähler und Ehegatte ihren Familiennamen nie gekannt haben will,[45] um die tiefgreifendste aller denkbaren Verwandlungen: Sie kämpft um nichts Geringeres, als den „matten Willen"[46] menschlicher Existenz zu besiegen, und sich so nicht nur den Engeln, sondern auch dem Tod gleichzusetzen und ihn dergestalt zu überwinden: Ligeia kämpft darum, von den Toten zu den Lebenden zurück zu kehren,[47] und die schier endlose Reihe der Wiederauferstehungen vom Totenbett, die ihre bedauernswerte und immer ungeliebte, ja sogar verabscheute und gehasste Nachfolgerin Lady Rowena Trevanion of Tremaine zu durchlaufen hat, bis sich endlich an ihrer statt, der Blondhaarigen und Blauäugigen, die lange vermisste Lady Ligeia aus den Leichenbinden befreit, „langen & aufgelösten Haars: *es war schwärzer denn die Rabenschwingen der Mitternacht!*"[48] und mit schwarzen und wilden Augen, macht dieses unerhörte Ringen anschaulich.

Zum Glück sind die Metamorphosen in *Zettel's Traum* nicht von derart prekärer Natur, wie diejenigen in Poes rauschhaft-visionärer Erzählung. Allerdings verdankt sich – wie gezeigt – die innere Spannung des Buches einem Unternehmen, das ehrgeizig genug erscheint, nämlich dem Versuch einer Überwindung und Zusammenführung des notwendigerweise Geschiedenen – der Kategorien von Poesie und Prosa, von Fiktion und Historie, von unbewusster Innerlichkeit und ihrer veranschaulichenden Darstellung, die notwendigerweise ein Bewusstsein davon verlangt. Es sind die ‚etym-fähigen' Figuren Paul Jacobi und besonders Daniel Pagenstecher, die dieses Experiment veranschaulichen, weil es ihnen widerfährt, und das seinen deutlichsten Ausdruck darin findet, dass die beiden in allem den unterstellten ‚eigentlichen' Sinn wahrnehmen, zugleich aber selbst Teil dieser Eigentlichkeit werden und damit Teil jener Fiktion, die diese Eigentlichkeit erst hervorbringt. Vor Paul, aber auch vor Pagenstecher selbst bleibt dieser Umstand lange genug verborgen. Pagenstechers auf dem Da-

44 Vgl. Schmidt: *Vorläufiges*, S. 4.
45 Vgl. Poe: *Ligeia*, S. 610f.
46 Ebd., S. 621.
47 Vgl. ebd. besonders John Glanvilles Motto und dann die Seiten 621f. und 634.
48 Ebd., S. 634.

menklo schockartig ausgelöste Erkenntnis,[49] dass er dem Gegenstand gleich werde, an dem er arbeite, [vgl. ZT 1030ru] unterliegt in dieser Phase der Macht der interiorisierten Theorie, die ihn in einen Zustand jenseits der angestrebten Kontrollierbarkeit des Unbewussten führt. Weil die Etym-Theorie Fiktion und Unbewusstes so eng miteinander koppelt, ja alles poetische Fingieren überhaupt zur Konsequenz des sich artikulierenden Unbewussten macht, verliert Pagenstecher auch die Kontrolle über Poesie und Prosa, über Fiktion und Wirklichkeit. Dem scheinbar so nüchternen und rationalen Kopf Daniel Pagenstecher kann in diesem Zustand dann nicht einmal mehr die Auskunft des geheimnisvollen Gelben erstaunen, der ihm nach einem rätselhaft anmutenden Schwertkampf [vgl. ZT 1129mu – ZT 1130mu] mit dem „wüste[n] Roten" [ZT 1130mm] bescheinigt, „daß unser=Reich nicht von Ihrer=Welt iss.-" [ZT 1130mu]; und dass auch der geheimnisvolle Degen „weder=von noch=für Wesn, of the arse=arsy, bestimmt=iss." [ZT 1131mo] Pagenstecher nimmt diese zumindest außergewöhnlichen, wenn nicht gar befremdlichen Nachrichten ganz selbstverständlich; gerade so, als wäre er vollständig vertraut mit jenen Welten, die nach ganz anderen Spielregeln funktionieren, als er selbst sie für seine Welt in der Poe-Analyse nicht müde wird festzulegen.

Daniel Pagenstecher aber hat zu diesem Zeitpunkt die Ödinger Wirklichkeit, die stets nach der genauen Differenz zwischen der bitteren außerpoetischen Eigentlichkeit und der euphemistischen poetischen Uneigentlichkeit fragt, hinter sich gelassen zugunsten einer Traumexistenz, die sich erst recht als poetische Existenz begreifen lässt und die damit jene Differenzen auflöst in einem Dritten, weil sie das Analyseinstrument Etym-Theorie in gerade umgekehrter Weise produktiv macht als Generator einer poetischen Welt, die wohl nach den Gesetzen der Etymistik organisiert ist, ohne dass diese Gesetze allerdings in expliziter und diskursiver Weise dargelegt werden würden. Pagenstecher selbst ist natürlich Teil dieser wiedergewonnenen poetischen Welt; er ist nicht mehr analytischer Poe-Exeget und mechanischer Etym-Produzent, sondern wird selbst umgetrieben in einer Inszenierung, für deren Dramaturgie er nun nicht mehr verantwortlich zeichnet. Dies mag für sein Selbstverständnis als ‚Herr über die Etyms' fatal sein, ihn selbst macht dieser Kontrollverlust aber erst interessant, weil er zur Voraussetzung einer Verwandlung wird, die den mechanischen und roboterhaften „Wortkernzertrümmerer" (Drews) wieder vermenschlicht.

Was für den Leser zum Glücksfall wird, weil er nun endlich zum Ohren- und Augenzeugen des Erlebens von Daniel Pagenstecher wird, entpuppt sich für den Betroffenen selbst freilich als schwerwiegender und an Konsequenzen reicher Wechsel im Fach. Das Glück des Interpreten, „[e]ine Welt

[49] Vgl. zu den weitreichenden Implikationen dieses Ereignisses das Kapitel 6 in dieser Arbeit.

der Bedeutungen zu kennen, ohne von ihnen betroffen zu sein,"[50] hat sein Ende gefunden, weil Pagenstecher die privilegierte Stellung eben dieses Interpreten, der „zwischen den Positionen der imaginären und realen Welt, zwischen ästhetischer Einfühlung und rationaler Distanz wechseln kann,"[51] nicht länger einzunehmen imstande ist, auch wenn er selbst sich diese Souveränität noch suggeriert. Thomas Köhler hat darauf hingewiesen, dass der Hermeneutiker Daniel Pagenstecher Edgar Allan Poe nicht versteht, weil er projiziert;[52] ich denke hingegen, dass die Interpretation misslingt, weil Pagenstecher den Texten Poes verfällt – ein unüberwindbares Hindernis für jeden Versuch eines verstehenden Nachvollzugs.

Der Rollenwechsel Daniel Pagenstechers vom bewusst Kontrollierenden zum unbewusst Erlebenden vollzieht sich lange genug und über weite Strecken von ihm unbemerkt. Selbst als sich der Verdacht eingestellt hat, dass die notwendige Distanz im Schwinden begriffen ist, [vgl. ZT 1030ru] sind die Folgen dieser Entwicklung für Pagenstecher nicht absehbar. Die Begegnung mit Dr. Pononner und seine argumentative Ausschaltung demonstrieren Däns selbstzufriedenen „Genuß"[53], der sich nach Sigmund Freud nur beim *Rezipienten* in der Sicherheit gründet, „daß es erstens ein anderer ist, der dort auf der Bühne handelt und leidet, und zweitens doch nur ein Spiel, aus dem seiner persönlichen Sicherheit kein Schaden erwachsen kann."[54] In dem Ausmaß, in dem Pagenstecher die Position des unbeteiligten Betrachters verliert, fällt auch dieser „Genuß", wie noch zu zeigen sein wird, dem Leiden am anverwandelten und zum eigenen gemachten Schicksal zum Opfer.

Zettel's Traum freilich gewinnt nun gerade dort seine Poetizität zurück, wo Pagenstecher seine rationale Distanz an die nicht mehr vollständig kontrollierte Emotion verliert, und diese Verwandlung nicht zu *erklären*, sondern nur zu *erleben* imstande ist. Insofern gilt auch für Daniel Pagenstecher, was Eberhard Lämmert in umfassender Hinsicht als konstitutiv für die Profilierung des Subjekts im Zuge seiner Transposition aus dem Mythos in die Literatur festlegt: „[M]it der Zueignung persönlich geäußerter Sehnsüchte und Hoffnungen, seliger und schmerzlicher Seelenerfahrungen werden aus Heroinen mit vorgeschriebener Rolle individuelle und unver-

50 Schlaffer: *Poesie und Wissen*, S. 219.

51 Ebd.

52 Vgl. Köhler: *Detektive im Dickicht*, S. 63.

53 Sigmund Freud: *Psychopathische Personen auf der Bühnen*, in: *Der Moses des Michelangelo. Schriften über Kunst und Künstler*. Mit einer Einleitung von Peter Gay, Frankfurt/M. 1993, S. 21-28, zit. S. 23.

54 Ebd.

wechselbare Personen, denen die Entbehrung der Liebe die Zunge löst."[55] Für die Wahrnehmung der handelnden Personen in *Zettel's Traum* und für Dän im Speziellen heißt dies: Je nachhaltiger ihre Sehnsüchte, Ängste und Hoffnungen als personales Erleben gegenwärtig wird, desto überzeugender profilieren sie sich als Personen, die ihre Rollen in der einstmals von Pagenstecher in Gang gesetzten etymistischen Versuchsanordnung hinter sich lassen. Seit Daniel Pagenstecher als Dramaturg entmachtet ist, schreibt das Etym-Verfahren seine eigene Geschichte, und dies ist eine Verwandlungsgeschichte, die die Figuren betrifft wie den Text selbst: In dem Maß, in dem sich die Jacobis und Pagenstecher verwandeln, von schablonenhaften Gestalten zu personal prägnanten Akteuren, verwandelt sich auch der Text von Informationsprosa zu Poesie, eine Metamorphose, die auch die Rezeptionshaltung nicht unbetroffen lässt: „Die Anteilnahme an Poesie und Kunst kann beim Publikum intensive Emotionen auslösen – Lachen, Weinen, Rührung, Erhebung. Wissenschaft dagegen erfordert Distanz, Korrektheit, Vorurteilslosigkeit, also eine weitgehende Zurücknahme aller Emotionen."[56] Die Aufgabe einer distanziert nachbuchstabierenden Haltung zugunsten einer Anteilnahme an *Zettel's Traum* im Sinne eines nachvollziehenden Erlebens wird für den Leser erst dort möglich, wo die zentrale Ich-Figur Daniel Pagenstecher *selbst* um eine Haltung von Distanz sowie von - wenn auch nur vorgeblicher - Korrektheit und Vorurteilslosigkeit gebracht wird. Letztere, die jede Imagination personalen Erlebens ausschließt, schreibt *Zettel's Traum* den prosaischen Gestus der (Quasi)-Wissenschaftlichkeit ein, der keine andere als eine reflexive Rezeption zulässt. Als Pagenstecher vom Leben eingeholt wird, das er längst schon zugunsten der Wissenschaft aufgegeben geglaubt hat, bringt es ihn um die analytische Distanz, weil das Leben im Vollzug erlebt und erlitten, nicht aber interpretierend ausgelegt wird: Pagenstecher widerfährt nun sein Leben, und wir als Leser nehmen daran Anteil, gerade weil er es *erlebt* und es eben nicht *erklärt*.

[55] Eberhard Lämmert: *Die Metamorphose des Ovid. Betrachtungen über das Verhältnis von Liebe und Literatur*, in: *Liebe als Literatur. Aufsätze zur erotischen Dichtung in Deutschland*, hg. von Rüdiger Krohn, München 1983, S. 143-162, zit. S.148.

[56] Schlaffer: *Poesie und Wissen*, S. 212.

6. Die Auferstehung des toten Dichters

6.1. Souveränitäts- und Herrschaftsverluste

Die Anverwandlung des fremden Blickes, dies zeichnete sich bereits ab, ist freilich mehr als eine Frage der richtigen Brille. Letztere lässt sich nach Belieben abnehmen und gegebenenfalls gegen anders geschliffene Gläser tauschen, doch verdeutlicht der Handlungsverlauf an diesem sich zu Ende neigenden Sommertag, dass die veränderte Sehweise eine grundsätzlichere Konsequenz als eine manipulierte Optik nach sich zieht, ein Verdacht, der sich Daniel Pagenstecher schon früh aufgedrängt hat, zunächst aber einmal folgenlos bleibt: „(alles voll Brilln Lûpn Ferngläsern bei Mir=Augn : ,ch will sehen'; (bin also ooch mann bloß n verkappter V. Und müd' obmdrein)):....!-;-!;-)" [ZT 801ru]

Der Wunsch zu sehen und die bittere Erkenntnis, doch nur ein Voyeur zu sein, dessen Perspektive in trostloser Weise beschränkt ist,[1] deuten es an: Am Ende läuft alles – so scheint es – noch einmal auf eine letzte und besonders spektakuläre Metamorphose zu, die selbst wiederum als Entlarvung wirkt, weil sie die Ereignisse in und um Ödingen, in und um „Dän's Cottage" in ein ganz anderes Licht taucht, als jenes, das Pagenstecher so lange Zeit als Licht der Erkenntnis voran getragen hat.

Doch bevor es soweit kommt, wittert Daniel selbst noch die Gefahr und ist sich der Konsequenzen gewärtig, die der veränderte Blick mit sich bringt: „der PO(E) iss etwas, das überwundn werdn muß" [ZT 991mm], stellt er für sich fest, als er Paul erwischt, wie der sich gerade an der nymphomanen Dorfirren zu schaffen macht. Pagenstecher kann in der Folge gerade noch verhindern, dass die Dame „uff=offna Schdrâße" „S=drippt" [ebd.], und Paul muss sich das Urteil gefallen lassen, „schlimmer [zu sein] wie der Alte Kara Masoff!" [ZT 991rm]

1 Der „'fortgeschrittn[e] Voyeur'" [ZT 541lm] eliminiert die von ihm an seinem Opfer als störend empfundenen Teile: „Das störendste ist der ,Kopf'; der wird entweder ,culisiert', (durch die Verlegung von u nach o : ein Trick, der die ersehntn Organe ja ebemfalls quasi=unsichtbar macht!); oder aber er (der Kopf; als Träger der, eventuell=ihrerseits den V beobachtndn=Organe !) wird einfach eliminiert – wodurch dann die ,Akephalen' entstehen." [ZT 541lm] Die voyeuristische Beschränkung hat Däns Auffassung nach freilich eine weitere Dimension: „Die zunehmende Bedeutung der SchauLust?: iss der Ausdruck eingeschränkter S=Aktivität: an die Stelle rüstijer S=Leistung, tritt der Hang zum tatnlosn V aus der Ferne.-" [ZT 1327mm]

Allerdings sieht sich Pagenstecher gezwungen, bald schon sich selbst in die Kritik an einer reichlich einseitigen Ausrichtung der Wahrnehmung einzuschließen. Als er die vorangegangene Etym-Analyse Revue passieren lässt, kommt er zu einem wenig überraschenden Ergebnis: „(Beim AuseinanderSortiern des ganzn Etym=Mülls ergibt sich follglaurrich?: daß Wir=Beide (!) (wieder=mal) nur ‚PITT & Fox‘ [=Penis und Vagina, D.P.] im Koppe hattn.“ [ZT 992mm] Diese Einsicht ist von erstaunlicher Scharfsichtigkeit, aber dennoch schützt sie nicht vor jener angedeuteten, immer weitreichenderen Verwandlung, die schon bald danach mit Pagenstechers Irrgang auf die Damentoilette in der Dorfkneipe ihren mehr als spektakulären Auftakt erlebt.

Daniel lässt Freund Paul in der Gaststube der „Butike“ [ZT 1017mo] von Mutter und Tochter Heinemann[2] zurück, reichlich versorgt mit Spezialgetränk und mit der Aufgabe beschäftigt, sich eine weitere Etym-Spinne anzulegen. [Vgl. ZT 1028] Pagenstecher selbst will „ma rasch auf'n Topp“ [ZT 1028mm], und macht sich auf dem Weg dorthin naheliegender Weise so seine Gedanken über den längst schon als koprophilen Klovoyeur enttarnten Edgar Allan Poe und überlegt dabei: „was dàs für'n Anblick gewesn sein muß,: POE mit der Temperenzler'Fahne‘ vorne=weg:!; (Ich stellte Mir'S gleich=vor -: wie Er da=so, wegweis'nd, voranschritte : im unbekanntn aber hohlen Gang=entlang, dem unschön enttünchtn; in Rich-

2 Auch diese beiden Damen gehören jenem Typ Frau an, dem Poes Ligeia Modell gestanden haben könnte: „(Erwartungsgemäß verschlug's Ihm erstma die Luft :!?!-/ ‚Frau Wirtin‘ 2 m groß, (das Töchterlein etwas mehr); da Beide kohlschwarz gingen, wirktn sie noch riesischer & dürrer, (was sie übrijens nich ma waren – eher gefährlich knochicht!)) Mutti grau=goldne Haare zu veilchenfarbenen Lippm; aus ihrem vielversuchtn Busn stierte eine ungeheure Goldene Schlange hervor; (dann, thekenverdeckt, die langen gesundn EisenLeiber).“ [ZT 1017mm] Nicht nur das Aussehen der Wirtin und die Attribute, mit denen sie versehen ist, lassen sie als Todesbotin erscheinen, sondern auch der Name ist sprechend. Hinzu kommt, dass beide, Mutter und Tochter, in ihrem Äußeren an Hel aus Schmidts Erzählung *Die Wasserstraße* erinnern: „Auch Hel tat 1 Schritt (von völlig unglaubwürdiger Weite) herzu, alle ihre Teens bei sich; und ich sah wieder einmal mehr an ihren 80 Zoll hinauf: 16½, und ein Knochengespinst, das mühelos auf meine 1=83 herabschaute! […] ‹Gewachsen› war sie im letzten Jahr anscheinend nicht – was ja auch völlig unnötig gewesen wäre; sie würde's sowieso schwer haben: wenn man wenigstens die *Andeutung* eines Busens gesehen hätte! Aber nichts, garnichts, nich'die Spur jener Äppi=Cycl; was Die=dort im düsteren Bikini barg, war garantiert nichts als ein Werk der Kunst. Dafür um den Hals, auf mitteldünne Schnur gefädelt, ein Zodiakuß aus Haselnüssen: ‹Kein Schmeerbauch, der im mächtigen Armstuhl dampft, wird Dich beleidigen›; oder auch: ‹Abgeleget die Glieder, ausgezogen den Körperbau, ward ich Schatte. – Noch des Staubes 1 wenig: und ich glüh wie ein Funk empor!›; Überschrift ‹Mein Patchen›.)“ (Arno Schmidt: *Die Wasserstraße*. In: BA I/3. Zürich: Haffmans 1987, S. 423-454, zit. S. 425f. Zur Allgegenwärtigkeit des Todes in Schmidts *Wasserstraße* vgl. Brigitte Degener: *Arno Schmidt: Die Wasserstraße*, in: *Bargfelder Bote* Lfg. 10 (1975), o. P. [S. 3-18, bes. S. 9ff.])

tung der Toilettn, der nich übermäßich wohl gebautn." [ZT 1028mm] Poe weist Pagenstecher tatsächlich den Weg, allerdings in einer Weise, die von letzterem kaum als erstrebenswert erachtet werden kann, denn als der wenig später aus seinen Gedanken an den in voyeuristischer Absicht auf die Damentoiletten schleichenden Poe hochschreckt, muss er erkennen, dass er nicht nur dessen Blick internalisiert, sondern sich auch und diesmal ohne jede Absicht dessen Intentionen anverwandelt hat: . „(:Oh GUT ! -: jetz war ALL=S aus ! ...: WIESO WAR ICH DÄN IM DAM'MKLO !? -)" [ZT 1028mu]

Der besondere Effekt dieser Textpassage liegt natürlich im radikalen Umschwung in der Figurencharakteristik, denn Pagenstecher war bis zu diesem Zeitpunkt nicht nur der Souverän der Wort- und Textwelten, sondern agiert auch in seiner Heidekrautidylle scheinbar unangreifbar und über die meisten menschlichen Schwächen erhaben oder jedenfalls von diesen nur mehr am Rande affiziert. Mit der spektakulären Fehlleistung und ihren (Beinahe-)Folgen wird freilich einiges anders. Pagenstecher selbst wird zum Opfer jenes Unbewussten, das zu beherrschen er als über alle Maßen erstrebenswert erachtet. Seine Annahme, die nachlassende Libido und die damit verbundene Herrschaft über die Etyms hätte auch die *Be*herrschung und damit die Ausschaltung des Unbewussten zur Folge, entpuppt sich als allzu optimistisch dort, wo es nicht nur darum geht, die Existenz des anderen äußerlich nachzuvollziehen, sondern Poe besser zu verstehen, als er sich selbst verstanden hat.

Immer schon hat in *Zettel's Traum* die allgegenwärtige Majuskel ,S' als die Abbreviatur für alles Sexuelle fungiert,[3] doch ihre fast schon penetrante Überbetonung ausgerechnet im Kontext einer Abschwörung vom Lustprinzip macht deutlich, was Pagenstecher im Zustand des Souveränitätsverlustes nur mehr unbewusst weiß: „(Unsre Kultur beruht (anschein'nd) auf dieser VerwandlungsFee'ichkeit des S in CunSt=&=WiSSenschaft" [ZT 1159mo] deklariert er, und genau diese Fähigkeit steht infolge von Däns aufschlussreichem Missgeschick natürlich in Frage. Selbst seine offenherzige Behauptung einer von Libido freien Existenz verliert angesichts der wimmelnden „S" an Glaubwürdigkeit:

> Meine Fähichkeit zu ,sublimieren' scheint eggStrem=groSSe; (weSwegen Meine LiBüdelichcoit einladnd=abgesunk'n=wirkn mac) – in Meinen best(j)in S=Zeitn werd'Ich, (fürcht'Ich), nie mehr als 30% vermocht habm !; (da=von 15 noch ,verdeckt'; dh in WortBatiken verScheuSlt); immomännt sind'S..."; (& Ich geb MirMaMühe, wirklich=aufrichtich zu sey'n!):" – ,offen' 5%; (,verd(r)eckt'=Fille'laicht nòch=5?) [ZT 1159mm]

[3] „Wenn Ihr wollt, können wir ja Abbreviatouren einführn : für ,SEXUELL' in allen Biegungen ,S' setzen? [...] Abkürzungen & Siglen sind deswegen am Platze, weil sie fast immer unvorbelastet sind." [ZT 14mu]

Im fiktionalen Kontext und vor dem Hintergrund der Ergebnisse der Poe-Analyse kann diese Überzeugung nur auf ein Paradox hinauslaufen: In eben dem Ausmaß, in dem sich Pagenstecher mit dem Gegenstand seiner Wissenschaft identifiziert, verliert er natürlich auch sein hohes Potential an Sublimierungsfähigkeit,[4] denn der Identifikationsgegenstand ist Edgar Allan Poe, und der gehört ausgerechnet zu jener Gruppe der „‚reine[n] Toren‘ à la STIFTER; die sich benehm‘, als wäre ihnen Keiner gewaxn, (& zur Strafe dafür immerfort ubw=ferkln müssn)“. [ZT 1159mo] Ausgerechnet dieses poetologische Credo bestätigt sich dann eben sehr nachhaltig, und natürlich – quasi oberflächlich und vergegenständlichend – nicht nur in Bezug auf Poe, dem ja (ähnlich wie Adalbert Stifter und Karl May) nicht zuletzt aufgrund der angeblich fehlenden bewussten, rational kontrollierten Fähigkeit zur literarischen Produktion jede Kunstfertigkeit als Schriftsteller abgesprochen wird. Als prekärer erweist sich diese Bestätigung schon, wenn sie implizit und ganz im Sinne einer für Poes Werk konstatierten „doppelten Buchführung“ [ZT 925lu] ausgerechnet den Erfinder ihrer methodischen Voraussetzung demaskiert: „Wer seinem bw verbietet, Kenntnis von einem Tail seiner Körperlichkeit – (die ihm ja ange$^{\text{born}}/_{\text{waxn}}$ iss) – zu nehm‘? -: bei dem muß das ubw dopplt viel=&=laut da=von schwatzn!; der wird immer gereizter (nerwöser) & schlechter & perwerser.“ [ZT 1158mm] Ein solches Credo – gedacht zur abermaligen Aburteilung Poes als „Dichter=Priester“ – fällt nun plötzlich auf Daniel, seinen Richter, zurück.

6.2. Irrgänge I: Vom Analytiker zum Analysanden

Pagenstechers Reich – sein Herrschaftsbereich – mag die Literatur bleiben, aber nur solange er die Literatur vom wirklichen Leben fernhalten kann, solange er Wirklichkeit und Fiktion zu unterscheiden vermag. Nun bewirkt aber ausgerechnet das Streben um die ultimative Textexegese -: „Jaja : litteraturgeschichtliche Untersuchungn, die sich der EtymKunde nicht bedienen, werdn sehr bald als lückenhaft & wissnschaftlich=unzureichnd bezeichnet werdn.“ [ZT 1125lo] - die Aufhebung der Grenzen: Das eigene Leben wird Teil der fremden Lebenswelt, und gleichzeitig bemächtigt sich das Fremde der eigenen Identität. Radikaler noch: Da die Etym-Theorie ausschließlich das Unbewusste zum Erkenntnisziel hat, trifft auch die Verwandlung zuerst das Unbewusste. Zu Pagenstechers bei Tagesanbruch mit Vehemenz vertretener, selbstbewusster Einschätzung: „[...] : Es ist ähnlich

[4] Eine Gefahr, die Pagenstecher zu Beginn der Poe-Analyse bewusst war, die er aber in deren Verlauf wieder aus dem Blick verloren zu haben schien: „(Jetz auch noch die Auflage : EDGAR POE zu sein.! Wenn man über 50 noch etwas Mittel=großes leisten will,muß man sein Leben aufs Spiel setzen.-“ [ZT 20lu]

wie mit der Atom=Energie : Wer die Etyms hat, ist der Herr der Wort=Weltn!" [ZT 222mu] - gesellt sich abends jedenfalls die Erkenntnis, dass der Machtbesitz in den „Wort=Welten" nicht vor prekären Situationen in der Wirklichkeitswelt zu schützen vermag:

> (OhMeinGott was kann Ich bloß machen!? ...: einfach rausgehn, und „Opa=Don" murmln? ... (villaicht zusätzlich besoffn stelln?) ...: WENN SIE DOCH BLOß GINGN !!! – (abder das schwatzd wie die Elstirn! [ZT 1029ro]
> [...]
> (zu=haltn !! : wie denn, wie denn?? – (Ich steckte, verzweiflt den Finger ins leere SchlüsslLoch; & versuchte, ein' Hakn aus ihm ...?: Mensch das fehlt Mir noch auf Meine Altn Tage : n S=Prozeß ! (‚Das Übersiebnen von Angeklagtn'; (& was wird Fränz'l... (M)ein StoßGebetlein : ‚FRANZISKA hilf!..." [ZT 1029mo]

Von Franziska hat Daniel allerdings in dieser Not nichts zu erwarten. Vielmehr kommt es so, wie von Pagenstecher befürchtet; er wird von einigen das ihnen rechtmäßig zugewiesene Klo frequentierenden Damen entdeckt, die er trotz seiner prekären Lage bei ihren Verrichtungen dort natürlich nicht umhin konnte zu beobachten und belauschen:

> Und DA! – Der Auf=Schrei : „-: da ß=tehdn Kärl in !!! -" – (und Kreischn & RausRasn :!...) - / (Das Weitere war ja nu woh' ziemich klar : in 1 Minute würdn se da=sein. Und Mich rausholn. Die Männer Mich ver=dreschn; (vielleicht war gleich der Gendarm zur Hand). Verfolgt von den parfürmiertn Verwünschung sämtlicher Dorfschönen... (...: und Mein Herz! ('ch brauchde gar keen Dämmer-Zustand zu mim' : Mir war sowieso=so...)/ [ZT 1029mm]
> [...]
> (: zur Strafe zeitlebms mentula denudata rumlaufn' – (oGutt Ich laß Mich entmann'n !)-: ‚In the following years, particularly after strenous intellectual work, he acted under an irresistible con'pulsion...' (hörte Ich bereits das Plädoyer Meines Anwalt's... [ZT 1029rm]

Das „dichterische Bündnis"[5], das Pagenstecher Thomas Köhlers Auffassung nach mit Poe eingegangen ist und das „die Konturen beider subjektiven Welten verschwimmen [lässt]"[6], hat jedenfalls – seine verzweifelten Reaktionen machen das nur allzu deutlich – Pagenstecher nicht willentlich und bewusst gestiftet; er hat dieses Bündnis vielmehr zu erleiden, ganz so wie auch Poe seine sexuellen Vorlieben wohl mehr zu erleiden als zu erleben verdammt war. Immerhin wird Pagenstecher wenigstens die Erlösung aus der unmittelbaren physischen Bedrohung nicht verweigert. Er wird aus der für ihn so prekären Situation durch das beherzte Eingreifen der Wirtin

[5] Thomas Köhler: *Detektive im Dickicht. Studien zur literarischen Tiefenhermeneutik von M. Bonaparte, A. Schmidt, A. Lorenz und W. Benjamin*, Bielefeld 1994, S. 53.
[6] Ebd.

Grete gerettet, die intuitiv Pagenstechers Missgeschick richtig als Fehlleistung einschätzt und gleich auch noch deren Hintergrund begreift: „“Màch‘ SS’U das etwa zu=seltn, Dani=El ? Daß’ir das Zeuch zu=Kopf ß=teichD?“; (& weich=&=würd’Ich): „Ich würd‘aS gèrn=machen.- (Unwenn er nich mehr hard wirrt?, geh’das je auch anderS) -: überléch=ma.““ [ZT 1030mu] Der Bezug zur Psychobiographie Poes ist damit einmal mehr als überdeutlich: Daniel Pagenstecher übernimmt das von ihm für Poe diagnostizierte Verhalten des impotenten und koprophilen Klovoyeurs, und mag er auch über sein eigenes Unbewusstes die Oberhand gewonnen und es gewissermaßen unter Preisgabe des sexuellen Begehrens gezähmt haben, ist er doch hilflos der Macht des fremden, sich machtvoll artikulierenden Unbewussten ausgesetzt. Die Einsicht ist ernüchternd, und Pagenstecher erkennt das ganze Ausmaß seiner eigenen Verwandlung:

> (: ob das jé=malS eintretn wird ? : daß mann ei’m Autor (oder auch Forscher; ergo ‚Intellecktuellem=allgemein‘) ‚vor Gericht=dann‘, zugute haltn wird : daß er sich 6 (SEX) Jahre hindurch, auf 1 Stoff con’scent’riert habe?. (Als ‚milderndn Umstand‘? (: ‚Ich werde dem Stoffe=gleich, in dem Ich arbeite‘, (Herr MILLEANGELO)) [ZT 1030 ru]

Sich einen Stoff möglichst gründlich anzuverwandeln, heißt also, sich in den Stoff selbst zu verwandeln. Nur folgerichtig ist es daher, wenn Pagenstecher die Herrschaft über sein Unbewusstes verliert. Genau diese Fähigkeit spricht er ja schließlich auch Poe ab. Wenn Wissenschaft und Poesie im Pagenstecherschen Sinn eins werden sollen, dann heißt dies, die Grenzen zwischen den Seinsweisen aufzuheben, und davon ist dann nicht nur der zu bearbeitende Stoff betroffen, sondern auch sein erster Bearbeiter: Nicht allein Poe verwandelt sich von der historischen Figur zum fiktionalen Dr. Pononner, dem Assistenten seiner wiederum in die Fiktion der Sexualforscherin Dr. Li Gäa verwandelten fiktionalen Ligeia, sondern auch der fiktionale Ich-Erzähler Daniel Pagenstecher verwandelt sich in den historischen Edgar Allan Poe, der seinen voyeuristischen und koprophilen Neigungen nachgeht, und seiner Kindsbraut gegenüber keusch und impotent bleibt. Stefan Voigts Einschätzung, dass Pagenstecher die aus Erkenntnisgründen angestrebte „Identität mit seinem Untersuchungsobjekt nicht erreichen [*könne*]“,[7] wird vor dem Hintergrund der Damen-Klo-Episode, die Pagenstecher als Fehlleistung widerfährt, relativiert. Wie die Geschichte zeigt, strebt er zwar planvoll eine möglichst weitreichende Empathie an, die das kontrollierende eigene Ich jedoch möglichst unangetastet lassen soll, doch kommt ihm gerade dieses überraschend abhanden. Er, der stets auf die Bewahrung ‚scharfer Konturen‘ bedacht war, wird nun Teil einer

[7] Voigt, *In der Auflösung begriffen*, S. 98. [Kursivierung D.P.]

Verwandlung, die gerade deren Auflösung betreibt,[8] ein Prozess, der nicht umkehrbar ist, auch dann nicht, wenn sich Dän der Identifikation wider Willen mit Poe am Ende unter Aufbietung aller Kräfte doch noch entziehen kann, ja dies sogar *muss*, wie noch zu zeigen sein wird. Zunächst aber bleibt die Einsicht in den Kontrollverlust.

6.3. Irrgänge II: Von „Retrograd" nach „Edingen"

Nach seiner Rettung aus jener verhängnisvollen Klo-Affäre in allerletzter Minute will sich Pagenstecher dieses Erlebnis jedenfalls „eine Lehre" [ZT 1030mu] sein lassen, wenngleich er andererseits den Einsatz von Leib und Leben als legitimen Preis für rücksichtslose Aufklärungsarbeit erachtet: „(:andro'seits: ‚Wer den Menschn ‚DEN=MENSCHN' näher=bringt!,: hat sich halt gefaßt=darauf zu machen...'/" [ZT 1030mu] „Gefasst worauf?", ist man da geneigt zu fragen. Gefasst darauf wohl, eben ein Mensch zu sein, der auch seinem Unbewussten Tribut zu zollen hat, und als solcher kommt Pagenstecher dann auch von dieser Episode an daher, als er erstmals auf eine an ihn gerichtete Frage keine Antwort weiß: „"DANIEL? DANIEL !- : WAS MACHSDÚ HIER ZU DIESER S=TUNDE ?!-" / : „'ch weiß es nich Gredte. – Ich geh austretn?-: und find Mich auf=einmal hier !...:?"." [ZT 1029mm]

Nicht zufällig präsentieren sich die Bücher IV, VII und VIII bei der Lektüre als die kurzweiligsten, und auch Arno Schmidt selbst erachtet etwa Buch VII als „das künstlerisch gelungenste von allen acht Büchern. [...] Aber das nun wirklich im Sinne der alten großen masques – das Turbulenteste, Farbigste. Es ist gute durchbrochene Arbeit."[9] Diese Bücher erzählen jene Geschichten, in denen nicht nur Daniel Pagenstecher, sondern auch die Jacobis die größte personale Eigenständigkeit erlangen, als Personen prägnant werden und dies, obwohl sie natürlich immer auch Spielfiguren in der

[8] Dem empirischen Urheber des Experimentes *Zettel's Traum* war indes sein Tun im Geist der Verwandlung stets bewusst: „Ich bin kein Mann der scharfen Konturen. Ich bin Metamorphotiker – ein Verwischer von Konturen. [Arno Schmidt, öftere [sic] Äußerung im Gespräch.]" *Porträt einer Klasse. Arno Schmidt zum Gedenken*, hg. von Ernst Krawehl, Frankfurt/M. 1982, Motto zum Vorwort des Herausgebers, S. VII.

[9] Vgl. Schmidt: *Vorläufiges*, S. 11. Umgekehrt bekennt Schmidt selbst ebenda, dass Buch VI nicht ganz unproblematisch wäre: „Jedenfalls dieses, gerade dieses etwas längliche Buch – stinkt ausgesprochen – es war aber nicht zu übergehen. – Und es ist mir doch tatsächlich etwas schwergefallen ich bin nicht koprophil." (S. 10) Mag der ‚Gestank' auch nicht unbeträchtlich daran beteiligt sein, dass einem Buch VI nicht nur zu schreiben, sondern auch zu lesen schwer fällt, so paralysiert dieses Buch nachhaltiger noch Daniel Pagenstechers seelenlose Rolle als fast schon manisch-mechanisch agierender „Wortkernzertrümmerer". (Drews: *Joyce und Schmidt*, S. 10.)

großen Inszenierung unter der Regie der Etym-Gesetzmäßigkeiten bleiben. Paradoxerweise erreichen sie diese Prägnanz gerade mit steigender Abhängigkeit von dieser Theorie und mit ihrer Ausweitung auf das Leben ihres ursprünglichen Schöpfers und ersten Anwenders: „Weil=Wir ‚dem Stoffe gleich werdn, id Wir arbeitn',: beànstandesDu=Uns?" [ZT 1218lm], rechtfertigt sich Pagenstecher mit Nachdruck gegenüber Wilma, die einmal mehr die ihrer Ansicht nach einseitige Fixierung von Paul und Dän auf genitale Dinge tadelt [vgl. ZT 1218lm], und außerdem die Art der Identifizierung mit den zuvor diagnostizierten Poeschen Biographica auf den Punkt bringt: „"Der Eine auf ne abscheulich=intellectuelle Weise lüstern -: der And're pausnlos intoxicated...?" / :„Say ‚drunk' at once, and be done with it" (erwiderte P gutmütich." [ZT 1221mm] Pauls ‚Rausch' und Pagenstechers sehr spezielle Art der ‚Lüsternheit' – die von Wilma so heftig kritisierte Hingabe der beiden an die Poe-Interpretation – sind es, die gerade die poetische Autonomie in *Zettel's Traum* wieder herstellen. Dort, wo die Figuren das Leben Poes quasi als das eigene übernehmen, braucht die Etym-Theorie nämlich nicht mehr selbst *Gegenstand* des Buches zu sein, sondern kann sich ganz im Handeln der Figuren zur *Anschauung* verhelfen, und diese wiederum sind nicht länger reduziert auf ihre Rolle als bloße Zulieferer für den Etym-Produzenten Pagenstecher. Umgekehrt bleiben die vier - und dabei immer Dän und Paul im Speziellen - mit zunehmender personaler Profilierung Exegeten des großen Abwesenden, ja sind dies umso mehr, je weniger sie über Poe und seine Texte sprechen und je deutlicher sie sein Leben leben. Mögen ihre Aktionen und Reaktionen auch in vollständiger Abhängigkeit von Poes Leben verlaufen, so ist dieses doch umso mehr im Handeln der Ödinger vier aufgelöst, verleiht ihm Form und Inhalt gleichermaßen, wie es dies verliehen bekommt.

Es sind dann auch die letzten beiden Bücher, in denen Däns Verliebtheit in Franziska über das bloße Lolita-Zitat und eine schlichte und phasenweise durchaus abgeschmackte Verdoppelung der Verbindung von Edgar Allan Poe mit seiner Cousine Virginia Clemm hinaus anschaulich wird. Gerade in dem von Pagenstecher mehr als schmerzhaft empfundenen Abschied von Franziska, der für ihn überhaupt nur zu bewerkstelligen ist, indem er ihn vermeidet [vgl. ZT 1329f.], zeigt sich die intensive Anschaulichkeit des unmittelbaren und unreflektierten Erlebens im krassen Gegensatz zu nüchtern vermittelten Daten:

> Wer wird Dän weinen, wenn man auseinander geht ?!; (plus : ‚da bisDe endlich wieder ein Verhältnis=los!'. Bzw: ‚S=Einsamkeit Mich wieder erfreut : oh wie Mich FREUD S=Eye'Sam'keit!')). / [...] (Ich redete Mir aber auch sonst gut=zu; so : ‚Hau ab Kerl!: in Deine WahnWeltn!'. Oder: ‚Hock doch ein in Dein verwünschtes FrazznHaus, Spinner! : MondscheinMensch!'. Auch: ‚Geh lieber ma zu'm Arzt, armis Schwein ! Am bestn gleich zu Mehreren.' (Aber meine Stimme

> hatte ein‘ so=eignthümlichn Klang beim Murmln, daß Mir selber komisch wurde [...] [ZT 1330mo]

Aber auch schon zuvor, während des gemeinsamen Ausfluges mit Paul nach Scortleben, ist Pagenstecher mit seinen Gedanken ganz bei Franziska, die er beauftragt hat, ihm auf dem Rückweg vom Jahrmarkt entgegenzukommen, um sie zu informieren, dass ihr das Schicksal einer Karriere als Schuhverkäuferin nun wahrscheinlich doch erspart bleiben würde. Die feste Überzeugung: „(:SIE (=FR!) muß wèg=von=Mir!!!-)))“ [ZT 1053mu], die sich einstellt als Reaktion auf Marys Befund, dass Poe wohl „LockerRittmen; & Französisch=ferkeln; & Herrliche Bücher schreibm [konnte] ...: bloß den bleichsüchtichSDän Backfisch fertichmachn;: dâ haperte'S!“ [ZT 1053lu] – ein Befund, den Pagenstecher sofort auf sich bezieht – diese Überzeugung also erscheint besonders in den Szenen des Wiedersehens nach der kurzen abendlichen Trennung und der Rückkehr der beiden in „Dän‘s Cottage“ merkwürdig verblasst, selbst wenn Dän sich und Franziska das gemeinsame Leben in Ödingen in düsteren Farben ausmalt. [Vgl. etwa ZT 1191mmf.] Pagenstechers Szenarien einer wüsten, leeren und permanent trüb-dämmrigen Winterlandschaft entstehen freilich unter dem Diktat der Vernunft, des Über-Ichs, doch bedarf es keiner Etym-Analyse, um den leidenschaftlich gehegten Wunsch dahinter kenntlich zu machen. Franziska lässt sich dann auch nicht lange bitten und nimmt Däns Visionen zum Anlass für ihre eigenen Variationen zum Thema, die samt und sonders und wenig überraschend Pagenstechers dunkelgrauen Entwürfen zum überschwänglich euphorischen Korrektiv werden. Außerdem wird Pagenstechers Versuch einer nüchtern-rationalen Sichtweise konterkariert durch die dicke graue Begleiterin des geheimnisvollen dünnen Gelben, die sich auffällig wohlwollend über Franziska äußert[10]:

> Sie murmlte mütterlich=bedeutungsvoll: „-und grüßn Sie doch jâ die Junge Dame von Mir : SôWàs naturLiebes !, ds wär ne Acquisition für de ganze Gegnd=hier. ...(?)-: Och wie könn‘ Se sowas dänkn, Herr Paschnschdecher -: immer frisch=geVag’t ! -:AllSo...“; [...]. [ZT 1131mo]

Losgelöst vom Wirklichkeitssinn und verwandelt in jenen seltsam unbestimmten Traumzustand zwischen den Ergebnissen einer Etym-Theorie und ihrer poetischen Anverwandlung gerät Pagenstecher schließlich immer tiefer in eine Inszenierung, die die eigene Hinfälligkeit vergessen macht und das Unmögliche als Option immer deutlicher scheinen lässt: „Ich=selbst

[10] Freilich ist es kein Zufall, dass diese ermunternden Worte ausgerechnet von einer Person stammen, die mit der rauen Ödinger Wirklichkeit nur sehr lose verbunden und eben in einer anderen Welt beheimatet scheint, in der noch viel Phantastischeres als selbstverständlich genommen wird als die Verbindung eines kränkelnden Mannes in den Fünfzigern mit einem sechzehnjährigen ‚Fantasiekindsköpfel‘.

habe keinerlei ‚Lust' mehr; an Nichts -: laß Mich wenichstns versuchn, sie 1 Anderen zu bereitn." [ZT 1120mo] Mit diesen Worten – und sie sind verräterischer, als sie auf den ersten Blick erscheinen – versucht Daniel Paul zu überreden, sein großzügiges Geldgeschenk, das Franziska den Verbleib in der Schule garantieren soll, anzunehmen. Die größte Lust der „Anderen" wäre freilich nicht die Möglichkeit, bis zum Abitur in die Schule gehen zu dürfen, sondern bei Dän in Ödingen bleiben zu können. Und dies würde durchaus auch Pagenstecher Lust bereiten, wie sich nur wenig später in den Szenen mit Franziska zeigen wird, die auch die heroische Entsagungsgeste relativieren, die Pagenstecher zur Bedingung seines Angebotes an Paul macht: „Ihr müßDit Euch, ‚feierlich', verpflichtn -: h=dafür zu sorgen, daß Ich Francisca in Meim Lebm nicht mehr zu sehen $^{brauche}/_{bekomme}$!-" [ZT 1121mm] Selbst Paul erscheint soviel Heldenhaftigkeit als unglaubwürdig,[11] und er versucht dem Freund mit dem Geständnis seiner eigenen Schwächen den Reizen Christas gegenüber die Scham vor dem eigenen Begehren zu nehmen:

> „-'ch will gar nich zudringlich sein; Ich gesteh's freiwillich : wenn's bei Wilma wieder ma besònders rapplt; wenn Ich schufte wie''n Nigger & zuMittag iss ds eenzije was Se uffzutragn weiß n ‚Saures Gesicht' -: tcha dann krieg Ich óoch Anwandlungn, soga die Christa,wenn se kommt, beim Kopp zu nehm' !; (und'S bleibt nich immer bei bloßn Anwandlungn)-" (knurrte Er hinterher) [...] [ZT 1121mu]

Pagenstecher aber bleibt zumindest äußerlich unbeugsam, und dies veranlasst Paul zu einem bezeichnenden Kommentar: „(naja Your king(!)dumm is not of this world)" [ZT 1121mu], und darin steckt eine Wahrheit, deren sich weder Paul noch Dän zu diesem Zeitpunkt bewusst zu sein scheinen: Mag sich Pagenstecher auch lange genug als Herr über die Etyms und damit als Herr auch über das Unbewusste gefühlt haben, sein eigentliches Reich ist das der Poesie. Nur dort und nirgendwo sonst gibt es die Option auf das, wozu schon Frau Dr. Li Gäa geraten hat: „Dän ! – sei $^{klug}/_{lieb}$. -: schaff Dia'n Haidschnucki an;: 'n Süß=Dùmmchen,so phrency do=Magd'SD." [ZT 1083mu] Tatsächlich ist Pagenstecher diesem Rat längst gefolgt: das „Haidschnucki" ist jenes „FantasieKindsköpfel" [ZT 1070mo], von dem die erfahrene Frau Dr. Gäa schon als ideale Partnerin Däns gesprochen hat; es ist Franziska in ihrer von Pagenstecher geschaffenen Rolle als „langfristich=brauchbare[s] LG=Bräutlein" [ZT 1129mo], das für Dän schon als „Junger Mensch" [ebd.] von beträchtlich größerer

[11] Däns wahre Empfindungen angesichts dieses Entschlusses sind tatsächlich viel weniger heroisch als er seinem Freund gegenüber zuzugeben bereit ist: „(((verflucht; Ich mußDe doch mehrmals=ansetzn ! (War ja $^{a}/_{o}$ch idiotisch: Sich=selbst zum (S=)Tode verurtailn; (& die Guillotine bezahln müssn; (& noch mit uffbau'n helfn!...)))" [ZT 1121rm]

Attraktion war als „LaufCuntschafteRinnen, und 1=Nummern=-Verhältnisse“. [ZT 1129ro] In dieser Rolle jedenfalls wird Franziska zu „Frau Paschnschdecher“, als die sie sich schon am Telefon ausgibt [ZT 1122mm], und zu Däns „WahnBräutchen“ [ZT 1142ro]: Die Möglichkeit, bei Daniel Pagenstecher in Ödingen zu bleiben, falls Wilma dessen Angebot doch noch ablehnen sollte, wird von beiden immer weniger als letzter Ausweg aus einer verfahrenen familiären Situation begriffen, sondern im Laufe des Abends zur herbei gesehnten Wunschvorstellung, die den Anlass zum Leben zu zweit liefert:

> (Aber Mich überkam, plötzlich, auch=eine Art=Energie! - … A'so hö-rije=Franziska-:) : „Sollte=Wilma – (Deine=Mutter;gans recht) – per Wärs=genuck sein ab=zu=lehnin? - : dän geschieht, bidte, FollgendeS. -: Dänn pàx'Du Deine pââ=Sächln. -: & kommSD zu=Mir!.-“ [ZT 1142mo]

Je verspielter und lebendiger sich die beiden die Einzelheiten ihres Zusammenlebens ausmalen und je konkreter die Option darauf wird [vgl. ZT 1142ff.], desto deutlicher wird dabei auch, dass Dän und Fränzel die Ödinger Wirklichkeit, das „Retrograd“ [ZT 1120ro] der Prosa, hinter sich gelassen haben und sich jetzt im „Illusium“ [ZT 1154mu] der Poesie aufhalten selbst dann, wenn Pagenstecher zur ‚Sachlichkeit‘ mahnt, die sich erst recht als die Konkretion einer erträumten und erdachten Welt entpuppt:

> „Eine DÄNZISKA=Welt!: Wir machn Uns lauter Gedichte.-“ […] (Bleibm Wa lieber Sach'lich): „Eventuell könnte man auch'n Packet voraus=schickn ?; bring jednfalls Deine liebstn=luchstichstn Bücher & SpielSächln getrost – damit Du lütte=Städterin, (an Lädn, Autos, viele MenschnMädchin gewöhnt), Mir nich gleich nach'n erstn 24=Stundn schon wieder künDichsD.“ [ZT 1142muf.]

Die Etym-Theorie bzw. die Etym-Analyse ist von der Anwendung auf die Literatur, wo sie die Poesie in Prosa übersetzt, auf das außerliterarische Leben übertragen und übersetzt dieses paradoxerweise zurück in die Literatur, weil sie die Anwender der Theorie poetisiert. Daniel Pagenstecher, „der Mann ohne Wiederkehr“, der sich „selbst zum Poss'n [lebt]“ [ZT 1186mu], ist einerseits wohl „InitiaTor [...] dieser S=POEsse“ [ZT 1178mm], gleichzeitig wird er aber auch zusammen mit Franziska zu ihrem Hauptdarsteller, und in dieser Rolle wird er zu jenem ‚Toren‘, zu jenem „DÄN CÜLSCHOTE“ [ZT 1121mu], den Pagenstecher wohl in sich weiß, von dem er aber glaubt, dass er ihm „keinerleye Überlegnheit“ [ebd.] zugestehen müsse. Aus dem von Wilma so titulierten nüchtern prosaischen „Dr. merd“ [ZT 1171mm], der perfekt seine „lingua latrina“ [ebd.] spricht, wird mehr und mehr ein nur schwer fassbarer „Deutobold Symbolizetti Allegoriowitsch Mystifizinsky“ [ZT 1154mo] oder jener „DP“, den Paul in seinem Freund nach dessen entsagungsvollem Umgang mit Franziska zu entdecken vermeint: „ - : ‚DP' ! – Mensch Du bist ja'n DP?!-" [ZT 1134mm]; ein Mensch also, der sein größtes Verlangen nur versteckt – quasi poetisch camoufliert – zu artikulieren vermag. Der Umstand, dem Pagenstecher diese Verwandlung verdankt, ist jener „feine Riß" oder jene „tiefe Kluft", die

> „die Erfahrung der Liebe von ihrer Metamorphose zu Poesie [trennt]. Ein winziger Abstand in Raum und Zeit – [...] – eine Schwelle der Nichtverständigung oder der sozialen Ungleichheit, das bange Warten auf ein Zeichen, Zweifelsqualen oder die Unerbittlichkeit des Todes: das sind die Bedingungen, die aus erhoffter, erlebter, enttäuschter Liebe Literatur entstehen lassen."[12]

Die Liebesgeschichte zwischen Dän und Fränzel illustriert nun gerade jenen Prozess des Werdens von Poesie, der sich an der nicht zu überwindenden Distanz zwischen den beiden entzündet. Die Geschichte von der Unmöglichkeit einer erfüllten Liebe und die darin aufgehobene Imagination der Entbehrung und des Begehrens schreibt *Zettel's Traum* jenseits des prosaischen Gestus als poetischen Diskurs fort.

6.4. Zettels Traum und Bottom's Dream

In der Rolle des liebenden und begehrenden „DP" hat Pagenstecher freilich jede bewusste Herrschaft oder gar Kontrolle über das um ihn herum ablaufende Geschehen verloren. Selbst Paul, Däns treuer und ergebener Weggefährte durch die rund 24-stündige Etym-Odyssee, kündigt ihm am Ende die Gefolgschaft auf:

> „-nich daß Deine TheoReime über das die EinzlErscheinungn Seines rundlichn WeltGebäu's unintressanter würdn – da gesteh'ch Dir durchaus Wilde Harmonie, Verworrne Ordnung, zu -: aber Mein Verstand scheint Mir einen hohen Grad von Abplattung erreicht zu habm... (?)-: Ich weiß sèlber, Wilma : morgn=schon werd'Ich's bereu'n, die Pa Stundn nich durchgehaltn zu habm; aber 8 Glâsn sind 8 Glasn; und Mein Planet weist Mich immastärka zu Bette." [ZT 1259mm]

Pagenstecher ergeht es letztendlich wie dem von Koboldswillkür gebeutelten Weber Nick Bottom aus William Shakespeares *A Midsummer Night's Dream*, der meint, er hätte die Elfenkönigin Titania erobert und sich damit in Wirklichkeit zum „flätzichstn Weber=Esl" [ZT 1129mm] macht. Zeichnet in Shakespeares Komödie die krasse Verkennung noch für die unüberbietbare Komik des Stückes verantwortlich,[13] so ist es in *Zettel's Traum*

[12] Lämmert: *Die Metamorphosen des Ovid*, S. 143.

[13] Vgl. zum Verhältnis von Erwachen und Verwandlung sowie von Erkenntnis und Verkennung Andreas Höfele: *Erwachen in Shakespeares A Midsummer Night's*

gerade Pagenstechers Wissen um die Unmöglichkeit einer Verbindung zwischen einem pubertierenden Backfisch und einem alten Mann bei gleichzeitiger Sehnsucht danach, das der Geschichte Spannung verleiht. Mag sein, dass die Affäre zwischen Daniel und Franziska in ähnlicher Weise absurd erscheint wie die zwischen dem tölpelhaften Bottom und der bezaubernden Titania,[14] doch ist eben auch gewiss, dass gerade die Absurdität in der Liebe *keine* Kategorie darstellt, sondern immer nur das Phänomen der Unausweichlichkeit, wie es Shakespeare in *A Midsummer Night's Dream* in unüberbietbarer Weise anschaulich macht.

Nicht von ungefähr häufen sich dann auch gegen Ende des Buches – insbesondere aber in Buch VIII – die mehr oder weniger direkten Anspielungen auf und die Zitate aus der Märchenposse.[15] Es scheint, als wäre Schmidt die Shakespearesche Komödie zu einer Allegorie der Etym-Theorie und ihren in *Zettel's Traum* dargelegten Mechanismen geworden: Auch dort ist Bottom, der am liebsten *alle* Rollen der aufzuführenden Tragödie von Pyramus und Thisbe selbst übernehmen würde und der versammelten Truppe die alles entscheidenden dramaturgischen Anweisungen zu geben glaubt, die das Stück dann auch prompt zum Scheitern bringen, nur der vermeintliche Regisseur eines Metastückes, eines Stückes im Stück, der meint, er hätte die Fäden in der Hand und das Geschehen im Griff. Tatsächlich bleiben ihm, dem jeder Sinn für die Unterschiede von Illusion, Imagination und Wirklichkeit fehlt, die Zusammenhänge der Verwandlungs- und Verwechslungsgeschichte im Athener Wald verborgen, ebenso wie ihm mit Oberon und dem boshaften Kobold Puck die eigentlichen Regisseure in diesem Stück verborgen bleiben. Dies wird umso deutlicher, je länger die Komödie dauert, und Bottom bleibt selbst dann noch der Esel, als ihm der Tierkopf längst schon wieder von den Schultern gezaubert wurde.

Pagenstecher wird – und letztlich erkennt er es selbst – diesem Toren aus dem anderen Stück im Stück immer ähnlicher, und auch dies verdeutlicht sich mit Fortdauer des Buches. In dem Maße, in dem die Etym-Theorie nicht mehr nur die Interpretationslinie für die Poe-Analyse vorgibt, sondern für das Personal zur heimlichen, für die Leser zur offensichtlich lenkenden Kraft im Handlungsverlauf wird, unterliegt Pagenstechers Herrschaftsanspruch einer permanenten Schwächung. Wie Bottom zur Spielfi-

Dream, in: *Archiv für das Studium der neueren Sprachen und Literaturen* 143 (1991), S. 41-51, zit. S. 48.

[14] Vgl. Ernst-Dieter Steinwender: *„ICH bin doch bloß KLEIN=DOWI!" Versuch über Zettel's Traum*, in: *Bargfelder Bote* 145 (1990), S. 3-17, zit. S. 3.

[15] Für einen Nachweis der Zitate und Anspielungen auf Shakespeares *A Midsummernight's Dream* in *Zettel's Traum* vgl. Michael Manko: *„Ein Sommernachtstraum" und „Zettels Traum". Eine Quellenstudie*, in: *Bargfelder Bote* Lfg. 51-52 (1981), S. 4-29.

gur in der Inszenierung des Elfenkönigs Oberon und seines Dieners wird, wird Pagenstecher zum Mitspieler in einem Stück Poesie, das er nicht mehr selbst schreibt. Er ist verwandelt in einen Zustand, den er nur mehr als „Traum“ [ZT 1197ro] begreifen kann, den er zusammen mit Franziska träumt und dem er durch gelegentliche ‚Längere Gedankenspiele‘ zusätzlich Profil verleiht:

> „Ich hatte Mir gedacht/ausgem[al]t…: weißDu, es gibt da so ganz super=neue & =leichde Plastick=PaddlBoote,- […]: Tiefgang 10cm; (Wir ‚verletztn’nichts). Tr$^{a}/_{u}$gCraft ?: 250 kg; dh Wir=Beide könntn noch, rund,: 130 pFund mit=nehm’m:?…“ […] „Dekkn müßtn Wa habm; und ne Zeltbahn,mit Erlen= & WiesnMotiewn bemalt,ganz=fahl,die Wa über=Uns breitn könn’n : zum Unsichtba=machn ! -:?!“ […] „Ich wüßt ne Stelle im SchmalWasser, (gar nich weit), wo man das Boot, einsatzbereit, unter dicht=überhängndn Erl’n, schon=immer=parat habm könnte. – (?) -:och !; ‚Bücher‘ brauchn Wa nich; Wir erzähln : Ich=Dir Du=Mir Wir=Uns.“ [ZT 1196rmf.]

Pagenstecher selbst begreift die letzten Stunden mit den Jacobis und natürlich speziell mit Franziska als „Sommernachtstraum“ [ZT 1221mu], aber Wilma ist es, die das eigentliche Wesen der Affäre von Dän und Fränzel in unübertroffener Nüchternheit und Kaltschnäuzigkeit auf den Punkt bringt: „tz; two people playing life...“ [ZT 1221mu]. Weil die beiden nur einen Traum träumen und ein Spiel spielen, und nicht das Leben leben, ist das Ende absehbar: Es steht in unmittelbarem Zusammenhang mit der Poe-Analyse und deren eigenem Ende. Nur solange die noch nicht abgeschlossen ist und Daniel Pagenstecher (und auch Paul) ihre Rollen in der poetischen Veranschaulichung und szenischen Vergegenwärtigung der prosaischen Befunde zu spielen haben, hat auch Franziska ihren Platz in diesem Spiel, das deshalb nicht das Leben sein kann, weil Dän und Paul das Leben des anderen leben und nicht das eigene. Als die Psyche Edgar Allan Poes vollständig offen liegt und in einer in der Literatur wohl einmaligen voyeuristischen Apokalypse, der Wilma und Paul beim Geschlechtsverkehr ebenso zum Opfer fallen wie Franziska auf dem Klo [vgl. ZT 1289ff.], ihre finale Veranschaulichung findet, hat Dän Fränzels Erwartungen jedenfalls in exegetischer Hinsicht entsprochen: „: und s’iss n Jàmma, daß überhaupt=was von POE’s Lebm bekannt iss : Dän würd das, aus Sein’n Textn, sô=viel=besser reconstruirn!...“ [ZT 1248mm]. Pagenstecher hat das Leben Poes aus seinen Texten nicht nur rekonstruiert, sondern er hat es gleichzeitig auch gelebt. Das Ende der Analyse, die den Stoff für das Leben bereitet, markiert damit auch das Ende des imaginären und imaginierten Lebens und gleichzeitig das Ende einer Episode, die nur im poetischen „Illusium“, nicht aber im „retrograden“ Ödingen erlebbar ist. „Nicht die Lebensnähe, sondern gerade die Distanz zu einer ersehnten Lebenswirklichkeit öffnet

[...] der Poesie ihre größeren Spielräume",[16] bemerkt Eberhard Lämmert zur Ovidschen Lebenstragödie der Verbannung in die Barbarei, die – und die Tragik ist kaum zu ermessen – zur Voraussetzung seiner leidenschaftlich elegischen Dichtung wird. Es ist der analoge Mechanismus, der für die Poetisierung von *Zettel's Traum* verantwortlich zeichnet, gewissermaßen miterzählt in der Liebesgeschichte von Dän und Fränzel: Ödingen wird Pagenstecher ohne Franziska am Ende zum Verbannungsort, und es ist das Wissen um die Vergeblichkeit aller Gedanken an ein Leben zu zweit, das dieses ‚Längere Gedankenspiel' von einer solchen Zweisamkeit in Gang hält. Zweimal gleich rezitiert Pagenstecher Pucks Schlussmonolog aus dem *Sommernachtstraum*, und beide Male lenkt er damit den Blick auf die Imagination, auf das poetisch Traumhafte und vor allem auf die Möglichkeit der Projektion: „(:‚If we shadows have offendid?, think butte this, (& all is mended): that You have but slumbered here,while these visions did appear. And this weak & idle theme no more yielding but a dream, Gentles, do not reprehend!')" [ZT 1230mo] Für Franziska freilich dürfen diese Anweisungen und Belehrungen nicht gelten. Sie will die Zeit anhalten. Für sie darf diese „Heilije FantastNacht" [ZT 1259rm], wie Pagenstecher die gemeinsamen vergangenen Stunden bezeichnet, nicht zu Ende gehen, in der der Spinell ähnliche Zauberkraft zu besitzen scheint wie Pucks geheimnisvoller Saft, der die Verbindung zwischen dem eseligen Bottom und der elfischen Titania stiftet.

Anders als Pagenstecher, den die Etym-Theorie in das verwandelt hat, was er in den Szenen mit Franziska ist und der damit tatsächlich die Rolle eines anderen in einem anderen Stück spielt, ist Franziska sie selbst und spielt wohl in Daniels Stück mit, doch ist sie dort nicht eine andere, sondern leibhaftig sie selbst. Daraus ergibt sich jene Komplikation, die Pagenstechers gesamtes Projekt scheitern lässt: Franziska existiert nicht nur als „Fantasiekindsköpfel" eines ‚Längeren Gedankenspiels' in der Projektion Daniel Pagenstechers, sondern darüber hinaus auch ganz leibhaftig als Fleisch und Blut – und gerade in dieser Form ist sie letztendlich in Däns Versuchsanordnung nicht integrierbar, die Leiblichkeit dort nicht gebrauchen kann, wo es darum geht, „[u]nsere Körperlichkeit aus=Uns=hinaus zu projizieren". [ZT 1257mo] Die körperliche Wahrhaftigkeit Franziskas jenseits einer Existenz als Projektion des anderen fordert mehr, als Dän anzubieten hat: „Ich hab Mir imma eingebuildit, (& tu S eintlich=nòch),: wenn Sie, nebm=Mir, am schreibeTisch säße?: Ich würde das liebe Dingelchin dér=Art mit LG's zu beschäftijn wissen, daß Sie=Mir tandSn sollte wie TITANIA, (oder sonst ne ELFEnKönnijin)-: irr IchMich da=seir?" [ZT 1276rm] Daniels Frage ist rhetorisch, und Wilmas Antwort unerhört pointiert und kaum überraschend: „"Sehr."; (W, ‚trokken'))". [Ebd.] Franziskas

16 Lämmert: *Die Metamorphosen des Ovid*, S. 157.

Mutter bleibt Daniels Irrtum nicht verborgen, und insgeheim hat er ihn schon längst auch für sich selbst erkannt, denn auch Titania liebt Bottom nur, so lange sie ihn für einen anderen hält als den Esel, der er ist:

> Out of this wood do not desire to go! / Thou shalt remain here, whether thou wilt or no. / I am no spirit of no common rate. / The summer still doth tend upon my state, / And I do love thee. Therefor go with me. / I'll give thee fairies to attend on thee, / And they shall fetch thee jewels from the deep, / And sing while thou on pressed flowers dost sleep; And I will purge thy mortal grossness so / That thou shalt like an airy spirit go.[17]

Der Gefahr, sich selbst zum Esel zu machen, entgeht Pagenstecher nur in der Projektion, im Traum, im ‚Längeren Gedankenspiel' vom Leben mit Franziska allein zu zweit, in einem Zustand also, in dem er im eigentlichen Sinn ein anderer ist als er selbst. Die nur ‚partielle Realitätsfähigkeit' [vgl. ZT 1304ro], die sich Dän selbst attestiert, bringt das Dilemma auf den Punkt: Pagenstecher, der „notorisch[e] LG'ler" [ZT 1304ru], erlebt die Episoden mit Franziska ähnlich wie Bottom die Begegnung mit Titania als Traum, später dann als Teil einer „Wahnwelt", und er selbst sieht sich gar als „Spinner" und Bewohner eines „FrazznHauses", doch für kurze Zeit erscheint Dän dieser Traum als über alle Maßen verlockend: „(Ach laß doch die Andern / AllisAndiri sein! – Ich rütt'l ma Deine fayn'n'n Schuldtern=jà? – (: Erwàch, aus Deiner LÜNENer Realität,)-: in=Unser Traum-Dasein:```?-: „was=isis=was=Du=siehsD?" [ZT 1304ru] Was Franziska zu Gesicht bekommt, ist nicht mehr das „retrograde" Ödingen der prosaischen Wirklichkeitswelt, sondern das paradiesische „Edingen" [ZT 1315ru] der poetischen Traumwelt, wo Franziska „ja wohl ElfnKönijin Titania genug für Mich arm'Bottom" [1310mu] sein kann. Doch so wie der Zauber im *Sommernachtstraum* wieder ein Ende nimmt, so geht auch die Anverwandlung der Poesie mit der Vervollständigung der prosaischen Poe-Analyse zu Ende. Im *Sommernachtstraum* erkennt Titania mit dem Ende von Pucks Zauber den Esel Bottom, auch wenn er nach dem Erwachen wieder den eigenen Kopf zurückbekommen hat. Dennoch wird er eigentlich erst dann zum Esel, als er aus Pucks Zauber wieder in die Wirklichkeit zurückgekehrt ist, während Titania die Verliebtheit in der Traumepisode als Eselei erkennt: „My Oberon, what visions have I seen! / Methought I was enamoured of an ass. / […] How came these things to pass? / O, how mine eyes do loathe his visage now!"[18] Pagenstechers oftmalige und ausdrückliche Identifikation mit dem Weber Bottom legt nahe, dass er – im Gegen-

[17] William Shakespeare: *A Midsummer Night's Dream*, ed. by Stanley Wells, London 1995, III.1, S. 77f. In der Folge zitiert als MSND mit Angabe von Akt, Szene und Seitenzahl.

[18] Ebd., IV.1, S. 100.

satz zur Shakespeareschen Spiegelfigur – dieses Dilemma erkennt. Mit Bottom hat er allerdings gemeinsam, dass er nicht wirklich Herr über Traum und Wirklichkeit ist, dass er den paradiesisch idyllischen Zustand des Traumes nicht in die Wirklichkeit transponieren kann: Bottom kann dies nicht, weil ihm jeder Sinn für Traum[19] und Wirklichkeit und jeder Begriff von Poesie fehlt. Deshalb missversteht er seine Metamorphose in den Esel und die Begegnung mit der Elfenkönigin Titania als Traum: „I have had a most rare vision.“[20] Und aus demselben Grund inszeniert er als Kopf der schauspielernden Handwerkergruppe Ovids Tragödie von Pyramus und Thisbe ganz unfreiwillig als „sweet comedy“[21] und aberwitzige Groteske, in der die Schauspieler nicht zum Spielen kommen, weil sie das ganze Stück hindurch damit beschäftigt bleiben, dessen Sinn und Bedeutung ihrem Publikum auseinander zu setzen:

> SNOUT *as Wall*
>
> In this same interlude it doth befall / That I – one Snout by name – present a wall. / And such a wall as I would have you think / That had in it a crannied hole or chink, / Through which the lovers, Pyramus und Thisbe, / Did whisper often, very secretly. / This loam, this roughcast, and this stone doth show, / That I am that same wall; the truth is so. / And this the cranny is, right and sinister, / Through which the fearful lovers are to whisper.[22]

Und wenig später, nachdem Pyramus und Thisbe – getrennt durch diese nämliche Wand – vereinbart haben, sich nachts heimlich zu treffen, resümiert eben diese: „Thus have I, Wall, my part dischargèd so; / And being done, thus Wall away doth go.“[23] Die Wand tritt ab, und an ihrer Stelle treten einer der Handwerker als Mondschein und der Tischler Snug in der Rolle des Löwen auf. Es ist ein besonderer Löwe, denn er meint, sein Publikum davor warnen zu müssen, ihn als solchen zu verkennen:

> SNUG *as Lion*
>
> You ladies – you whose gentle hearts do fear / The smallest monstrous mouse that creeps on floor - / May now, perchance, both quake und tremble here, / When Lion rough in wildest rage doth roar. / Then know that I as Snug the joiner

[19] Andreas Höfele weist darauf hin, dass in Shakespaeres *A Midsummer Night's Dream* der Traum immer auch Realität und die Realität immer auch Traum ist, so dass „der feste Referenzpunkt einer eindeutig bestimmten Realität“ fehlt. (Vgl. Höfele: *Erwachen*, S. 50.)

[20] MSND, IV.2

[21] Ebd., IV.2, S. 106.

[22] Ebd., V.1, S. 115.

[23] Ebd., V.1, S. 114.

> am / A lion fell, nor else no lion's dam, / For if I should as lion come in strife / Into this place, 'twere pity on my life.[24]

Snugs Warnung findet Gehör, und der Erfolg des Stückes ist bekanntlich durchschlagend, wenngleich in einer anderen Weise als der beabsichtigten.

Pagenstecher misslingt die Transposition des Traumzustandes in die Wirklichkeitswelt freilich aus ganz anderen Gründen; er leidet am kranken Körper und hält sich selbst, wie schon erwähnt, für nur „partiell realitätsfähich" [ZT 1304ro] – ein, wie sich herausstellt, verhängnisvolles Defizit, weil es Däns Traumsystem und Fränzels Wirklichkeitssystem als nicht kompatibel entlarvt: „(: Ich hab ne rare Emission gehabt...', ZETT'L; (+'S TRAUM))" [ZT 1313rm] kommentiert Pagenstecher im Gedanken einerseits Franziskas höchst prekäre Überlegungen zu Fragen der Messbarkeit männlicher Liebeskraft, und andererseits den von ihm und Franziska beobachteten Geschlechtsverkehr zwischen Wilma und Paul. Diese „Emission" ist freilich aus den bekannten Gründen dezidiert keine physische: „BegreifSDu dän=nich ? -: zu einer LiebeSProbe auf Komm'an'Du?: binnIch nich=mehr fählch. Der Versuch würde ein LachUnternehm'm: Ich kànn Dich nicht S=befriedijn!; (und Mich, eignhändIch, zum Hahnrey zu machen?...)-" [ZT 1313rm]. Dies ist nur ein expliziterer Kommentar zu einem Zustand, den Pagenstecher Franziska schon einmal klarzumachen versucht hat:

> Du haSD begriffn, daß ‚KunstWerke' die PersonalAktn ihrer Schöpfer sind, jâ?)) / (Sie nickDe) / (Dann weißDu also auch, daß Ich nur partiell realitätsfähich bin; (correcter: ‚immer war'). Und nunmehr, zusätzlich noch, wie ne Spinne, die sich leergesponn' hat): „'OUT OF REPAIR' wäre das um Mein' schiefn Hals zu befestijende Schild...: hörSDu Mir eintlich zu, Mamsell Spinnweb?" [ZT 1304ro]

Pagenstecher selbst wüsste seinen „STECKBRIEF" denn auch auf zwei Angaben zu beschränken: „He dreamed half his time away; & overworked during the other=half." [ZT 900ru] Allerdings unterstreicht diese so knappe Beschreibung eines Lebens immerhin jene beiden Kennzeichnen, die später Wilma scharfsichtig als konstitutiv für Daniel Pagenstechers ehrgeiziges Unternehmen einer neuen Wissenschaft, die gleichzeitig eine neue Poesie sein will, bestimmt: „Dän sey ehrlich : Deine ganze Wissenschaft iss De- & Isolation, poetisch kamufflirt! : ?" [ZT 1263mo] Pagenstechers Protest dagegen fällt schwach aus, und dies vermag nicht zu überraschen, schließlich betont er selbst oft genug insbesondere gegenüber Franziska die eigene körperliche Gebrechlichkeit; seine radikale Vereinzelung ist praktisch permanentes Gesprächsthema, und gipfelt stets aufs Neue in Bekenntnissen resignativer Verzweiflung: „(Tz : Ich! Fett ungeschickt & verängstigt;

[24] Ebd., V.1, S. 112 u. S. 115.

praktisch S=tot, nur noch ein lascher HautSchlauch voller Buchst^{a}/$_{u}$bbn!...)“ [ZT 735mo] Beide Zustände aber, sowohl die Gewärtigkeit der eigenen körperlichen Hinfälligkeit als auch die selbst gewählte Einsamkeit, werden zur Voraussetzung für ein Leben, das sich in obsessiver Weise der Verwirklichung einer immer schon erträumten revolutionierten Poesie verschreibt. Wilma freilich wendet den *Fall Pagenstecher* in die andere Richtung: Aus ihrer Perspektive sind die extremen sozialen Bedingungen der Pagenstecherschen Existenz nicht die *Voraussetzung* eines außerordentlichen Schreibprojektes; vielmehr ist Pagenstechers Wissenschaftspoesie *Folge* und *Ausdruck* eines in physischer und sozialer Hinsicht als defizitär eingeschätzten Lebens: die Defizienz des Lebens gespiegelt in der Defizienz der Wissenschaft also, und dabei wird das eine zur Maske bzw. zum Tarnanzug für das andere.

Zwischen den beiden Polen einer ‚partiellen Realitätsfähigkeit‘ und der totalen physischen Erschöpfung einerseits und der projizierten Traumexistenz andererseits bewegt sich Daniel Pagenstechers Leben, und genau diese Dialektik umspannt und verursacht das Dilemma seiner Existenz: Es ist das Defizit des Körpers, das die Fähigkeit zum ‚Längeren Gedankenspiel‘ und zum Traumdasein impliziert, weil nur dort der Entwurf jenes Wunschtraumes möglich wird, dessen Verwirklichung ihm der realitätsverhaftete Anteil seiner Existenz, also die Schwäche des Körpers, letztlich verwehrt. Um so grotesker, dass auch die Traumexistenz zur realen Existenz in diesem Fall keine ernsthafte Alternative darstellt, denn dorthin könnte ihm Franziska – und Wilma hat dies in aller Deutlichkeit klargestellt – nicht folgen. Die Bedürfnisse Pagenstechers und die damit verbundenen Möglichkeiten und Einschränkungen hat übrigens auch Li Gäa gesehen: „- ach=Dän Was=DU brauchteSD? : iss relatief=leicht zu benenn'n; ((:& absolut= ^{schwier}/$_{unmögl?}$ich zu s e i n !)) -: n LG=Geschöpf; n FantasieKindsköpfel...“; [ZT 1070mo] Mit Franziska hätte sich Daniel ein solches Wesen wohl geschaffen, doch bleibt sie eben nicht das „LG=Geschöpf“, als das sie vorgesehen war. Als sie auch als Frau in Pagenstechers Leben tritt,[25]

[25] Die gemeinsamen Erinnerungen an Franziskas mehrwöchigen Aufenthalt bei Daniel Pagenstecher im Alter von achteinhalb Jahren während einer längeren Studienreise ihrer Eltern nach Großbritannien verdeutlichen den Unterschied zwischen Däns Begegnung mit einem Kind und einer jungen Frau. (Vgl. ZT 218f., ZT 235 und insbesondere ZT 723ff.) Sie unterstreichen allerdings auch, in welchem Ausmaß Daniel Franziska immer schon als seiner „LG=MädchenFrau“ [ZT 661mm] die Hauptrolle in einem seiner ‚Längeren Gedankenspiele‘ zugedacht hat, das für Pagenstecher prinzipiell unabschließbar ist, dem die sechzehnjährige Franziska aber durchaus auch gegen ihren Willen zu entwachsen beginnt. Dem achtjährigen Kind freilich hat es noch genügt, dass Dän den „Haushofmeister“ seiner „Puppnweltn“ [ZT 218mu] gegeben hat, und Pagenstecher selbst schätzte auch damals schon die glänzende „Fantasie=Form“ [ZT 219mo] Franziskas: „(n halbes Dutzend Ihrer Einfälle waren voll=brauchbar gewesn; (und Ich hab sie auch benützt!...)) [ZT

kommt Unordnung ins Reich des „Ritter[s] vd Viertn Instanz, on the wrong side of 50". [ZT 1076mm] Die Trennschärfe zwischen Gedankenspiel und Realität lässt nach, oder anders gewendet: die Wirklichkeit lässt sich aus dem ‚Längeren Gedankenspiel' nicht mehr verbannen, und Franziska erobert als reale Person das Traumreich Däns. Dies führt zum unauflöslichen Konflikt, denn Pagenstecher kann nur mit dem „LG=Geschöpf", nicht aber mit der realen Franziska glücklich werden, und umgekehrt kann sich Franziska nicht wirklich mit dem Gedankenspieler begnügen. Pagenstecher bleibt dies nicht verborgen, und er zieht die radikalste Konsequenz überhaupt:

> (Mich immer=ungerechnit.- Mich: steiff & schwermütich; kindisch &unentschlossn – (: ‚Ich will einen bloßen Fels aus Ihm machen, einen Wehrd im Meer, darauf man die Fischgarn aufspannet' / (: HESEKIEL 26=5 würde Fr gewußt habm.)/: (Ich muß Mich auch noch mehr abschließn! – (:'pathein=mathein'; pain is gain...))) [ZT 1329ru]

Was aber bleibt noch zu tun in der Isolation der Wirklichkeitswelt, die mit der Traumwirklichkeit nicht kompatibel ist? Nick Bottom, der Esel aus Shakespeares *Sommernachtstraum*, will bekanntlich Peter Quince bitten, aus den Ereignissen der vergangenen Nacht, von denen er nicht so recht weiß, ob er sie geträumt hat oder nicht, eine Ballade zu machen,[26] weil ihm die Poesie offenbar als der adäquatere Ort für derlei ‚seltsam angezettelte' Geschichten erscheint. Analog dazu vertraut auch Pagenstecher eher der Literatur, wenn es darum geht, sich die Ereignisse der vergangenen Stun-

219ro] In der gemeinsamen Erinnerung an den Besuch bei Dän in Ödingen zeigen sich Daniels und Franziskas vollständig divergierende Einschätzungen ihres Verhältnisses zueinander und die sich daran knüpfenden Erwartungen besonders deutlich: Franziska fühlte sich schon als Achtjährige von Daniel „als absolut=gleichwertich & wie=20 behandelt". [ZT 723ro] Pagenstecher hingegen sah in ihr von allem Anfang an das „artigsDe=willigsDe Phantästlein" und „schönste Nesthägchen von der Welt" [ZT 723rm], dem er „lauter hübsche Nam'm gegebm" hat. [Ebd.] - Der Vollständigkeit halber sei noch erwähnt, dass dieses ‚Längere Gedankenspiel' auch mit *Zettel's Traum* nicht abzuschließen ist, sondern in dem 1969 entstandenen Funkessay *Was wird er damit machen? Nachrichten aus dem Leben eines Lords* seine Fortsetzung findet. Dort leistet nicht nur „so ein Geschöpfchen von 100 Monaten" (S. 285), braunhaarig und blauäugig wie Franziska in *Zettel's Traum* (vgl. S. 315) dem Sprecher A., „55, ruhig & gedämpft, wie nach einer langen, nun abgeschlossenen Arbeit" (S. 284) Gesellschaft. Es taucht auch jenes Ehepaar wieder auf, das Pagenstecher seinerzeit in Ödingen einen Besuch abstattete just zu der Zeit, als die achtjährige Franziska in Pagenstechers Haushalt die Rolle der „First Lady" [ZT 725ru] und die „Hausfrauenstelle" [ZT 726ro] übernommen hatte. Vgl. dazu ausführlich ZT 725ruf. und Arno Schmidt: *Was wird er damit machen? Nachrichten aus dem Leben eines Lords*, in: BA II/3, S. 283-315, bes. S. 285f. und S. 314f.

26 MSND, IV.1, S.104f.

den bewusst zu machen und sie in eine fassbare Form zu bringen: „(Ich bin wahrlich=nicht für die ‚teem=work'=Teori der DDR; aber Unser Häutijer=Tac, möchde, am=erschöpfindsdn, durch ein SynOptikon von 4 x 5.000 Seitn zu erfassn sein)-..." [ZT 1326mm] Was uns dann mit *Zettel's Traum* vorliegt, ist gewissermaßen Pagenstechers Part dieses „Synoptikons". In diesem Teil muss ein Happy ending natürlich ausbleiben, denn in Arno Schmidts Büchern kriegen sich ja die Pärchen bekanntlich nie,[27] und außerdem ist nicht in die Wirklichkeitswelt zu transponieren, was der Poesie vorbehalten bleibt: die Überbietung des eigenen Lebens über seine Möglichkeiten hinaus:

> Literatur erinnert, spiegelt, erweitert das gelebte Leben. Für den Autor wie für den Leser oder Zuhörer ist der Umgang mit Literatur ein Kunstgriff, mehr vom Leben zu haben als das unvollkommen eigene, über ein Medium zu verfügen, das ihm vergönnt auch einsam nicht allein zu sein. Denn die poetische Literatur ruft Erinnerungen auf und Wünsche, öffnet den Blick für unausgeschrittene Möglichkeiten des Lebens, läßt anderes Leben ins gegenwärtige ein. [...] Erst die Entbehrung der Unmittelbarkeit gibt der Imagination ihren Antrieb. [...] Und weil die Liebe den Menschen gemeinhin heftig nicht nur im Vollzug, sondern womöglich heftiger noch in der Entbehrung anrührt, deshalb hat die Poesie zu allen Zeiten auch, und zuweilen vor allem anderen, mit der Liebe zu tun.[28]

Daniel Pagenstecher und Nick Bottom haben in ihren jeweiligen Träumen, die das Unerreichbare für kurze Zeit Wirklichkeit werden ließen, die Erfahrung der Überbietung ihrer eigenen Lebenswirklichkeit aber gemacht, und nach dem Erwachen ist beiden Hören und Sehen darüber vergangen: „The eye of man hath not heard, the ear of man hath not seen, man's hand is not able to taste, his tongue to conceive, nor his heart to report what my dream was!",[29] stammelt bekanntlich Bottom nach dem Erwachen, und Pagenstecher selbst rät sich gar selbst „ma zu'm Arzt" zu gehen, „[a]m bestn gleich zu Mehreren." [ZT 1333mo] Ein solcher wird den beiden in ihren Verirrungen der Sinne und ihren Verwirrungen des Gemüts freilich nicht weiterhelfen können, denn es ist, wie Theseus sagt: „The lunatic, the lover, and the poet / Are of imagination all compact."[30]

6.5. Die Wahrheit der Poesie

Aus dem poetischen ‚Edingen' in das prosaisch ‚retrograde' Ödingen zurückgekehrt und dort naturgemäß allein gelassen, lebt Daniel Pagenstecher

[27] Schmidt: *Vorläufiges*, S. 11.
[28] Lämmert: *Die Metamorphose des Ovid*, S. 144.
[29] MSND, IV.1, S. 105.
[30] Ebd., V.1, S. 107.

wieder sein eigenes Leben – oder er lebt es nicht: „Try another half=year's life: rum=schtollpern; weder glücklich noch=unglücklich; in immer verwelkterin Kleidern...(?)-: in den nächstn=Tagn?: nu Mir den heutijn zurückrufn." [ZT 1326mm]; und dies gleich im Geiste kommentierend heißt es am rechten Rand: „(Im ‚Menschlichn' bin Ich, Ihr wißt es, stets ein Kümmerling gewesn; und jetz, noch zusätzlich, verbraucht... (?) -: ‚ungeheuerliche Isoliertheit'?" [ZT 1326rm]

Pagenstecher ist am Ende von *Zettel's Traum* in ein Leben einzig und allein in Gesellschaft von Bäumen und insbesondere von Büchern zurückgekehrt, doch „ein Vorgriff auf das Elysium: weltabgeschieden im Dialog mit den Freunden und Feinden im Geiste"[31], wie Gregor Strick diese Existenz begreift, ist diese Rückkehr mitnichten. Mag sein, dass sich Schmidt in der Zeit der *Juvenilia* das Elysium noch dergestalt imaginierte; für Daniel Pagenstecher in *Zettel's Traum* bedeutet die „ungeheuerliche Isoliertheit" [ZT 1326rm] nach der Abreise der Jacobis weniger die Ankunft in den selig machenden Gefilden als vielmehr im Qual und Entsetzen bereitenden Tartaros. Dorthin hat ihn – und dies ist bitter zu bemerken – die Poesie befördert, weil sie ihm die Dimensionen eines anderen Lebens als jenes in der Vereinzelung und Isolation vor Augen geführt hat. Pagenstecher mag diese entlarvende Macht der Poesie von Anfang an geahnt und ihr deshalb die prosaische Hermeneutik als Widerpart mit aller Vehemenz entgegengesetzt haben. Oft genug betont er mit geradezu irritierendem Nachdruck, dass er seine Karriere als Schriftsteller beendet habe, und dies so gründlich, dass er nicht einmal die Erinnerung daran lebendig lassen möchte: Franziska soll seine schriftstellerische Vergangenheit möglichst verborgen bleiben, wenngleich sie selbst freilich längst über Däns wahre Profession Bescheid weiß – ein erstes Indiz dafür, dass der Poet und damit die Poesie eben doch nicht tot zu kriegen sind, selbst wenn sich Pagenstecher sogar den dringenden Bitten Pauls um die Mitherausgeberschaft der geplanten Poe-Ausgabe entzieht:

> „Wenn Ich Mich nun dazu verstünde…: Dir Einijes vom POE zu übersetzn:? -: so die ‚DREAMLAND'=Gruppe. EUREKA – oder hàsDe das schon?"- […] „Moos'es & de Profitn überlaß Ich Dir. – Aber Mein Name dürfte nicht=genannt werdn;auf kein'n Fall!" [ZT 1120mm]

Kommt hinzu, dass der unliebsame und unerwünschte Dichter in *Zettel's Traum* – wir erfahren es gleich zu Beginn – erschlagen und im Schauerfeld verscharrt wurde. [Vgl. ZT 11mm] Allerdings will es ihm im Jenseits, wie vielen, die gewaltsam um ihr Leben gebracht wurden, nicht so recht gefallen. Als Wiedergänger treibt er sich in und um Ödingen herum, und einige

[31] Gregor Strick: *Gespräche im Schatten. Zu Arno Schmidts Dialogizität*, in: *Zettelkasten* 17 (1998), S. 31-64, zit. S. 42.

wollen in ihm gar Arno Schmidt selbst erkannt haben, der, „ein verzaubernder Puck in [recte] grüner Lederjacke, in ganz kurzen Szenen immermal [sic] wieder am Rande des Spielfelds auf[taucht].“[32] Ich halte dagegen die Beobachtung für aufschlussreich genug, dass Pagenstecher selbst nicht widerstehen kann, sich gelegentlich die Identität des erschlagenen Poeten zu eigen zu machen: „“(Ich pflege mich zuweilen in der Dämmerung selbst so zu kleiden),“ schloß ich beiläufig.“ [ZT 13mm] Natürlich ist es kein Zufall, dass dieser Wiedergänger gerade auch ganz am Ende von *Zettel's Traum* seinen durchaus triumphalen Auftritt hat. Sein angesichts von Daniels Gram und Verzweiflung reichlich zynisch klingender Morgengruß: „Schöne=milde Luft, Herr PaschnSchdecher-“ [ZT 1330] ist aber durchaus wörtlich zu nehmen. Der Tag verspricht nicht zuletzt deshalb schön zu werden, weil die Poesie gewonnen hat, auch wenn es Dän ist, der den Preis dafür zu entrichten hat. „Die Apotheose des genuin intellektuellen Helden“[33], als der Daniel Pagenstecher zu Beginn vielleicht angelegt war und der er so lange konform gehandelt, geredet und gedacht hat, hat ihr abruptes Ende gefunden, und damit sieht sich Pagenstecher am Ende dieser ganz speziellen Sommernacht in grundlegender Weise verwandelt. Die Rückkehr in den früheren Zustand erscheint ausgeschlossen – auch dies ein Berührungspunkt zwischen den beiden Sommernächten Shakespeares und Schmidts: „In dem Maße, in dem sich die Tagwelt wieder zur einzig möglichen Realität verfestigt, muss die Realität der Nacht verdrängt [...] werden. Doch erweist sie sich gerade dort als resistent, wo sie am nachdrücklichsten negiert wird.“[34] Dass die „heilije Fantastnacht“ [ZT 1259rm] also unwiderruflich zu Ende ist, bringt den prosaischen Diskurs und mit ihm die Unangreifbarkeit und übermenschliche Unverletzbarkeit Daniel Pagenstechers nicht mehr zurück. Der Reigen der Verwandlungen, der irgendwann mit den Gestaltveränderungen der Körper begonnen hat und sich dann als eine Metamorphose der Diskurse entpuppt hat, ist nun abgeschlossen, und er hat die endgültige Gestalt zum Vorschein gebracht. Elias Canetti hat das Ende der Verwandlungen als den Beginn der Melancholie begriffen, die zugleich Ausdruck der Vergeblichkeit beim Versuch zu entkommen sei: „In der Melancholie ist man das Ereilte und bereits Ergriffene. Man kann nicht mehr entkommen. Man verwandelt sich nicht mehr.“[35] Die Melancholie, die von Pagenstecher im Verlauf des Tages in immer stärkerem Maß Besitz ergreift, erreicht ihren Höhepunkt, als die Flucht in die Literatur gescheitert und er auf die Ödinger Existenz festgelegt ist. Aber paradoxerweise stiftet diese letzte, die eigentliche Wahrheit enthüllende Metamorphose die Poesie in *Zettel's Traum*.

[32] Köhler: *Detektive im Dickicht*, S. 49.
[33] Körber: *Arno Schmidts Romantikrezeption*, S. 284.
[34] Höfele: *Erwachen in Shakespeares A Midsummer Night's Dream*, S. 49.
[35] Canetti: *Die Verwandlung*, S. 410.

„Schmidt ist auch in der Rolle des Wissenschafters Poet geblieben“,[36] stellt Thomas Köhler ganz zu recht fest, und diese Erkenntnis lässt sich auch noch anders fassen: Der Poet Schmidt hat den Wissenschafter nicht wirklich auf die Beine kommen lassen. Wenn *Zettel's Traum* als die Kraftübung verstanden werden kann, in der sich Wissenschafter und Poet messen, dann zieht der Wissenschafter gegen den Poeten den Kürzeren. Am Ende nämlich hat die Poesie die Wissenschaft bei weitem übertrumpft. Die Poe-Analyse ist ganz aus dem Blick geraten, ja letztlich erscheint sie ganz irrelevant und der immensen Bedeutung enthoben, die ihr den endlos langen Tag über beigemessen wurde. Ob es Schmidt im prosaischen Diskurs der Etym-Theorie gelungen ist, die Wahrheit über Edgar Allan Poe und sein Werk herauszufinden, wen sollte das noch ernsthaft interessieren? Poe zerfällt in dem Maß, in dem Dän lebendig wird; denn die andere Wahrheit, nämlich die über Daniel Pagenstecher, nimmt uns ein und lässt uns mitleben mit einem, der so gerne aus der Welt in die Literatur ausgewandert wäre. Mag dies auch als Lebensplan fehlgeschlagen sein, so ist es eben doch die Wahrheit einer Geschichte, die uns gerade nicht die zergliedernde Theorie deutlich machen konnte, sondern nur die veranschaulichende Poesie.

Im ersten Gespräch der *Dichtergespräche im Elysium* schmeichelt Arthur Schopenhauer Edgar Allan Poe damit, dass er in seinen Werken „eben „Wahrheit““[37] gesprochen habe und nur aus diesem Grund ins Elysium aufgenommen worden sei.[38] Und nur wenig später bekräftigt Homer, Hölderlin zitierend, den Wahrheitsanspruch der Dichtung: „Hölderlin hat es gesagt : Was bleibt aber stiften die Dichter.-“[39] Schmidt ist dieser frühen Überzeugung, auch wenn es in *Zettel's Traum* lange nicht danach aussieht, immer treu geblieben. Die (quasi-)wissenschaftliche Poe-Analyse kann noch so exzessiv und extensiv betrieben werden, die eigentliche Wahrheit schreibt in *Zettel's Traum* erst recht die Poesie. Es ist eine Wahrheit jenseits aller Geltungsansprüche hinsichtlich der Angemessenheit einer umfassenden Poe-Interpretation, aber es ist eine Wahrheit, die uns etwas über die Personen in *Zettel's Traum* verrät, das keine noch so minutiöse Etym-Analyse jemals zutage gefördert hätte, und dies ist die mimetische Veranschaulichung der Innenseite des gelebten Lebens.

Folgerichtig begegnen wir Pagenstecher am Ende der Geschichte nicht mehr als einem Analytiker; diese Rolle, die er so lange mit so großer Verbissenheit gespielt hatte, ist fast schon vergessen. Dafür ist Daniel Pagenstecher als erlebender Mensch wieder auferstanden: unfrei, einsam, unglücklich, an der Literatur als Ersatz für das wirkliche Leben zweifelnd

[36] Köhler: *Detektive im Dickicht*, S. 52.
[37] Schmidt: *Dichtergespräche im Elysium*, S. 242.
[38] Vgl. ebd.
[39] Ebd.

und dennoch auf die Literatur verwiesen; als Person dafür umso prägnanter und nicht mehr nur der Metaphern- und Wortspielgenerator, der der Wahrheit der Poesie mit den Abgründen der profanen Wirklichkeit zu Leibe rücken wollte.

7. Schluss: *Zettel's Traum* – Poesie in der Krise?

Am Ende von *Zettel's Traum* läuft am rechten Seitenrand ein Countdown. Er zählt nach 1330 Seiten ungefähr die letzten 20 Zeilen des Buches herunter. Bei Null angelangt hebt keiner ab, aber das Auto mit den Jacobis ‚schnurrt' und ‚gleitet' [vgl. ZT 1330mm] an Daniel Pagenstecher vorüber, und gleich darauf ist alles vorbei: „(:'Excellenz fliegn am ganzn Leibe !'..." [Ebd.] Der atemberaubende Schluss findet zurück zum virtuosen Auftakt des Buches, und kaum etwas erinnert noch an die Inszenierung jenes „peripatetische[n] Symposion[s] über Edgar Allan Poe"[1], das nur unter großen Mühen zu einem Abschluss gebracht werden konnte. Den Eindruck einer „gestörten Balance"[2] in *Zettel's Traum*, die im über die Seiten dahinschlingernden Leser schon den einen oder anderen Schwindelanfall auslösen kann, vermag aber auch Schmidts furioses Finale nur zu dämpfen und nicht vollständig zu tilgen.

Der Ursprung der Gleichgewichtsstörung liegt freilich im Straucheln des Autors selbst. Er stolpert quasi über die hinter dem allgegenwärtigen Edgar Allan Poe immer nur undeutlich sichtbaren und trotzdem in *Zettel's Traum* permanent anwesenden anderen Beiden, über James Joyce und Sigmund Freud, die in den Jahren *vor Zettel's Traum* Arno Schmidts poetische Himmelsstürmerei so entscheidend beflügelt haben, wenngleich das Verhältnis, vor allem zu Joyce, von Beginn an ein spannungsreiches war.[3] Nicht die geringste Ähnlichkeit habe, anders als vielfach unterstellt, sein eigenes Schreiben mit demjenigen James Joyces, schreibt Arno Schmidt an Alfred Andersch,[4] und so recht er damit auch haben mag, bleibt von dieser Erkenntnis doch der Umstand unbetroffen, dass James Joyce von 1956 an für Schmidt zu einer „unabweisbaren Herausforderung"[5] wird, die angesichts so überzeugender Texte wie *Kaff auch Mare Crisium* und *Caliban über Setebos* tatsächlich als eine im besten Sinn „fruchtbare Beunruhigung"[6] zu verstehen ist. Umso bemerkenswerter, dass diese Auseinandersetzung neben ihrer produktiven Seite auch eine Kehrseite hervorgebracht hat, die Schmidt als wirkliche Bedrohung seiner Schriftstellerexistenz er-

[1] Jörg Drews: *Arno Schmidt: Zettels Traum*, in: *Interpretationen. Romane des 20. Jahrhunderts*, Bd. 2 (RUB 8809), Stuttgart 1993, S. 241-266, zit. S. 247.

[2] Ebd., S. 252.

[3] Vgl. dazu Drews: *Schmidt und Joyce*, S. 7ff.

[4] Vgl. Arno Schmidt an Alfred Andersch vom 23.12.1956, in: Schmidt: *Der Briefwechsel mit Alfred Andersch*, S. 105-108, zit. S. 106.

[5] Drews: *Schmidt und Joyce*, S. 8.

[6] Drews: *Arno Schmidt: Zettels Traum*, S. 260.

fahren haben muss –: den Gedanken, in Joyce seinen Meister auf dem Feld der Poesie gefunden zu haben, und mit Freuds Werk den entscheidenden Kommentar zu Fragen des menschlichen Bewusstseins, seiner Funktionsweisen und Abläufe vorliegen zu haben. Die Vorstellung, in seinem künstlerischen Tun, dem er bis zur physischen und psychischen Erschöpfung alles zu opfern bereit war, nicht genial im Sinn von einzigartig und unverwechselbar anders zu sein, muss in Schmidt jenes schwere Unbehagen und jenen tiefen Zweifel an der eigenen poetischen Schaffenskraft und den Erkenntnismöglichkeiten gegenüber Literatur ausgelöst haben, die Lars Clausen zufolge die Dimension einer wirklichen Krise in Schmidts Leben annehmen.[7]

Trotz aller Radikalität seiner literarischen Produktion muss sich Schmidt ab einem bestimmten Zeitpunkt einmal mehr als ein zu spät Gekommener gefühlt haben, der bei aller rigorosen Beschränkung des Lebens auf das Schreiben und die Literatur nicht das zustande zu bringen vermag, was seinen eigenen, überstrengen Maßstäben nach dieses rücksichtslose Opfer als gerechtfertigt und sinnvoll erscheinen lässt. Nicht von ungefähr nimmt Paul Jacobi seine Tochter der Ehefrau Wilma gegenüber in Schutz, als diese Franziska den Gebrauch von Zitaten verbieten will: „W sogleich, rauh): „Solls'Da abgewöhn', in Zitatn zu quatschn! -" / (NajaDu): „Wenn man nur Wendungen gebrauchn dürfte, deren sich vor Uns noch Niemand bedient hat? -: würd'n Wir n Mund nich mehr groß=uffmachn."; (gab P Ihr zu bedenkn.)" [ZT 621mo]. Und es kommt noch schlimmer: Ganz am Ende, als die Jacobis frühmorgens Ödingen wieder verlassen, muss sich Daniel Pagenstecher, versteckt hinter der Eiche deren Abreise beobachtend und für sich beschließend, Franziska als Erbin einzusetzen, voller Verzweiflung eingestehen, dass auch *diese Idee* nicht neu ist:

> (:gehab Dich wohl, Mein=Lieb! Auf hundert Meil'n weit -(in 7=8 Stundn kommt der Notar. (: ‚MARS, H-B.; *1778 in Versailles; Tochter einer Schauspielerin & MONVEL's. – Dieser hielt Sie zeitig zum Theater an; und Sie entwickelte ein Talent für feine=komische Darstellung'n…usw=usw…: Sie ward 1833 durch ein Testament überrascht,durch das 1 ihrer Verehrer Ihr vor Jahren 40.000 Fr. Rente vermacht hatte,die Sie nun auch erhielt.' -: ALSO NICH MAL WAS NEUES WÜRD' ES SEIN! – (‚and the e^{ch}/$_{g}$o answered : ‚FOOL!')) [ZT 1329mu+ru]

Es gibt also nichts zu sagen und zu tun und, Schmidts Geschichte von Daniel Pagenstecher und dessen Gefühlen für und Bemühungen um Franziska Jacobi macht dies deutlich, eben auch nichts *zu schreiben*, was nicht vorher schon woanders in der Literatur nachzulesen wäre. Daran kann man schon

[7] Vgl. Lars Clausen: *Das Sataspes-Projekt*, in: *Teiche zwischen Nord- und Südmeer. Fünf Vorträge* (Hefte zur Forschung 2), Bargfeld 1994, S. 13-29, zit. S. 13.

irre werden, insbesondere dann, wenn man das eigene Leben zur Gänze der Literatur verschrieben hat.

Dass Pagenstechers depressiv-resignative Absage an die Möglichkeit originalen Schaffens ausgerechnet am Ende von *Zettel's Traum* mit soviel Nachdruck erfolgt, verdeutlicht das Ausmaß der Krise nur umso vehementer. Das Krisenphänomen *Zettel's Traum* ist Ausdruck und der Versuch, ihr zu entkommen, in einem: Wenn prinzipiell alles schon gesagt und geschrieben ist, bleibt als logische Konsequenz tatsächlich nur, das bereits Gesagte in eine neue, revolutionäre Form zu bringen. Im Moment der Herausforderung durch James Joyce und Sigmund Freud bedeutet dies: Wenn die beiden einzeln und für sich genommen nicht zu übertreffen waren – Joyce in der wahren Originalität ästhetisch innovativen Schreibens und Freud in der Präzision und selbstredend auch in der revolutionären Innovation seiner Darlegungen zum Wesen der menschlichen Psyche –, dann musste dies eben im ehrgeizigen Projekt einer Zusammenführung der beiden geschehen, das deshalb als ästhetische und epistemische ultima ratio gedacht war, weil es eben die Anverwandlung des einen im anderen und insofern nun tatsächlich einzigartig und bisher ungeleistet sein sollte. Kommt im Fall Freud hinzu, dass Schmidt sich von der Psychoanalyse wohl zumindest das Feld der Literatur nicht streitig machen lassen wollte: Mochte Freud auch die *via regia* ins Unbewusste entdeckt haben, so wollte Schmidt zumindest eine nicht unbedeutende Nebenroute als erster begangen haben: jene, auf der „den Gesetzen der Verwandlung von psychobiographischem Material in dichterische Texte“[8] auf die Spur zu kommen wäre. Für Schmidt muss dies gerade deshalb so wichtig gewesen sein, weil er sich eben nie ‚nur‘ als Schriftsteller fühlte, sondern immer auch als Sachverständiger in Sachen Literatur, der sich nun in seiner Kompetenz herausgefordert fühlte, als er sich mit einem Instrumentarium konfrontiert sah, das in ganz anderer Weise über Dichtung und ihre Schöpfer Auskunft geben konnte, als Schmidt dies insbesondere in seinen Funkdialogen oft genug sympathisch hemdsärmelig bisher immer getan hat.[9]

Der Ausweg aus dem Dilemma, der gleichzeitig auch die Krise bannt, ist von jener gewohnten Schmidtschen Radikalität, die die Leichtigkeit des Schreibens *nach Zettel's Traum* wieder gewährleistet. Schmidt macht gewissermaßen aus der Not eine Tugend, bannt den Schrecken der Epigonalität, indem er die Intention des eigenen Schreibens ins Gegenteil verkehrt:

8 Drews: *Arno Schmidt: Zettels Traum*, S. 246.

9 Dass die psychoanalytische Literaturinterpretation sowohl im endopoetischen Verfahren, das gewissermaßen das fiktionale Personal auf die Couch legt, als auch im exopoetischen, das ähnlich dem Pagenstecherschen Etym-Verfahren die Texte als Psychopathographie ihrer Autoren liest, dabei selbst oft genug auf Irrwege kam und kommt, steht auf einem anderen Blatt, spielt aber für diesen Argumentationszusammenhang keine Rolle.

Nicht mehr Priorität, wenn möglich Superiorität um jeden Preis lautet das Ziel, das aus den oben genannten Gründen ohnehin nicht zu erreichen ist, sondern jetzt, nach *Zettel's Traum*, wird das bereits Gesagte und Geschriebene der anderen dem eigenen Schreiben anverwandelt, aber gleichzeitig als das Andere anerkannt, indem es als solches bestehen bleibt. In der umfassenden Montage und im Import umfangreicher Passagen in den eigenen Text, insbesondere in *Abend mit Goldrand*, geht es nicht mehr um deren Überbietung im Sinne einer Einverleibung, wie Schmidt in *Zettel's Traum* gewissermaßen Poe verschlungen hat, um am zerkauten und verdauten Rest die eigene Überlegenheit, die eigene Einzigartigkeit weniger Poe, aber eben Joyce und Freud gegenüber zu demonstrieren. Paradox genug, dass in der durchaus resignativen Zurücknahme der eigenen Ansprüche der Ausweg aus der Krise begründet liegt, der in der Wiedergewinnung einer gelassenen Souveränität kenntlich wird, wie sie Schmidt gerade wegen der Angestrengtheit seiner Bemühungen in *Zettel's Traum* immer nur für kurze Zeit und – im Verhältnis zur riesigen Textmasse – in (zu) kurzen Passagen erreicht.

In der *Schule der Atheisten* und in *Abend mit Goldrand* ist die innere Proportionalität der Elemente, die in *Zettel's Traum* auf so prekäre Weise aus dem Gleichgewicht geraten war, mit größter Selbstverständlichkeit wieder gewahrt. Ganz hat es den Anschein, als wäre diese Rückeroberung einer Souveränität im Umgang mit dem literarischen Stoff ohne den unmenschliche Kraftakt *Zettel's Traum* nicht zu leisten gewesen, denn schon im Beiseitetreten des besserwisserischen Etym-Analytikers Pagenstecher zugunsten des wiederauferstandenen Dichters zeichnet sich ab, welcher Position im Werk Schmidt nun weiterhin Gewicht verleihen wird. Im Widerstreit des Künstlers mit dem Wissenschafter, der vergeblich in einer fruchtbaren Symbiose der beiden hätte aufgelöst werden sollen, hat der Wissenschafter das Nachsehen. „Zwischen Kunst und Wissenschaft", schreibt Thomas Körber, „gibt es im Spätwerk [nach *Zettel's Traum*, D.P.] keine Versöhnung mehr"[10], und diese Unvereinbarkeit der Seinsweisen erweist sich eben ausgerechnet bereits in *Zettel's Traum*, jenem Werk, in dem Schmidt deren Synthese am vehementesten anstrebt. Dessen Schluss verdeutlicht, dass die Poesie nur um den Preis der Aufgabe der Wissenschaft zu retten ist. Letztere wird dann auch leichten Herzens verabschiedet, denn sie hat sich ohnehin als untaugliches Instrument erwiesen, die Realitätszwänge zu bändigen; effektiver war da schon die Dichtung, die jene Spielräume eröffnete, die die Wirklichkeit so brutal verstellte. Schmidt wird diese Erkenntnis später in *Abend mit Goldrand* zum Verdikt machen: „Nur

[10] Körber: *Romantik-Rezeption*, S. 310.

die Phantasielosn flüchtn in die Realität; (und zerschellen dann, wie billich, daran.)“[11]

In *Zettel's Traum* allerdings ist die Poesie zunächst noch unter akuter Bedrohung jenes Postulats, das sie so lange in Schach gehalten hat: Kunstwerke seien als die Personalakte ihrer Schöpfer zu verstehen [vgl. ZT 1304ro], oder, schärfer formuliert: „(‚Bücher‘ sind, (wenichstns zT), geistije Aktaufnahm‘ des Verfasser, (‚mit Selbstauslöser‘)“. [ZT 1213ru] Daniel Pagenstechers Verwandlung vom unbestechlichen Analytiker zum verzweifelten Analysanden lässt diese Überzeugung freilich in einem ganz anderen Licht erscheinen. Die ‚Akte Pagenstecher‘, wie sie sich am Ende präsentiert, ist sprechend in einem ganz anderen Sinn, als dem in den obigen Formulierungen nahe gelegten: nicht als psychopathographischer Befund, sondern als Dokument eines Ringens um die Möglichkeiten des literarischen Schreibens über alles bisher Geleistete hinaus. Das Ende von *Zettel's Traum* und, deutlicher noch, die ihm nachfolgenden Werke *Die Schule der Atheisten* und *Abend mit Goldrand* bezeugen das Ergebnis dieses in *Zettel's Traum* so kompromisslos wie schonungslos geführten Kampfes: In der *Schule der Atheisten* nimmt der Senator und Friedensrichter William T. Kolderup, ein um zwanzig Jahre gealterter Pagenstecher, das Etym-Verfahren, wenn es ihm gleichsam anfallsartig durch den Kopf schießt, längst selbst nicht mehr ernst:

> Najà; (lieber'n Papierchen id Kimme ... HALT! da war ja meine (Jünglingische) Vorliebe für Rudyard Kipling's ›Kim‹!: rod = rot = rüd + yard = Penis + kip = Puff + link = Glied + Kim (Kimme)! – ; (›Etyms‹ hieß das in dem Großn Buche: was=aber soll Ei'm da noch ›heilich‹ sein?)[12]

In *Abend Goldrand* wiederum wird Egon Olmers, pensionierter Bibliotheksrat und als einziger des Personals ebenso unverbesserlicher wie verbissener Etym-Analytiker, nicht in die Wüste, sondern gleich an das andere Ende der Welt, nach Tasmanien, geschickt. A&O Gläser hingegen, herzkrank wie Pagenstecher und ähnlich ihm und Kolderup von resignativer Melancholie erfüllt, verliebt in die junge Ann'Ev, ein Wesen kaum von dieser, sondern hauptsächlich von einer Welt jenseits aller Beschränkungen des Realitätsprinzips, muss das Klappendorfer Domizil nicht mehr verlassen, um die schrankenlose Freiheit zu erreichen. In dieser Hinsicht wird er dann auch zum Vorgänger des alternden Schriftstellers Leonhard Jhering aus Arno Schmidts letztem, unvollendet gebliebenen Werk *Julia, oder die*

[11] Schmidt: *Abend mit Goldrand*, S.188.
[12] Arno Schmidt: *Die Schule der Atheisten. Novellen=Comödie in 6 Aufzügen*, in: BA IV/2, Zürich 1994, S. 62.

Gemälde. Jhering stellt dort gleich zu Beginn „(besonders ruhig)"[13] und mit nicht geringer Befriedigung ein für allemal klar: „Wenn ich nicht unbedingt muß, dränge ich mich Niemandem mehr auf: ich habe im Zimmer weit größere Freiheit, als draußen; und die Welt der Kunst & Fantasie ist die wahre, the rest is a nightmare."[14]

Eine letzte Demonstration dieses nachtmahrhaften Rests jenseits von „Kunst & Fantasie" hat Arno Schmidt in *Zettel's Traum* mit dem Etym-Verfahren und seiner Anwendung auf Edgar Allan Poe in nicht zu überbietender Gründlichkeit veranstaltet. Am Ende weckt er Daniel Pagenstecher, mitleidig geworden, aus dem Alptraum einer Wirklichkeit als psychopathographische Umschrift der Literatur und entlässt ihn in die Welt der Poesie. Eine andere als diese Welt wird Arno Schmidt dem Personal seiner Werke und sich selbst dann auch nicht mehr zumuten.

13 Arno Schmidt: *Julia, oder die Gemälde. Scenen aus dem Novecento*, in: BA IV/4, Zürich 1992, S. 14.
14 Ebd.

8. Literaturverzeichnis

8.1. Primärliteratur

8.1.1. Quellen – Arno Schmidt

Arno Schmidt: *Bargfelder Ausgabe*, hg. von der Arno Schmidt Stiftung, Bargfeld, Zürich 1986ff.

Arno Schmidt: *Schwarze Spiegel*, in: BA I/1, Zürich 1987, S. 201-260.

Arno Schmidt: *Aus dem Leben eines Fauns*, in: BA I/1, Zürich 1987, S. 301-390.

Arno Schmidt: *Die Wasserstraße*, in: BA I/3, S. 423-454.

Arno Schmidt: *Abenteuer der Sylvesternacht*, in: BA I/3, S. 455-474.

Arno Schmidt: *Caliban über Setebos*, in: BA I/3, S. 475-538.

Arno Schmidt: *Dichtergespräche im Elysium*, in: BA I/4, S. 239-301.

Arno Schmidt: *Der sanfte Unmensch. (Einhundert Jahre ‚Nachsommer')*, in: BA II/2, S. 61-85.

Arno Schmidt: *ANGRIA & GONDAL. Der Traum der taubengrauen Schwestern*, in: BA II/2, S. 403-432.

Arno Schmidt: *Der Triton mit dem Sonnenschirm. (Überlegungen zu einer Lesbarmachung von FINNEGANS WAKE von James Joyce.)*, in: BA II/3, S. 33-70.

Arno Schmidt: .... *und dann die Herren Leutnants! (Betrachtungen zu ‚Witiko' und ADALBERT STIFTER)*, in: BA II/3, S. 143-167.

Arno Schmidt: *Eine Schuld wird beglichen: Quinctius Heymeran von Flaming*, in: BA II/3, S. 201-229.

Arno Schmidt: *Das Buch Jedermann*, in: BA II/3, S. 231-256.

Arno Schmidt: *Der Titel aller Titel! Betrachtungen zu Wilkie Collins & seiner ‚Frau in Weiß'*, in: BA II/3, S. 257-282.

Arno Schmidt: *Was wird er damit machen? Nachrichten aus dem Leben eines Lords*, in: BA II/3, S. 283-315.

Arno Schmidt: *...denn ‚Wallflower' heißt ‚Goldlack'*, in: BA II/3, S. 317-346.

Arno Schmidt: *SITARA und der Weg dorthin. Eine Studie über Wesen, Werk & Wirkung KARL MAY's*, in: BA III/2.

Arno Schmidt: *Fontane und der Eskimo*, in: BA III/3, S. 156-157.

Arno Schmidt: *Berechnungen I*, in: BA III/3, S. 163-165.

Arno Schmidt: *Nebenberuf: Dichter?*, in: BA III/3, S. 194-195.

Arno Schmidt: *Traumkunstwerke*, in: BA III/3, S. 198-199.

Arno Schmidt: *Der große Unbekannte*, in: BA III/3, S. 200-201.

Arno Schmidt: *Die Brotarbeit*, in: BA III/3, S. 214-216.

Arno Schmidt: *Die Handlungsreisenden*, in: BA III/3, S. 254-258.

Arno Schmidt: *Flucht vor dem Werk*, in: BA III/3, S. 267-268.

Arno Schmidt: *„Sind Träume Schäume?"*, in: BA III/3, S. 269-271.

Arno Schmidt: *Berechnungen II*, in: BA III/3, S. 275-284.

Arno Schmidt: *Dichter und ihre Gesellen*, in: BA III/3, S. 285-291.

Arno Schmidt: *Das Geheimnis von Finnegans Wake*, in: BA III/4, S. 32-54.

Arno Schmidt: *Kaleidoskopische Kollidier=Eskapaden*, in: BA III/4, S. 115-129.

Arno Schmidt: *„ 'Wahrheit'-?", seggt Pilatus, un grifflacht....*, in: BA III/4, S. 234-240.

Arno Schmidt: *Sylvie & Bruno. Dem Vater der modernen Literatur ein Gruß!*, in: BA III/4, S. 246-265.

Arno Schmidt: *Reiten, Reiten, Reiten*, in: BA III/4, S. 290-304.

Arno Schmidt: *‚Sind wir noch ein Volk der Dichter & Denker?'*, in: BA III/4, S. 311-321.

Arno Schmidt: *Der Fall Ascher*, in: BA III/4, S. 351-360.

Arno Schmidt: *Armes Deutschland! Patriotische Betrachtungen anläßlich eines nützlichen Buches aus der DDR*, in: BA III/4, S. 408-412.

Arno Schmidt: *Das Leptothe=Herz. Anmerkungen zu JULES VERNE'S ‚Reise zum Mittelpunkt der Erde'; Diogenes Verlag, Zürich, 1971*, in: BA III/4, S. 451-461.

Arno Schmidt: *Die Schule der Atheisten. Novellen=Comödie in 6 Aufzügen*, in: BA IV/2.

Arno Schmidt: *Abend mit Goldrand / eine MärchenPosse / 55 Bilder aus der Lä/e/ndlichkeit / für / Gönner der VerschreibKunst*, in: BA IV/3.

Arno Schmidt: *Julia, oder die Gemälde. Scenen aus dem Novecento*, in: BA IV/4.

Arno Schmidt: *Zettel's Traum*, Karlsruhe 1970.

Arno Schmidt: *Vorläufiges zu Zettels Traum*, Frankfurt/M. 1977.

Arno Schmidt: *Der Briefwechsel mit Alfred Andersch. Mit einigen Briefen von und an Gisela Andersch, Hans Magnus Enzensberger, Helmut Heißenbüttel und Alice Schmidt*, hg. von Bernd Rauschenbach, Zürich 1985.

[Arno Schmidt:] *„I forced them into it". Aus Briefen an den Verleger. In: „Des Dichters Aug' in feinem Wahnwitz rollend...". Dokumente und Studien zu „Zettel's Traum"*, hg. von Jörg Drews und Doris Plöschberger (Bargfelder Bote Sonderlieferung), München 2001, S. 13-23.

8.1.2. Weitere Quellen

Peter Altenberg: *Masken. (Zu einem Maskenspiel im Kabarett „Fledermaus".)*, in: P.A.: *Märchen des Lebens*, Berlin 1924, S. 192-194.

Johann Wolfgang Goethe: *Paralipomena zu Faust I*, in: J.W.G.: *Sämtliche Werke nach Epochen seines Schaffens*, Münchner Ausgabe, Bd. 6.1: Weimarer Klassik 1789-1806, hg. von Victor Lange, München und Wien 1986, S. 1050-1074.

Friedrich Nietzsche: *Morgenröte*, in: F. N.: *Kritische Studienausgabe*, Bd. 3, hg. von Giorgio Colli und Mazzino Montinari, Neuausgabe, München 1999, S. 9-331.

Publius Ovidius Naso: *Metamorphosen. Epos in 15 Büchern*, Lateinisch – Deutsch, hg. und aus dem Lateinischen übers. von Hermann Breitenbach, 2. Aufl., Zürich 1964.

Edgar Allan Poe: *The Domain of Arnheim*, in: E.A.P.: *The Complete Poems and Stories of Edgar Allan Poe with Selections from his Critical Writings*, with an Introduction and Explanatory Notes by Arthur Hobson Quinn, Texts established, with Biographical Notes, by Edward H. O'Neill, Vol. II, New York 1967, S. 672-683.

Edgar Allan Poe: *Ligeia*, in: E.A.P.: *Das gesamte Werk in zehn Bänden*, hg. von Kuno Schumann und Hans Dieter Müller, Bd 2: Arabesken. Detektivgeschichten, Herrsching 1979, S. 610-634.

Edgar Allan Poe: *Narrative of Arthur Gordon Pym of Nantucket*, in: E.A.P.: *The Complete Poems and Stories*, Vol. II, S. 723-854.

August Strindberg: *Erinnerung. [Vorbemerkung zu Ein Traumspiel]*, aus dem Schwedischen übers. von Emil Schering, in: A. St.: *Werke*, Deutsche Gesamtausgabe, unter Mitwirkung von Emil Schering als Übersetzer vom Dichter selbst veranstaltet, Abteilung: Dramen, Bd 8: Märchenspiele. Ein Traumspiel, 9. Aufl., München und Leipzig 1917.

William Shakespeare: *A Midsummer Night's Dream*, ed. by Stanley Wells, London 1995.

William Shakespeare: *Ein Sommernachtstraum*, in: W.S.: *Sämtliche Werke in vier Bänden*, hg. von Günther Klotz, aus dem Engl. übers. von August Wilhelm Schlegel, Dorothea Tieck und Wolf Graf Baudissin, Bd. 1: Komödien, Berlin 2000, S. 309-377.

Jules Verne: *Reise zum Mittelpunkt der Erde*, aus dem Französischen übers. von Manfred Kottmann, Frankfurt/M. 1996.

Jules Verne: *20.000 Meilen unter den Meeren*, aus dem Französischen übers. von Martin Schoske, 2. Aufl., Frankfurt/M. 1998.

8.2. Sekundärliteratur

Wolfgang Albrecht: *Arno Schmidt* (Sammlung Metzler 312), Stuttgart und Weimar 1998.

Aristoteles: *Poetik*, Griechisch/Deutsch, hg. und aus dem Griechischen übers. von Manfred Fuhrmann (RUB 7828), Stuttgart 1982.

Wilfried Armonies: *Lesen und Schreiben. Bedingungen und Wirkungen der Textproduktion von James Joyce' Finnegans Wake und Arno Schmidts Zettel's Traum*, Frankfurt/M. 1995.

Aleida Assmann: *Fiktion als Differenz*, in: *Poetica* 21 (1989), S. 239-260.

„Des Dichter's Aug' in feinem Wahnwitz rollend..." Dokumente und Studien zu Zettel's Traum, hg. von Jörg Drews und Doris Plöschberger (Bargfelder Bote Sonderlieferung), München 2001.

Jan-Frederik Bandel: *Donners Tage. Zum Geisterpersonal eines wahrlich seltsam angezettelten Märchenbuches*, in: *„Des Dichters Aug'"*, S. 150-168.

Wilhelm Richard Berger: *Der träumende Held. Untersuchungen zum Traum in der Literatur*, hg. von Norbert Lennartz, Göttingen 2000.

Karl-Ernst Bröer: *Die Geburt der 4. Instanz aus dem Geiste der Impotenz. Zur ‚Mühdtollogie' in „Zettel's Traum"*, in: *Bargfelder Bote* Lfg. 58-60 (1982), S. 15-27.

Gabriele Brunner-Ugricht: *Die Mensch-Tier-Verwandlung. Eine Motivgeschichte unter besonderer Berücksichtigung des deutschen Märchens des 19. Jahrhunderts*, Bern [u.a.] 1998.

Elias Canetti: *Masse und Macht*, 25. Aufl., Frankfurt/M. 1999, S. 397-455.

Bettina Clausen: *Metamorphose und Übergang. Zum Avantgardistischen der Verfahren Arno Schmidts*, in: *„Vielleicht sind noch andere Wege -". Vier Vorträge* (Hefte zur Forschung 1), Bargfeld 1992, S. 65-82.

Lars Clausen: *Das Sataspes-Projekt*, in: *Teiche zwischen Nord- und Südmeer. Fünf Vorträge* (Hefte zur Forschung 2), Bargfeld 1994, S. 13-29.

Dorrit Cohn: *Narratologische Kennzeichen der Fiktionalität*, in: *Sprachkunst* 26 (1995), S. 105-112.

Was heißt „Darstellen"?, hg. von Christiaan L. Hart Nibbrig (es 1696. N.F. 696), Frankfurt/M. 1994.

Brigitte Degener: *Arno Schmidt: Die Wasserstraße*, in: *Bargfelder Bote* Lfg. 10 (1975), [o. P.]

Horst Denkler: *Die Reise des Künstlers ins Innere. Randbemerkungen über Arno Schmidt und einige seiner Bücher anläßlich der Lektüre von Zettel's Traum*, in: *Revolte und Experiment. Die Lektüre der sechziger Jahre in Ost und West*, hg. von Wolfgang Paulsen (Poesie und Wissenschaft 35), Heidelberg 1972, S. 144-164.

Florian Dering: *Volksbelustigungen. Eine bilderreiche Kulturgeschichte von den Fahr-, Belustigungs- und Geschicklichkeitsgeschäften der Schausteller vom 18. Jahrhundert bis zur Gegenwart*, Nördlingen 1986.

Jörg Drews: *Arno Schmidt: „Zettels Traum", Seite 1 (ZT 4). Ein Kommentar*, in: *Bargfelder Bote* Lfg. 9 (1974), [o. P.]

Jörg Drews: *Caliban Casts out Ariel. Zum Verhältnis von Mythos und Psychoanalyse in Arno Schmidts „Caliban über Setebos"*, in: *Gebirgslandschaft mit Arno Schmidt. Grazer Symposion 1980*, hg. von Jörg Drews (Bargfelder Bote Sonderlieferung), München 1982, S. 46-65.

Jörg Drews: *„Abend mit Goldrand" revisited. Arno Schmidts Roman im Licht des Konzepts einer Postmoderne*, in: *Arno Schmidt am Pazifik. Deutsch-amerikanische*

Blicke auf sein Werk, hg. von Timm Menke (Bargfelder Bote Sonderlieferung), München 1992, S. 7-24.

Jörg Drews: *Eine Momentaufnahme, ein Scheideblick. Arno Schmidts Zettel's Traum*, in: *ndl* 40 (1992), S. 110-129.

Jörg Drews: *Schmidt und Joyce, und im Hintergrund der Dritte*, in: *Protokolle* 1 (1992), S. 5-22.

Jörg Drews: *Arno Schmidt: Zettels Traum*, in: *Interpretationen. Romane des 20. Jahrhunderts*, Bd. 2 (RUB 8809), Stuttgart 1993, S. 241-266.

Jörg Drews: *Schmidt-Post-Tage: „Zettel's Traum" ausgeliefert*, in: *Über Arno Schmidt [I]*, S. 188.

Axel Dunker: *Die Arche Noah der Männer. Einige Bemerkungen über Kunst, Sexualität und Tod in Arno Schmidts Ländlichen Erzählungen*, in: *Vergangene Gegenwart – Gegenwärtige Vergangenheit. Studien, Polemiken und Laudationes zur deutschsprachigen Literatur 1960 – 1994*, hg. von Jörg Drews (Bielefelder Schriften zu Linguistik und Literaturwissenschaft 4), Bielefeld 1994. S. 59-72.

Albert Ehrenstein: *Ausgewählte Aufsätze*, hg. von M. Y. Ben-Gavriêl, Heidelberg und Darmstadt 1961, S. 32-50.

Albert Ehrenstein: *Das Martyrium des Edgar Allan Poe*, in: *Internationale Zeitschrift für Individualpsychologie* 8 (1930), S. 389-400.

Reinhard Finke: *„Der Herr ist Autor". Die Zusammenhänge zwischen literarischem und empirischem Ich bei Arno Schmidt*, München 1982.

P.M.C. Forbes Irving: *Metamorphosis in Greek Myths*, Oxford 1990.

Marius Fränzel: *„(wie die Theatermänner das machen, bin ich selbst neugierig)". Erzählformen im Spätwerk Arno Schmidts*, in: *Zettelkasten* 14 (1995), S. 219-244.

Sigmund Freud: *Psychopathische Personen auf der Bühnen*, in: *Der Moses des Michelangelo. Schriften über Kunst und Künstler*, mit einer Einleitung von Peter Gay, Frankfurt/M. 1993, S. 21-28.

Sigmund Freud: *Briefe an Wilhelm Fließ 1887-1904*, ungekürzte Ausgabe, hg. von Jeffrey Moussaieff Masson, deutsche Fassung von Michael Schröter, Frankfurt/M. 1986.

Irmgard Fuchs: *Elias Canetti, ein Aristokrat der Verwandlung*, in: Josef Rattner und Gerhard Danzer: *Österreichische Literatur und Psychoanalyse. Literaturpsychologische Essays über Nestroy – Ebner-Eschenbach – Schnitzler – Kraus – Rilke – Musil – Zweig – Kafka – Horváth – Canetti,* mit Beiträgen von Irmgard Fuchs und Alfred Lévy, Würzburg 1997.

Peter Gay: *Freud. Eine Biographie für unsere Zeit*, aus dem Amerikanischen übers. v. Joachim A. Frank, 3. Aufl., Frankfurt/M. 1995.

„Keinem bleibt seine Gestalt". Ovids Metamorphoses und Christoph Ransmayrs Letzte Welt. Essays zu einem interdisziplinären Kolloquium, hg. von Georg Kiesel und Georg Wöhrle, Bamberg 1990.

Günter Gödde: *Nietzsche und Freud. Übereinstimmungen und Differenzen zwischen „Entlarvungs-" und „Tiefenpsychologie"*, in: *Von Nietzsche zu Freud.*

Übereinstimmungen und Differenzen von Denkmotiven, hg. von Johann Figl, Wien 1996, S. 19-43.

Guido Graf: *Selbstgespräche mit Schüler: Arno Schmidt und Hans Wollschläger*, in: *Merkur* 53 (1999), H. 602, S. 521-529.

Guido Graf: *Franziska, Braut und Teufelin*, in: *„Des Dichters Aug'"*, S. 208-220.

Michael Grus: *Der Masken Wirbelwind. Achim von Arnims „Lalla Rukh"-Sonette*, in: *„Die Erfahrungen anderer Länder". Beiträge eines Wiepersdorfer Kolloquiums zu Achim und Bettina von Arnim*, hg. von Heinz Härtl und Hartwig Schulz, Berlin und New York 1994, S. 181-205.

Käte Hamburger: *Logik der Dichtung*, 2., stark veränd. Aufl., Stuttgart 1968.

Benjamin Hederich: *Gründliches mythologisches Lexikon*, [Nachdruck der Ausgabe Leipzig, Gleditsch, 1770] Darmstadt 1996.

Christoph Hein: *Arno Schmidt. Elitär? Allerdings!*, in: ndl 46 (1998), H. 518, S. 104-130.

Helmut Heißenbüttel: *„Zettel's Traum" als dickes Buch*, in: *Text + Kritik* 20/20a, 3. Aufl. (1977), S. 48-54.

Helmut Heißenbüttel: *Zettels Traum-Deuter*, in: *Über Arno Schmidt [I]*, S. 200-202.

Reinhart Herzog: *Glaucus adest. Antike-Identifizierungen im Werk Arno Schmidts*, in: *Bargfelder Bote* Lfg. 14 (1975), [o.P.]

Clemens Heselhaus: *Metamorphose-Dichtungen und Metamorphose-Anschauungen*, in: *Euphorion* 47 (1953), S. 121-146.

Jamake Highwater: *The Language of Vision. Meditations on Myth and Metaphor*, New York 1994.

Andreas Höfele: *Erwachen in Shakespeares A Midsummer Night's Dream*, in: *Archiv für das Studium der neueren Sprachen und Literaturen* 143 (1991), S. 41-51.

András Horn: *Das Schöpferische in der Literatur. Theorien der dichterischen Phantasie*, Würzburg 2000.

Roman Jacobson: *Linguistik und Poetik*, in: *Strukturalismus in der Literaturwissenschaft*, hg. von Heinz Blumensath, Köln 1972, S. 118-147.

Kurt Jauslin: *Der magersüchtige Leviathan. Essen und Trinken im Werk Arno Schmidts – ein Versuch zur Mythologie des Alltagslebens* (Schriftenreihe der Gesellschaft der Arno-Schmidt-Leser 4), Wiesenbach 1998.

Erich Kleinschmidt: *Formation und Differenz. Funktionale Konstellationen frühneuzeitlicher Etymologik*, in: *Erkennen und Erinnern in Kunst und Literatur. Kolloquium Regensburg, 4.-7. Januar 1996*, hg. von Dietmar Peil, Michael Schilling und Peter Strohschneider, Tübingen 1998, S. 245-263.

Thomas Köhler: *Detektive im Dickicht. Studien zur literarischen Tiefenhermeneutik von M. Bonaparte, A. Schmidt, A. Lorenzer und W. Benjamin*, Bielefeld 1994.

Thomas Körber: *Arno Schmidts Romantik-Rezeption* (Beihefte zum Euphorion 31), Heidelberg 1998.

Detlef Kremer: *Prosa der Romantik* (Sammlung Metzler 298), Stuttgart und Weimar 1996.

Sabine Kyora: *„Freud hat doch Recht!“ Arno Schmidts Freud-Rezeption*, in: *Bargelder Bote* Lfg. 162-163 (1993), S. 11-26.

Sabine Kyora: *„Ist das nicht Maskeraden-Spott?“ Masken, Kulissen und Kostüme im VII. Buch von „Zettel's Traum“*, in: *„Des Dichters Aug'“*, S. 168-184.

Eberhard Lämmert: *Die Metamorphose des Ovid. Betrachtungen über das Verhältnis von Liebe und Literatur*, in: *Liebe als Literatur. Aufsätze zur erotischen Dichtung in Deutschland*, hg. von Rüdiger Krohn, München 1983, S. 143-162.

Elisabeth Lenk: *Die unbewußte Gesellschaft. Über die mimetische Grundstruktur in der Literatur und im Traum*, München 1983.

Christa Lichtenberg: *Metamorphose. Vom Mythos zum Prozeßdenken. Ovid-Rezeption, surrealistische Ästhetik, Verwandlungsthematik der Nachkriegskunst*, Weinheim 1992.

Eckard Lobsien: *Darstellung und Wiederholung: Zur Phänomenologie poetischer Präsentation. (Paradise Lost)*, in: *Was heißt „Darstellen“?*, hg. von Christiaan L. Hart Nibbrig (es 1696. N.F. 696), Frankfurt/M. 1994, S. 119-138.

Hans-K. und Susanne Lücke: *Antike Mythologie. Der Mythos und seine Überlieferung in Literatur und bildender Kunst* (rowohlts enzyklopädie 55600), Reinbek b. H. 1999.

Michael Manko: *„Ein Sommernachtstraum“ und „Zettels Traum“. Eine Quellenstudie*, in: *Bargfelder Bote* Lfg. 51-52 (1981), S. 4-29.

Wolfgang Martynkewicz: *Arno Schmidt*, 2. Aufl. (rm 484), Reinbek b. H. 1992.

Wolfgang Marx: *Psycholinguistische Brocken zu einer Rekonstruktion der Etym-Theorie*, in: *Bargfelder Bote* Lfg. 67-68 (1983), S. 26-28.

Johannes Merkel: *Spielen, Erzählen, Phantasieren. Die Sprache der inneren Welt*, München 2000.

Herman Meyer: *Zum Problem der epischen Integration*, in: *Trivium* 8 (1950), S. 299-318.

Hugo J. Mueller: *Arno Schmidts Etymtheorie*, in: *Wirkendes Wort* 25 (1975), S. 37-44.

Gunar Ortlepp: *Apropos: Ah; pro=Poe*, in: *Über Arno Schmidt [I]*, S. 189-193.

Eva Pachale: *Metamorphose als Prinzip*, in: *„Keinem bleibt seine Gestalt“*, S. 5-8.

Der kleine Pauly. Lexikon der Antike in fünf Bänden, hg. von Konrat Ziegler, Walther Sontheimer und Hans Gärtner, München 1979.

Jürgen H. Petersen: *Fiktionalität und Ästhetik. Eine Philosophie der Dichtung*, Berlin 1996.

Manfred Pfister: *Geist im Netz. Modelle für Lernen, Denken und Handeln*, Heidelberg und Berlin 2000.

Doris Plöschberger: *„...hundert Details ... und ... doch kein Bild von dem Gesamten...“ Zum Verhältnis von Schrift und Bild in Arno Schmidts Zettel's Traum*, in: *Starker Toback, voller Glockenklang. Zehn Studien zum Werk Arno Schmidts*, hg. von Jörg Drews und Doris Plöschberger, Bielefeld 2001, S. 141-157.

Porträt einer Klasse. Arno Schmidt zum Gedenken, hg. von Ernst Krawehl, Frankfurt/M. 1982.

Hans-Georg Pott: *Neue Theorie des Romans. Sterne – Jean Paul – Joyce – Schmidt*, München 1990.

Robert von Ranke-Graves: *Griechische Mythologie. Quellen und Deutung*, 12. Aufl. (rowohlts enzyklopädie 55404), Reinbek b. H. 1999.

Bernd Rauschenbach: *...a very mad affair... Liebe und Tod am Dümmer See*, in: *Teiche zwischen Nord- und Südmeer* (Hefte zur Forschung 2), Bargfeld 1994, S. 55-74.

Jan Philipp Reemtsma: *Der Platz der Sexualität in der Weltordnung. Anmerkungen zu den Abenteuern in der Sylvesternacht*, in: *„Timbuktu. Bloemfontein." Sieben Vorträge zur Sexualität im Werk Arno Schmidts* (Hefte zur Forschung 4), Bargfeld 1998, S. 34-51.

Claude Riehl: *„He drew in SILENCE. & put himself upon his defence :!-/"*, in: *„Des Dichters Aug'"*, S. 97-110.

Max Rychner: *Arachne (1954)*, in: M. R.: *Bei mir laufen Fäden zusammen. Literarische Aufsätze, Kritiken, Briefe*, hg. von Roman Bucheli, Stuttgart 1999, S. 69-83.

Heinz Schlaffer: *Poesie und Wissen. Die Entstehung des ästhetischen Bewußtseins und der philologischen Erkenntnis*, Frankfurt/M. 1990.

Siegfried J. Schmidt: *Friederike Mayröcker Metamorphosen Friederike Mayröcker*, in: *Diagonal* 1995, H. 2, S. 91-95.

Wolfram Schütte: *Stehpulte für Zettels Traum*, in: *Über Arno Schmidt [I]*, S. 187-188.

Rudi Schweikert: *Aus Arno Schmidts Bildergalerie: Schaukelmotiv und ‚Pygmalionismus'. Kreuz- und Querzüge durch „Zettel's Traum"*, in: *„Des Dichters Aug'"*, S. 119-149.

Rudi Schweikert: *Sedativ. Emphatisches Aufklärungsdenken und ‚Lebenswunde' im Werk Arno Schmidts*, in: *Dichter und Literatur im Sechsstädtebund vom 18. Jahrhundert bis zur Gegenwart*, Kamenz 1998, S. 105-122.

Martin Seel: *Ethisch-ästhetische Studien* (stw 1249), Frankfurt/M. 1996.

Martin Seel: *Über die Arbeit des Schriftstellers (und die Sprache der Philosophie)*, in: M. S.: *Ethisch-ästhetische Studien*, S. 145-187.

Martin Seel: *Zur ästhetischen Praxis der Kunst*, in: M. S.: *Ethisch-ästhetische Studien*, S. 126-144.

Ernst-Dieter Steinwender: *Odysseus in der ‚Midlife-Crisis' oder Der Gang zu den Müttern. Zu „Die Abenteuer der Sylvesternacht"*, in: *Bargfelder Bote* Lfg. 54 (1981), S. 3-13.

Ernst-Dieter Steinwender: *„ICH bin doch bloß KLEIN=DOWI!" Versuch über Zettel's Traum*, in: *Bargfelder Bote* 145 (1990), S. 3-17.

Ernst-Dieter Steinwender: *„- Und anschließnd wieder druff=uffde Galeere." Zu Arno Schmidts Erzählung „Die Abenteuer der Sylvesternacht"*, in: *Bargfelder Bote* Lfg. 185-186 (1994), S. 6-19.

Jürgen Strein: *Alchemie im Frühwerk von Arno Schmidt*, in: *Zettelkasten* 14 (1995), S. 13-30.

Gregor Strick: *An den Grenzen der Sprache. Poetik, poetische Praxis und Psychoanalyse in „Zettel's Traum". Zu Arno Schmidts Freud-Rezeption* (Bargfelder Bote Sonderlieferung), München 1993.

Gregor Strick: *Gespräche im Schatten. Zu Arno Schmidts Dialogizität*, in: *Zettelkasten* 17 (1998), S. 31-64.

Gregor Strick: *Strukturen des Traumes in Zettel's Traum. Freuds Traumdeutung in Schmidts Prosapraxis, gezeigt an ZT 555-600 („Bullenkuhle"-Passage)*, in: *Zettelkasten* 12 (1993), S. 187-228.

Dieter Sudhoff: *„Denn ich bin ein großer Zauberer!" Die Etüden, Eskapaden und Eskapismen des jungen Arno Schmidt*, in: *Arno Schmidt. Leben – Werk – Wirkung*, hg. von Michael M. Schardt und Hartmut Vollmer (rororo 1980), Reinbek b. H. 1990, S. 65-88.

Gisbert Ter-Nedden: *Buchdruck und Aufklärung. Zur Mediengeschichte von Literatur und Poetik*, Lehrbrief der FernUniversität – Gesamthochschule Hagen, Hagen 1999.

Gisbert Ter-Nedden: *Die Unlust zu fabulieren und der Geist der Schrift. Medienhistorische Fußnoten zur Krise des Erzählens im 18. Jahrhundert*, in: *Jahrbuch der Jean-Paul-Gesellschaft* (1997/98), S. 191-220.

Über Arno Schmidt [I]. Rezensionen von „Leviathan" bis „Julia", hg. von Hans-Michael Bock, Zürich 1984.

Gerd Ueding: *Die gelehrte Traumwelt Arno Schmidts*, in: *Über Arno Schmidt [I]*, S. 226-233.

Stefan Voigt: *In der Auflösung begriffen. Erkenntnismodelle in Arno Schmidts Spätwerk*, Bielefeld 1999.

Von Arnheim zu Zettel's Traum, Begleitheft der dritten Ausstellung der Arno Schmidt Stiftung in Bargfeld, 1990/91.

Sabine Weihrauch: *Metamorphosen und Metamorphosenschreiber*, in: *„Keinem bleibt seine Gestalt"*, S. 9-13.

Robert K. Weninger: *Von Kreisen, Zylindern und Spiralen. Der lange Tag von „Zettel's Traum" als hermeneutisches Gleichnis*, in: *„Des Dichters Aug'"*, S. 221-236.

Oswald Wiener: *Wir möchten auch vom Arno-Schmidt-Jahr profitieren*, München 1979.

Dieter E. Zimmer: *Zettels Kasten*, in: *Über Arno Schmidt [I]*, S. 187-192 u. S. 199-200.